Peter Abaelard als Dichter

Ursula Niggli

Peter Abaelard als Dichter

Mit einer erstmaligen Übersetzung
seiner Klagelieder ins Deutsche

Bibliografische Information der Deutschen Nationalbibliothek

Die Deutsche Nationalbibliothek verzeichnet diese Publikation in der Deutschen Nationalbibliografie; detaillierte bibliografische Daten sind im Internet über http://dnb.d-nb.de abrufbar.

Titelabbildung: Codex Manesse (Cod. Pal. germ. 848), fol. 120v., Universitätsbibliothek Heidelberg.

© 2007 · Narr Francke Attempto Verlag GmbH + Co. KG
Dischingerweg 5 · D-72070 Tübingen

Das Werk einschließlich aller seiner Teile ist urheberrechtlich geschützt. Jede Verwertung außerhalb der engen Grenzen des Urheberrechtsgesetzes ist ohne Zustimmung des Verlages unzulässig und strafbar. Das gilt insbesondere für Vervielfältigungen, Übersetzungen, Mikroverfilmungen und die Einspeicherung und Verarbeitung in elektronischen Systemen.
Gedruckt auf chlorfrei gebleichtem und säurefreiem Werkdruckpapier.

Internet: http://www.francke.de · E-Mail: info@francke.de

Satz: Nagelsatz, Reutlingen
Druck und Bindung: Gulde, Tübingen
Printed in Germany

ISBN 978-3-7720-8221-4

Gewidmet meiner Gotte Henriette
zum 80. Geburtstag

Inhalt

Vorwort 9

Einführung in Leben und Werk Abaelards
und seine Beziehung zu Heloisa 13

    Abaelards Vita und seine Opera 13
    Abaelards Beziehung zu Heloisa 31

Zur Einrichtung des Textes 47

I.   *Die Klage von Jakobs Tochter Dina* 49

II.   *Die Klage Jakobs über seine Söhne* 60

III.   *Die Klage der Mädchen Israels über
die Tochter des Gileaditers Jephta* 69

IV.   *Die Klage Israels über Samson* 93

V.   *Die Klage Davids über Abner* 111

VI.   *Die Klage Davids über Saul und Jonathan* 123

Nachwort 157

Anhang

    Bibliographie 197
    Zitierte Werke 204
    Namensregister 210
    Begriffsregister 215

Vorwort

Die vorliegende Publikation konzentriert sich auf sprachliche Kunstwerke des berühmten Philosophen und Theologen Peter Abaelard, es geht um ihn als *Dichter*. Wie Heloisa berichtet, war es im Besonderen seine Dichter- und Sängergabe, mit der er die Herzen der Frauen, jung und alt, einfach und gebildet, eroberte und durch die seine Affäre mit ihr, seiner damaligen Privatschülerin, in aller Leute Mund kam. Die Worte und Melodien dieser Liebeslieder hätten dem Ohr geschmeichelt, weshalb sie weit herum rezitiert und gesungen wurden; Abaelard habe sich mit diesen Dichtungen beim Volk einen Namen gemacht. In seiner Autobiographie gesteht er selbst, dass Heloisa und die Liebeslyrik für sie der Grund waren, weshalb er an der Kathedralschule von Notre-Dame in Paris seine philosophisch-theologische Lehrtätigkeit und seine Studenten vernachlässigte.

Leider sind diese spektakulären – und wohl in französischer Umgangssprache verfasst gewesenen – Liebeslieder Abaelards nicht erhalten. Als Ersatz für sie erlauben es in überraschender Weise auch Abaelards Klagelieder, die in Latein abgefassten *Planctus*, auf seine populäre Seite als ‚Mann der Frauen' einzugehen.

Anrührend gestaltete Abaelard darin das Leid und die Klage ausgewählter biblischer Personen:

I. Die vergewaltigte *Dina* beklagt den ‚Ehrenmord' ihrer Brüder Simeon und Levi.
II. Ihr alternder Vater *Jakob* trauert um den Verlust dreier Söhne.
III. Die Mädchen Israels besingen den Heroismus der *Tochter Jephtas*.
IV. Israels Klage über *Samson* kulminiert im ‚Selbstmordattentat' des schwer Gedemütigten.
V. König David trauert um den von Joab heimtückisch ermordeten *Abner*.
VI. David besingt mit *Saul und Jonathan* die auf den Höhen Gilboas Gefallenen.

Abaelards Klagelieder werden hier zum ersten Mal in deutscher Version vorgestellt. Es ist mir an einer getreuen Übersetzung gelegen, die auch die Poesie und Luzidität des lateinischen Originals fühlbar macht, sowie an einigen Verständnishilfen. Die knappe *Einleitung* in jede Klage dient dem unmittelbaren Textverständnis und verweist auf den zugrunde liegenden Bibeltext.[1]

Auf den Paralleldruck der lateinisch-deutschen Texte folgt je eine *Interpretation*. Sie befolgt die elementarste hermeneutische Regel, wonach Gleiches durch Gleiches erkannt wird: Bibelleser begreifen bei ihrer Lektüre vornehmlich diejenigen Elemente, an die sie persönlich anknüpfen und mit denen sie sich identifizieren können. Meine Lektüre ist das Gegenteil einer dekonstruktivistischen Lesart, die auf Abstand gegenüber den Intentionen und der Befindlichkeit der Autorschaft bedacht ist und einen Text ausschließlich als Sediment ihn fundierender anderer Texte würdigt.

Zwar bin ich nicht abgeneigt, Anspielungen und Rätsel im Text aufzuklären, aber auf die psychologische Frage möchte ich deshalb nicht verzichten: Was reizte Abaelard an diesem biblischen Stoff und auf welche eigenen Erfahrungen konnte er ihn möglicherweise beziehen? Um der Leserschaft Abaelards Erfahrungshorizont nahe zu bringen, stelle ich an den Anfang eine *Einführung* in Abaelards Biographie und seine Beziehung zu Heloisa.

Zu den Ergebnissen dieser Publikation gehört, dass nicht nur in drei Klagen unterschwellig Abaelards Beziehung zu Heloisa anklingt, sondern dass die Abaelardforschung in den Klageliedern mit David auch eine zweite Identifikationsgestalt Abaelards (neben Hieronymus in der Autobiographie, vgl. Bild 1) kennenlernt.

---

[1] Für eine Erörterung ihrer musikalischen Präsentation fehlen mir die Voraussetzungen; ich beschränke mich auf den literarischen Charakter dieser Kunstwerke. Zur Musik Abaelards vgl. die in der *Bibliographie* angeführten CDs und die musikologischen Erörterungen von MACHABEY (1961), WEINRICH (1968, 1969 und 2001), HUGLO (1979), LE VOT (1992) sowie den Sammelband: *The Poetic and Musical Legacy of Heloise and Abelard*, ed. MARC STEWART and DAVID WULSTAN, Ottawa and Westhumble 2003.

Im *Nachwort* folgen Überlegungen zur Ausprägung der Klage bei Abaelard sowie zu einigen inhaltlichen Schwerpunkten der sechs Klagelieder, die teils mehr philosophische, teils mehr persönliche Relevanz haben. Mehr zum ‚Mann der Frauen' und meiner breit geführten Genderdebatte darf um der Spannung willen jetzt noch nicht verraten werden.

Herzlich danke ich meinen Freunden dafür, dass sie den ins Deutsche übertragenen Klagen Abaelards ein geneigtes und kritisches Ohr liehen, und besonders dem Engagement und der Begeisterung meiner Lektorin im Francke Verlag, Tübingen, Frau Kathrin Heyng. Des Weiteren danke ich Frau Birgit Nagel für die sorgfältige Herstellung eines ausnehmend schönen Satzes; dem Herder Verlag, Freiburg i. B. für die geographische Karte, der Universitätsbibliothek Heidelberg für das Bild auf dem Buchumschlag und dem Bildarchiv Preußischer Kulturbesitz zu Berlin für die digitalisierten Bilder von Rembrandt.

Zürich im Juli 2007   Ursula Niggli

Einführung in Leben und Werk Abaelards und seine Beziehung zu Heloisa

Abaelards Vita und seine Opera

Peter Abaelard wurde 1079 in Le Pallet bei Nantes als ältester Sohn des Ritters Berengar, eines Poiteviners, und seiner Frau Luzia, einer Bretonin, geboren. Im Abstand von je zwei Jahren folgten die vier Geschwister Dagobert (1081), Dionysia (1083), Rudalt oder Raoul (1085) und Porcarius (1087).[2] Er scheint zeitlebens zu seinen Geschwistern ein freundschaftliches Verhältnis unterhalten zu haben. So widmete er seine *Dialectica* dem Bruder Dagobert und ließ seinen Sohn Astralabius bei seiner einzigen Schwester Dionysia in Le Pallet aufwachsen.

Wie er in seiner Autobiographie, der „Geschichte meiner Unglücksfälle" (*Historia Calamitatum*)[3], berichtet, gab sein Vater ihm als dem Ältesten eine besonders sorgfältige Erziehung und Ausbildung. Er lernte nicht nur das Handwerk eines Ritters wie Reiten und Fechten, sondern auch das Lesen und Schreiben und blieb auch als späterer Theologe geprägt vom *Trivium*, das die Fächer Grammatik, Rhetorik (Literatur) und Dialektik (Philosophie) umfasst; das damals besonders in Chartres gepflegte *Quadrivium*, die Fächer Mathematik,

---

[2] Vgl. zu den Geschwistern Abaelards CHARLES DE RÉMUSAT: *Abélard*, Paris 1845, Bd. 1, die Anm. S. 135 sowie seinen Familienstammbaum in: *The Poetic and Musical Legacy of Heloise and Abelard*, ed. M. STEWART and D. WULSTAN, Ottawa and Westhumble 2003, S. XV.

[3] Im Folgenden abgekürzt: *H.C.* Ich zitiere jeweils nacheinander den lateinischen Text von JACQUES MONFRIN, Paris, 3. Aufl. 1967, nach Seite und Zeile; danach die Seitenzahlen der gebräuchlichsten deutschen Übersetzungen sowie der englischen von *Abaelards Leidensgeschichte und Heloisas Briefwechsel mit ihm*: Ed. EBERHARD BROST, Heidelberg, 4. Aufl. 1979 (nachgedruckt dtv und WBG), ed. HANS-WOLFGANG KRAUTZ, Stuttgart 2001 (Reclam) und ed. BETTY RADICE, Harmondsworth 1974 (Penguin). *Nota bene*: Die früheren Auflagen von BROST (1. Aufl. 1938) und KRAUTZ (1. Aufl. 1989) weichen in der Paginierung von den angeführten Ausgaben ab.

Geometrie, Astronomie und Musik, blieb von seiner Bildung weitgehend ausgespart.

Schon früh zeigte Abaelard eine besondere Leidenschaft und Begabung für die Philosophie (Dialektik) und namentlich die Logik. Er trat, wie er schreibt, seine Erstgeborenenrechte an die Brüder ab und wurde ‚Minervas Schoßkind'.[4] Dies könnte anlässlich des Klostereintritts seines Vaters geschehen sein. Werner Robl wies nach, was die Autobiographie übergeht: Schon ein gutes Jahrzehnt vor seiner Frau Luzia scheint sich Abaelards Vater in die Abtei von Saint-Serge-et-Saint-Bach seiner Herkunftsheimat zurückgezogen zu haben.[5] Die nur noch in einer französischen Kurzschrift erhaltene Urkunde von ca.1100/1102 hält fest, dass der Edelmann und vormalige Ritter Berengar *de Aula* (wohl synonym zu *palatium*, franz. Le Pallet) aus Altersgründen in besagten Konvent eintrat. Nach einer Landspende bei Villeneuve habe er sich dort, „beeinträchtigt durch sein Alter und verbraucht im Dienst für seine Herren" („cassé de vieiesse, usé par le service de ses maîtres"), zur Ruhe gesetzt; ein solcher Klostereintritt entsprach der damaligen Altersvorsorge und war deshalb weit verbreitet.

Ab 1095 finden wir den jugendlichen Abaelard in Loches unter den Fittichen des Logiklehrers, Nominalisten und Ketzers Roscelin von Compiègne. Danach zog er als Wanderstudent nach Paris, um beim Haupt der entgegengesetzten Schule des Realismus, Wilhelm von Champeaux, zu studieren. Ehrgeizig und disputationsfreudig, nahm er bereits im Alter von 23–25 Jahren eine eigene Lehrtätigkeit in Melun und Corbeil auf.

Krankheit und Überanstrengung zwangen ihn schon bald zu einem mehrjährigen Aufenthalt zuhause in Le Pallet (1105–1108). Dort fasste er seine frühen *Literalglossen* ab, das sind wörtliche Kommentare zu den damals bekannten klassischen Schriften der Logiker

---

[4] *H.C.*, ed. MONFRIN S. 63 Z. 21–25, ed. BROST S. 9, ed. KRAUTZ S. 5 und ed. RADICE S. 58.

[5] Vgl. *Peter Abaelard. Leben – Werk – Wirkung*, Forschungen zur europäischen Geistesgeschichte Bd. 4, ed. URSULA NIGGLI, Freiburg i. B. (Herder) 2003, S. 74 ff.

Porphyr, Aristoteles und Boethius. Werner Robl, Internist und Abaelardforscher, ist der Auffassung, dass es sich bei dieser langwierigen Erkrankung um eine Organtuberkulose gehandelt haben müsse, die erst in Abaelards letzten Lebensjahren erneut ausgebrochen sei und ihn nicht daran gehindert habe, bis kurz vor seinem Tod (im April 1142) wissenschaftlich zu arbeiten[6]; damit ist die frühere These J. Jeannins (1953), wonach Abaelard im Alter (neben der verbreiteten Krätze, lat. *scabies*) an Morbus Hodgkin erkrankte, überholt. Bis ins 18. und 19. Jahrhundert, aber besonders aufgrund der hygienischen Verhältnisse im Mittelalter, verstarb der Hauptteil der Bevölkerung Europas an der ‚Schwindsucht' (lat. *phthisis*) oder Tuberkulose.

Zu Ende seiner zwanziger Jahre kehrte Abaelard nach Paris zurück und studierte jetzt Literatur (Rhetorik) bei Wilhelm von Champeaux, der unterdessen Kanoniker und Gründer der Abtei von Saint-Victor und 1113 Bischof von Châlons-sur-Marne wurde. Mit Argumenten zwang er damals seinen Lehrer in der Universalienfrage zu einer gemäßigten Position des Realismus.[7] Nach einer episodischen Lehrtätigkeit an der Kathedralschule von Notre-Dame in Paris und in Melun – Wilhelm hatte seinen Lehrstuhl aufgegeben und Abaelard einen Unfähigen vor die Nase gesetzt – eröffnete er auf dem Genovefaberg von Paris seine eigene Schule; seine damaligen Bestrebungen beschreibt er als eine scholastische „Eroberung von Paris".[8] In dieser Zeit fasste Abaelard nicht erhaltene Schriften ab, z. B. eine logische Schrift für Anfänger: *Introductiones parvulorum*.

1113 trat seine geliebte Mutter Luzia ins Kloster ein und ihr Erstgeborener war bei ihrer Profess anwesend. Unter dem Eindruck dieses Ereignisses begab sich Abaelard nach Laon, um den damals berühmtesten Theologieprofessor Anselm von Laon, einen Schüler

---

[6] Vgl. unter http://www.abaelard.de die Internetpublikation von WERNER ROBL: „Die letzte Krankheit Peter Abaelards" (April 2001).

[7] H. C., ed. MONFRIN S. 65 f. Z. 82–100, ed. BROST S. 11 f., ed. KRAUTZ S. 7 f. und ed. RADICE S. 60.

[8] H. C., ed. MONFRIN S. 66 f. Z. 128 ff., ed. BROST S. 13, ed. KRAUTZ S. 9 und ed. RADICE S. 61.

des Anselm von Canterbury, zu hören. Doch der nach Alter und akademischen Fähigkeiten vorgerückte Student war enttäuscht: Er vergleicht den alten Anselm mit einer aus der Ferne herrlich reichen Baumkrone, die sich beim Nähertreten als der von Jesus verfluchte und verdorrte Feigenbaum erwiesen habe. Anselms Vortrag habe das Auditorium zwar mit Rauch erfüllt, aber Licht habe er im Zwiegespräch von Frage und Antwort nicht verbreitet.[9]

Die Kommilitonen bemerkten, dass Abaelard die Vorlesungen Anselms schwänzte, und fragten ihn, was er denn vom Studium der Heiligen Schrift halte. Unumwunden gab er zur Antwort: Dieses Studium scheine ihm wohl existenziell bedeutsam, aber er wundere sich, ob dafür nebst des Textes nicht eine Glosse, das ist ein textnaher Kommentar, genüge. Aufgefordert, ein Probestück auf seine Großsprecherei zu liefern, hielt er ihnen im Vertrauen auf sein Genie wenige Tage später Vorträge über den schwierigen Propheten Ezechiel (dieser Kommentar ist ebenfalls verschollen). Angesichts von Abaelards Lehrerfolg ergriff den alten Anselm Neid und er untersagte dem kühnen jungen Mann die Fortführung seiner Vorlesungen.[10]

Weil der Einfluss von Abaelards Gönner, dem königlichen Seneschall Stephan von Garlande, nicht bis nach Laon reichte, kehrte Abaelard als Schulvorsteher an die Kathedralschule von Notre-Dame in Paris zurück, wo unterdessen auch Wilhelms Nachfolger abgetreten war. Dort lehrte Abaelard jetzt Logik und Theologie. Sein berühmter Widersacher Bernhard von Clairvaux wird ihm später die Kürze seiner theologischen Ausbildung vorwerfen.

In Paris machte damals die knapp zwanzigjährige Heloisa (geb. 1095, nicht wie oft zu lesen 1100[11]) als *puella docta* von sich

---

[9] *H.C.*, ed. MONFRIN S. 68 Z. 165–171, ed. BROST S. 14 f., ed. KRAUTZ S. 10 und ed. RADICE S. 62.

[10] *H.C.*, ed. MONFRIN S. 68 f. Z. 180–240, ed. BROST S. 15 ff., ed. KRAUTZ S. 10 ff. und ed. RADICE S. 63 f.

[11] Die in Abaelards Autobiographie verwendeten Ausdrücke *puella* (Mädchen) und *adolescentula* (sehr junge Frau), vgl. *H.C.*, ed. MONFRIN S. 71 Z. 280 und 287, suggerieren ein blutjunges Geschöpf, was aber nicht zutraf. In Antike und Mittelalter erstreckte sich die *adulescentia* (Jugendzeit) vom 15. bis gegen das 30. Lebensjahr. Anlässlich seiner ersten Schulgründung beschrieb sich

reden. Der in Liebesdingen unerfahrene Professor verliebte sich von weitem in das anmutige Mädchen und brachte ihren Oheim, den Kanoniker Fulbert, dazu, ihn als Kostgänger und Privatlehrer für seine hochgebildete Nichte bei sich aufzunehmen. Auf die von Abaelard gewünschte Hausgemeinschaft folgte eine Herzensgemeinschaft mit dramatischen Konsequenzen: Schwangerschaft Heloisas, Geburt ihres Sohnes Astralabius, geheim gehaltene Ehe, Kastration Abaelards, Klostereintritt beider und späterer Briefwechsel, worüber später noch ausführlich berichtet wird.

Nach diesen Turbulenzen finden wir den Benediktiner gewordenen Abaelard zwischen 1117 und 1121 in einer Einsiedelei des angesehenen Königsklosters Saint-Denis. Er verstand sich jetzt als „Philosoph Gottes" und wollte in den Fußstapfen des großen christlichen Philosophen Origenes die Studenten, die ihren charismatischen Lehrer auch in der Abgeschiedenheit aufgespürt hatten, mit philosophischen Vorlesungen für die Weisheit Gottes ködern.[12] Damals bereitete er (neben umfangreichen Schriften zur Logik: *Dialectica*; *Logica Ingredientibus*; *Glosse super Porphyrium*) die erste Version seines theologischen Hauptwerks, die *Theologia Summi boni*, vor. In *Brief 14* an Gilbert, den Bischof von Paris, erklärte er, dass diese Schrift über die heilige Trinität in der Auseinandersetzung mit dem ‚Tritheismus' (Dreigötter-Lehre) seines ehemaligen Lehrers in Logik, Roscelin von Compiègne, entstanden sei (mit Zustimmung Anselm von Canterburys war Roscelin 1092 in Soissons als Irrlehrer verurteilt und verbannt worden).

Die Nachfolger auf dem Lehrstuhl des Anselm von Laon, Alberich von Reims und der Lombarde Lotulf, setzten im April 1121 auf der Synode von Soissons durch, dass Abaelard just wegen der entgegengesetzten Häresie des ‚Sabellianismus' verurteilt wurde; danach soll er in seiner Trinitätslehre nur zum Schein eine Dreiheit in der

---

Abaelard, damals 23 Lenze zählend, ebenfalls als *adolescentulus*, vgl. *H. C.*, ed. MONFRIN S. 64 Z. 46. Die beiden Stellen übersetzt in: ed. BROST S. 19/10, ed. KRAUTZ S. 14/6 und ed. RADICE S. 66/59.

[12] *H. C.*, ed. MONFRIN S. 82 Z. 668–675, ed. BROST S. 34f., ed. KRAUTZ S. 27 und ed. RADICE S. 77f.

Gottheit angenommen haben. Nachdem Abaelard die *Theologia Summi boni* eigenhändig dem Feuer übergeben hatte, musste er wie ein Schuljunge das Glaubensbekenntnis zitieren.[13] In der betretenen Stille, die folgte, murmelte einer der Anwesenden, Abaelards Schrift lehre, dass einzig Gottvater omnipotent sei (daraus folgte die Irrlehre des Arius, der eine Abstufung an Würde in der Trinität annahm, obgleich die christliche Lehre die drei göttlichen Personen als wesensgleich bekennt). Zwei Dezennien später wurde die dritte Version seiner Theologie, die *Theologia Scholarium*, dann tatsächlich unter anderem des ‚Arianismus' bezichtigt und ihrem Verfasser durch eine Bulle von Bernhards Protégé, Papst Innozenz II., immerwährendes Schweigen auferlegt.

Nach einer kurzen Kerkerhaft in Saint-Médard, während derer ihm der Prior dieses Klosters, der ehemals als Student gegen ihn aufgetretene Goswin von Anchin, übel zugesetzt haben muss[14], durfte er in sein Kloster Saint-Denis nach Paris zurückkehren. Seine Mitbrüder empfingen ihn auch deshalb mit Argwohn, weil er sie früher wegen ihrer zuchtlosen Lebensführung zurechtgewiesen hatte. Da traf es sich, dass er eines Tages bei seiner Lektüre auf einen Widerspruch zwischen den Angaben des englischen Kirchenhistorikers Beda und des früheren Abtes Hilduin zum Klosterpatron von Saint-Denis, dem in Paris als Märtyrer gestorbenen Dionysius, stieß. Belustigt teilte Abaelard diese Lesefrucht seinen Mitmönchen mit. Sie bauschten die gelehrte Frage zur Staatsaffäre auf.

Saint-Denis war die angesehene Abtei, in welcher sich die fränkischen Könige, in Rückgriff auf ein von Abt Suger fingiertes Dokument

---

[13] *H. C.*, ed. MONFRIN S. 87 f. Z. 868 ff. und 901 ff., ed. BROST S. 42 f., ed. KRAUTZ S. 33 f. und ed. RADICE S. 83 f.

[14] Vgl. WERNER ROBL: „Goswin von Anchin, ein Widersacher Peter Abaelards", in dem Sammelband von 2003 (vgl. *Anm. 5*), S. 267–291, Zitat S. 287: „Saint-Médard hatte sich […] in eine hyperorthodoxe Umerziehungsanstalt verwandelt, in der mit wenig christlichen Mitteln – Einsperren, Indoktrinierung, Folter, evt. auch Nahrungsentzug, Isolationshaft und Psychoterror – unliebsame Zeitgenossen und Freigeister, vielleicht auch richtige Geisteskranke, zur Räson gebracht wurden." Diese Episode wirft ein ungutes Licht auf den innerkirchlichen Zustand im Frankreich des 12. Jahrhunderts; die Entwicklung mündete bekanntlich in die Inquisition.

Karls des Großen, krönen lassen mussten. Wer es wagte, die Identität ihres Klosterpatrons – er wurde durch Hilduins Fälschungen im 9. Jahrhundert mit dem in Apg 17,34 erwähnten athenischen Ratsherrn Dionysius und späteren Bischof von Athen sowie dem Verfasser angesehener neuplatonischer Schriften aus dem 6. Jahrhundert, der sich nach dessen Namen „Dionysius Areopagita" nannte, identifiziert – in Frage zu stellen, brachte nicht nur das Kloster Saint-Denis in Misskredit, sondern beging imgleichen Hochverrat am fränkischen Königtum. Als Intellektueller interessierte sich Abaelard für den tatsächlichen Sachverhalt und bekundete wenig Verständnis angesichts des Geschreis seiner royalistisch und nationalistisch gesinnten Mitmönche. Gleichwohl musste er sich bei Nacht und Nebel einer erneuten Verurteilung entziehen.[15]

Vom Grafen Theobald bekam er in der Nähe von Quincey, etwa 50 km nordwestlich von Troyes, ein Stück Land übereignet. Dort errichtete er ein ursprünglich der heiligen Trinität geweihtes Bethaus. Seine Zurückgezogenheit währte nicht lange; in Windeseile hatte sich die Nachricht von seinem neuen Aufenthaltsort verbreitet, und die Studenten strömten in Scharen herbei. Sie errichteten einfache Hütten aus Stroh und Holz, bebauten das Feld und versorgten Abaelard mit allem Lebensnotwendigen. Er preist, wie genügsam sie sich von Rüben, trockenem Brot, Grütze und wilden Kräutern ernährten und sich mit einem Schilflager und Rasenbänken begnügten.[16]

Die neue Lehrstätte bekam jetzt den Namen „Paraklet"; so heißt in den johanneischen Abschiedsreden (Joh 14–16) der ‚Geist des Beistands und Trostes', den Jesus seinen Jüngern für die Zeit nach ihm ankündigte.[17] In den friedlichen und produktiven Jahren 1122–1127 konnte sich Abaelard im Kreise dieser Lehr- und Lern-

---

[15] H.C., ed. MONFRIN S. 89f. Z. 942–989, ed. BROST S. 45ff., ed. KRAUTZ S. 35ff. und ed. RADICE S. 85f.
[16] H.C., ed. MONFRIN S. 92ff. Z. 1038–1119, ed. BROST S. 49–52, ed. KRAUTZ S. 39ff. und ed. RADICE S. 88ff.
[17] H.C., ed. MONFRIN S. 94–97 Z. 1120–1195, ed. BROST S. 52–55, ed. KRAUTZ S. 41–44 und ed. RADICE S. 91ff.

gemeinschaft von seinen beiden Krisen erholen: Nach der Verstümmelung hatte man Abaelard, was für ihn weit schwerer wog, auch noch seiner Integrität als theologischen Lehrer beraubt, obwohl „lauterste Absicht und reine Liebe zum Glauben" ihm beim Abfassen der *Theologia Summi boni* die Feder geführt hatten.[18]

Damals entstand die zweite, unveröffentlicht gebliebene Version seiner Theologie, die *Theologia christiana*, und die berühmte Kirchenväter-Anthologie *Sic et Non*. Darin versammelt Abaelard zu einer langen Reihe ihn interessierender dogmatischer Probleme die maßgeblichen Aussagen der Konzile und Kirchenväter. Er zeigt auf, dass sich diese Autoritäten, nicht selten sogar derselbe patristische Autor, des Öfteren diametral widersprechen, indem sie eine theologische Frage bald mit ja (*sic*) und bald mit nein (*non*) beantworten. Damit wollte Abaelard darlegen, wie unbefriedigend es bleibe, wenn zeitgenössische Theologen lediglich die sog. *loci* der Tradition zitierten und sich die Anstrengung ersparten, solche Thesen verständlich zu machen und sie begrifflich zu erfassen.

Während der Synode von Soissons hatte Alberich von Reims bei Abaelard vorgesprochen und sich nach der in der *Theologia Summi boni* verneinten ‚Selbsterzeugung Gottes' erkundigt. Abaelard brachte seinen Gegner hierauf zur Weißglut, weil er ihn nicht nur vor dessen eigenen Schülern blamierte (Alberich hatte das einschlägige Zitat übersehen), sondern ihm darüber hinaus den Widerspruch seines traditionalistischen Standpunktes nachwies. Als sich Abaelard am Anfang nämlich anerbot, Alberich den theologischen Sachverhalt vernünftig auseinanderzusetzen, fuhr ihn Alberich barsch an: „In solchen Fragen kommt es gar nicht auf die menschliche Vernunft und euer Meinen an, sondern nur auf die maßgeblichen Zeugnisse der Kirchenväter." Hierauf schlug Abaelard in dem mitgebrachten Folianten das von Alberich übersehene Augustinus-Zitat nach, woraufhin dieser sein Gesicht zu wahren suchte und entgegnete: „Es bedarf einer guten Erklärung" (*bene est intelligendum*). Damit nahm

---

[18] *H.C.*, ed. MONFRIN S. 89 Z. 922–927, ed. BROST S. 44, ed. KRAUTZ S. 35 und ed. RADICE S. 84f.

Alberich unversehens den zuvor barsch zurückgewiesenen Standpunkt seines überlegenen Kontrahenten ein![19] Ich vermute, dass dieser Schlagabtausch mit Alberich Abaelards Schlüsselerlebnis für die Konzeption von *Sic et Non* wurde.

Abaelard verfolgte, allerdings bezogen auf Glaubensfragen und theologische Lehrmeinungen, ein ähnliches Anliegen wie Sokrates: Bei Plato weist Sokrates seine Schüler zurecht, wenn sie lediglich Meinungen und Redensarten (*doxai*) anführen, statt sich um eine begriffliche Klärung der Sachverhalte zu bemühen. Er will z. B. keine Beispiele für Tapferkeit hören, wenn er im Dialog *Laches* nach dieser Tugend forscht, sondern er zielt auf ihr Wesen, nämlich dasjenige, was unter der Tapferkeit im Allgemeinen (in dem möglichst viele Beispiele umfassenden Sinn) begriffen wird. Wegen dieser Geistesverwandtschaft verlieh Peter der Ehrwürdige Abaelard postum den Ehrentitel: „Sokrates der Gallier".

Die neuere Forschung datiert den „Dialog eines Philosophen mit einem Juden und Christen" (*Dialogus*) auf die Jahre 1125/6[20], während man das unvollendete Opus früher für Abaelards letzte Schrift hielt. Darin fand Abaelard eine platonisch-sokratische Darstellungsform, welche ihn der Bedrohung enthob, erneut als Irrlehrer verurteilt zu werden: Er überlässt die Gesprächsinitiative einem glaubensmäßig ungebundenen, forsch auftretenden Philosophen, der nacheinander mit einem Juden und einem Christen über ihre Glaubensinhalte debattiert und diese dabei durchleuchtet. Dem Autor, der den Gesprächen, zumindest in seinem Traum, als Schiedsrichter beiwohnt, wird ausdrücklich Christlichkeit und eine herausragende wissenschaftliche Qualifikation bescheinigt. Doch die (mit Sokrates noch unvertrauten) Leser warten bis zum Schluss vergeblich auf die magistrale Auskunft des Autors; er hat seine dramaturgische Funktion bloß als stummer Statist wahrgenommen. Die literarische

---

[19] *H. C.*, ed. MONFRIN S. 84 Z. 751–781, ed. BROST S. 37f., ed. KRAUTZ S. 29f. und ed. RADICE S. 80.
[20] Vgl. CONSTANT MEWS: „On Dating the Works of Abelard", in: Archives d'histoire doctrinale et littéraire du Moyen Âge Jg. 60 (1985), Paris 1986, S. 122–126.

Verspieltheit indirekter Mitteilung und die ‚Tarnkappe' der Traumschriftstellerei treten in einen aparten Gegensatz zur veranstalteten profunden Glaubensforschung und zur anspruchsvollen Dialektik des Philosophen.

So glänzend Abaelard auch als Schriftsteller einer erneuten Verurteilung vorbeugte, die Realität holte ihn in der Form neuer glaubhafter Gerüchte ein: Hugo von Saint-Victor und Bernhard von Clairvaux korrespondierten damals tatsächlich über einen nicht namentlich genannten Irrlehrer, der Thesen à la Abaelard vortrug. Dieser Gerüchte wegen verließ Abaelard die Lehrgemeinschaft Paraklet und trat (nicht ohne spätere Reue) das Amt eines Abtes im Kloster Saint-Gildas de Rhuys „am Ende der Welt" an. Dieses bretonische Kloster war hoch verschuldet, und seine Mönche roh und disziplinlos, wobei das Erstere mit dem Letzteren zusammenhing: Viele Mönche hatten nämlich Frau und Kind in den umliegenden Weilern, für deren Unterhalt sie aufkommen mussten und wofür sie die ehemals in ihr Kloster eingebrachte Mitgift zweckentfremdeten.

Abaelard schildert, wie er in beständiger Lebensgefahr schwebte, und zwar sowohl außerhalb des Klosters, weil ihm die Knechte der umliegenden Herren auflauerten und deren Geld einzutreiben suchten, als auch innerhalb der Klostermauern, wo die Mönche sich ihres gestrengen Abts entledigen wollten. Ein Mitmönch, der von Abaelards Mahlzeit gekostet hatte, fiel tot um. Ein andermal schütteten sie ihm sogar in den Altarwein Gift. Abaelard scheint mit dieser Horde wilder Mönche keine glückliche Hand gehabt zu haben.

Nebst der gewiss widrigen Umstände ist auch zu bedenken, dass sich Abaelards persönliches Klosterideal weniger an dem vom heiligen Benedikt gepflegten Gemeinschaftsleben als vielmehr am radikalen Eremitendasein der Wüstenmönche orientierte; *monachus*: Mönch leitete er von *monas*: allein her. Er sah in dem in Hiob 39,5 ff. zitierten *onager* oder Wildesel das Sinnbild für den Mönch, der die ruhevolle Freiheit eines Einsiedlerlebens wählte. Aus der Zeit in Saint-Gildas de Rhuys sind eine Reihe von Predigten (*Sermones*) erhalten, die sich an die unbotmäßigen Mönche richteten.

Suger, der als Bauherr und Initiator der Gotik berühmt gewordene Abt von Saint-Denis[21], vertrieb um 1129 die Nonnen von Argenteuil unter dem Vorwand eines unwürdigen Lebenswandels aus ihrem Kloster Sainte-Marie. Diesem Ereignis ist es zu verdanken, dass sich nach langen Jahren des Schweigens die Wege der beiden Liebenden wiederum kreuzten: Abaelard bot Heloisa und ihren Getreuen die verlassenen Hütten seiner ‚Privatakademie' Paraklet als Heimstätte an und nahm für die Benediktinerinnen, die sich dort niederließen, die Rolle eines Seelsorgers und Beraters an.

Angesichts der extremen materiellen Notlage, in der sich die Nonnen des Paraklet anfänglich befanden, preist Abaelard ihre Leistung in einer nicht zu überbietenden Hyperbole: Sie seien in der Frist eines einzigen Jahres an irdischen Gütern reicher geworden, als er es selbst in hundert Jahren geworden wäre.[22] Tatsächlich setzen die Besitztümer des Jahres 1147, das war in der Mitte von Heloisas Amtszeit als Äbtissin, in Erstaunen: Das fünfseitige Inventar listet im Umkreis der Städte Provins, Troyes und Sens zahllose Äcker, Obstgärten, Weiden, Rebberge, Waldstücke, Mühlen, Backöfen und Fischgründe auf, deren Nutznießung durch Zehnten, Pachtzinsen und eigene Bewirtschaftung den Benediktinerinnen des Paraklet seitens weltlicher und geistlicher Herrschaften überlassen worden war.[23]

Die päpstliche Urkunde, welche den Nonnen des Paraklet den Besitz des Bethauses zur heiligen Dreieinigkeit und weitere in Zukunft

---

[21] Vgl. ERWIN PANOFSKY: *Abbot Suger on the Abbey Church of St. Denis and Its Art Treasures*, Princeton 1946, 2. Aufl. 1979, sowie DERS.: „Abbot Suger of St. Denis", in: *Meaning in the Visual Arts*, Penguin Book, London 1970.

[22] *H.C.*, ed. MONFRIN S. 100 Z. 1326ff., ed. BROST S. 60, ed. KRAUTZ S. 48 und ed. RADICE S. 97.

[23] Vgl. CHARLES LALORE: *Cartulaire de l'abbaye du Paraclet*, in: Collection des principaux cartulaires du diocèse de Troyes, Bd. II, Paris 1878, S. 7–14, das ist die Bestätigung durch Papst Eugen am 1.11.1147. CHARLOTTE CHARRIER: *Héloïse dans l'histoire et la légende*, Paris 1933, Slatkine Reprints, Genf 1977, S. 263–269 übersetzte die lateinische Liste ins Französische unter Beigabe einer geographischen Karte und der Identifikation der einzelnen Örtlichkeiten. Der effektive Umfang und Wert lässt sich nicht beziffern, weil die angeführten Quantitäten an Land und Erträgen nicht bekannt sind.

rechtmäßig zu erwerbende Güter und Zehnten bestätigte[24], datiert nach Charles Lalore vom 23. November 1131. Sie wird gegen Ende von Abaelards Autobiographie erwähnt[25], liefert also einen *Terminus antequem* zu deren Abfassung: Demnach schrieb Abaelard die „Geschichte meiner Unglücksfälle" um das Jahr 1132, inmitten der bedrängten Umstände als Abt von Saint-Gildas de Rhuys. Der 53-Jährige identifiziert sich mit Hieronymus (vgl. Bild 1), dem Kirchenvater des vierten Jahrhunderts, der wie er nach Jahren der Unbill und Verfolgung in der Betreuung frommer Frauen Trost fand. Wiederholt habe er dessen Brief an Asella gelesen, der ihm „großen Trost" spendete.[26] Wie Hieronymus für seinen Dienst an den Frauen wurde Abaelard wegen seiner Fürsorge für die Nonnen des Paraklet verleumdet. In dieser Phase scheint er öfter zwischen der Bretagne und dem Paraklet hin- und hergependelt zu sein, und zwar, wie wegen eines von ihm berichteten Reitunfalls[27] anzunehmen ist, hoch zu Ross.

Für Abaelards letztes Jahrzehnt gibt es nur wenige gesicherte Daten und einige werkimmanente Hinweise. Zwischen 1132 und 1135 verfasste er die sog. Parakletschriften: Das sind die im Austausch mit Heloisa geschriebenen oder die Nonnen betreffenden *Briefe 2–10*[28]; je eine Sammlung *Hymnen* und *Predigten* für die Nonnen des Paraklet; die wahrscheinlich mit den hier publizierten Klageliedern (*Planctus*)

---

[24] Dieses Dokument ist übersetzt abgedruckt in: ed. KRAUTZ (*Anm.* 3) S. 344.
[25] *H. C.*, ed. MONFRIN S. 100 Z. 1317–1320, ed. BROST S. 60, ed. KRAUTZ S. 48 und ed. RADICE S. 97.
[26] *H. C.*, ed. MONFRIN S. 100 f. bes. 1301 ff. und 1350–1361, ed. BROST S. 59–62, bes. S. 61 f., ed. KRAUTZ S. 47 ff., bes. S. 49 und ed. RADICE S. 96 ff., bes. S. 98.
[27] Dabei brach sich Abaelard einen Halswirbel, was ihn mehr geschwächt habe als seine Kastration, vgl. *H. C.*, ed. MONFRIN S. 106 Z. 1529–1533, ed. BROST S. 68, ed. KRAUTZ S. 55 und ed. RADICE S. 103.
[28] Zu *Brief 2–8* vgl. S. 36 ff. und *Anm.* 44. *Brief 9* handelt von der Wichtigkeit des Studiums der Heiligen Schrift für die Nonnen und schließt direkt an den Nonnenspiegel in *Brief 8* an. In *Brief 10* an Bernhard v. C. geht Abaelard auf dessen Kritik an der Formulierung ein, in der die Nonnen des Paraklet im „Unser-Vater" die Brotbitte vorbringen, sowie weitere theologische Fragen. Vgl. Peter Abelard: *Letters IX–XIV. An Edition with an Introduction*, ed. EDMÉ RENNO SMITS, Diss. Groningen 1983 (lateinischer Text ohne Übersetzung).

übereinkommenden *Sequentiae*[29]; eine Auslegung des göttlichen Sechstagewerks im Buch Genesis (*Expositio in Hexaemeron*), *Brief 13* gegen die Verächter der Dialektik sowie der umfangreiche *Römerbrief-Kommentar*.

Laut Nachricht des jungen Johannes von Salisbury[30] lehrte Abaelard 1136 wieder mit überwältigendem Erfolg auf dem Genovefaberg in Paris. Die früher als Schulwerke interpretierten *Sentenzensammlungen* werden in der neueren Forschung für den unmittelbaren Niederschlag dieser letzten Lehrtätigkeit gehalten. Sie sind von beträchtlichem Interesse, weil sie Themen behandeln, die Abaelard in der – als Summe christlicher Bildung konzipierten – letzten Version seiner Theologie, der *Theologia Scholarium*, nicht mehr ausführen konnte.

Zu Abaelards stupender ‚scholastischer Ernte' gehören neben der erwähnten (vor und nach dem Konzil von Sens revidierten) *Theologia Scholarium* die *Problemata Heloissae*, eine ausführliche Beantwortung von 42 exegetischen Anfragen Heloisas; ferner eine Ethik mit dem Titel *Scito te ipsum* („Erkenne dich selbst") sowie apologetische Schriften im Umkreis seiner zweiten Verurteilung auf dem Konzil von Sens, das gleichsam durch ein ‚Wettrüsten' beider Parteien vorbereitet wurde.[31]

---

[29] Vgl. D. VAN DEN EYNDE: „Chronologie des écrits d'Abélard à Héloïse", in: Antonianum 37, 1962, S. 337–349, bes. S. 344 und 349.

[30] *The Metalogicon of John of Salisbury*. A Twelfth-Century Defense of the Verbal and Logical Arts of the Trivium, translated with introduction by DANIEL MCGARRY, Berkeley and Los Angeles 1955, bes. S. 21 f. (I. 5) und S. 95 (II. 10). Der zwischen 1115 und 1120 in Südengland geborene Johannes kam 1136 nach Frankreich, um zwölf Jahre lang in der stimulierenden Atmosphäre von Paris und Chartres zu studieren. Zuallererst wollte er den „Peripatetiker von Le Pallet" auf dem Genovefaberg hören, weil man Abaelard damals für den einzigen Logiker hielt, der Aristoteles wirklich begriff.

[31] Zu den Gründen und Umständen von Abaelards Verurteilung und der Frage, ob sie in lehrmäßiger Hinsicht berechtigt war, vgl. URSULA NIGGLI: „Philosophischer Scharfsinn in der theologischen Kritik", S. 235–265 des in *Anm. 5* angeführten Sammelbandes von 2003.

Aus diesem reichen literarischen Fundus greife ich wegen ihres allgemeinen Interesses die Ethik heraus. Auf die Frage, worin sich gute und böse Handlungen und deren Urheber unterscheiden, antwortet Abaelard: Das Kriterium ist nicht am Handeln ablesbar, sondern es ist in der dem Handeln vorangehenden, nur den Handelnden selbst bewusst werdenden Intention zu suchen. Die Intention ist kein bloßes Wünschen, sondern gewissermaßen der tatsächliche, unmittelbar in ein Handeln übergehende Grund des Handelns, über den sich Handelnde in ihrer Selbsterkenntnis (daher der Buchtitel *Scito te ipsum*) verständigen, falls sie sich rational verhalten.

Indem sich Abaelard auf etwas Innerliches vor dem Handeln bezieht, steht er gut geerdet auf dem Boden biblisch-christlicher Tradition: Jesus provozierte, als er das von außen an den Menschen Herantretende – z. B. die über sechshundert Gebote (248) und Verbote (365) der jüdischen Schriftgelehrten, welche einfache Menschen einschüchtern mussten – für moralisch und religiös belanglos erklärte im Unterschied zu dem, was an Regungen und Strebungen aus den Herzen der Menschen kommt. Denn ein guter Baum trägt gute Früchte, will heißen: Wenn der Mensch erst inwendig gut wird, muss er sich nicht länger um sein Handeln sorgen. Mit Augustinus ausgedrückt: „Liebe und tue, was du willst!"

Gutes Handeln bleibt in seiner Erscheinung zweideutig, besagt zu wenig über die ihm zugrunde liegenden subjektiven Grundsätze. Denn es mag ohne Freude am Guten aus einem knechtischen Bewusstsein und mithin fremdbestimmt erfolgt sein und verliert damit seine positive Qualifikation. Abaelard legt (wie später Kant) größten Wert auf die Autonomie dessen, der sich selbst durch seine Vernunft zum Handeln bestimmt; deshalb greift er auf die Quelle und den Grund des Handelns, die Intention, zurück und bringt diese in Beziehung zur Gottesliebe.

Das in Anwesenheit des Königs im Juni 1140 (nach traditioneller Datierung[32]) stattfindende Konzil von Sens entpuppte sich als ein

---

[32] Die neuere Forschung unterbreitet divergente Vorschläge, vgl. JÜRGEN STROTHMANN: „Das Konzil von Sens 1138 und die Folgeereignisse 1140, Datierung und Darstellung der Verurteilung Abaelards", 2 Teile, in: Theologie

Ketzergericht; aus dem Konzil wurde nicht die Disputation, für die Abaelard seine Anhänger mobilisiert hatte. Unbestreitbar waren die Sorgen des Wilhelm von Saint-Thierry und des Bernhard von Clairvaux um die Reinheit des Glaubens und um das Wohl der heiligen Mutter Kirche echt. Aber inwiefern konnten sie so überzeugt sein, dass es nicht auch Abaelard um Christus ging? Denn es ließ sich nachweisen, dass diese fanatischen Kritiker nicht das geringste Verständnis für seine neue dialektische Methode aufbrachten. Sie waren derart angstbesetzt, dass Bernhard von Anfang an mehr auf eine autoritative und machtpolitische Entscheidung als auf eine wissenschaftlich-einvernehmliche Lösung zielte. Sobald Abaelard dies realisiert hatte, verließ er die illustre Versammlung mit der Absicht, persönlich in Rom Berufung einzulegen, aber Bernhard kam ihm mit einer Bulle seines Protégé Papst Innozenz II. zuvor.

Der Gegenspieler des scharfsinnigen Frühscholastikers von Le Pallet war der mächtigste Kirchenmann seiner Zeit. Er vertrat eine auf persönliche Reife, Spiritualität und Seelsorge ausgerichtete mystische Mönchstheologie. An Ausstrahlung und Sendungsbewusstsein war er Abaelard zumindest ebenbürtig. Aber er hatte nicht nur in theologischer, sondern auch in religionspolitischer, bildungsmäßiger und existentieller Hinsicht eine diametral entgegengesetzte Position: 1146 wird Bernhard in Vezelay und Speyer mit flammenden Predigten zum Zweiten Kreuzzug aufrufen, um das Heilige Land aus den Händen Ungläubiger, der Sarazenen, zu befreien.

In seinem interreligiösen *Dialogus* (in der Literatur auch *Collationes* „Gespräche" betitelt) votiert Abaelard dagegen für einen fairen intellektuellen Austausch zwischen den Religionen. 1099 war es nämlich nicht nur in Palästina zu einem unbeschreiblichen Blutbad unter den mit den Muslimen verbündeten Juden gekommen, sondern es hatten bereits im Jahr 1096 erste Judenmassaker in Deutschland stattgefunden. Diese Pogrome waren insofern eine Begleiterscheinung der Kreuzzüge (1095–1270), als man erst jetzt an den Anders-

---

und Glaube 85, 1995, S. 238–254; 396–410 sowie CONSTANT MEWS: „The Council of Sens (1141): Abelard, Bernard, and the Fear of Social Upheaval", in: Speculum 77/2, 2002, S. 342–382.

gläubigen im eigenen Land Anstoß zu nehmen begann. Vor diesem Hintergrund erhellt die Sprengkraft von Abaelards irenischer, auf religiöse Verständigung und Frieden zwischen den Religionen zielender Schrift.[33]

Auf Autorität wollte Bernhard von Clairvaux auch im geistigen Bereich nicht verzichten. Er warf Abaelard vor, in seiner Jugend ein übermütiges Spiel mit der Logik getrieben zu haben und sich jetzt wie ein Wahnsinniger im theologischen Fach umzutun. Als unbefugter Eindringling in die Geheimnisse des Glaubens annektiere und zerpflücke er ohne jedes Schamgefühl die verborgenen Schätze der Frömmigkeit.[34]

Der Autodidakt Abaelard war im Gegenzug überzeugt, dass die gedankliche Aneignung der Quellentexte, bei der man mit der nötigen intellektuellen Differenzierung etwas Vernünftiges denken könne, relevanter sei als bildgewaltige Rhetorik und die Zelebrierung von Autoritäten (zumal sich deren wächserne Nase beliebig biegen lasse, wie der Humanist und Theologe Alain von Lille gespöttelt[35] und Abaelard schon lange vorher in *Sic et Non* aufgewiesen hatte).

Während der Zisterzienser und Ordensgründer Bernhard von Clairvaux die Macht nie scheute und sich Zeit seines Lebens als politisches Schwergewicht in den höchsten, die Geschicke das damaligen Europa lenkenden Kreisen einbrachte, zog es den (nach der unglücklich ausgegangenen Liebesgeschichte mit Heloisa) Benediktiner gewordenen Abaelard immer wieder wie die antiken Philosophen und die Wüstenmönche des Ostens für ein unabgelenktes

---

[33] HANS-WOLFGANG KRAUTZ stellte diese Schrift unter dem Titel: „Zwischen Boethius, Lullus, Cusanus und Lessing – Streiflichter auf Abaelards Collationes" in einen Geschichtsraum von zwölfhundert Jahren, vgl. S. 151–168 des in *Anm.* 5 angeführten Sammelbands von 2003. Vgl. auch URSULA NIGGLI: „Abaelards Ideen über die jüdische Religion und seine Hermeneutik im Dialogus", ebenda S. 169–191.

[34] Paraphrase aus BERNHARDs Traktat gegen Abaelard, der *Epist. 190*, in: *S. Bernardi Opera* VIII, ed. J. LECLERCQ und H. ROCHAIS, Rom 1977, S. 17 f. und S. 24.

[35] ALANUS DE INSULIS: *Auctoritas cereum habet nasum, id est in diversum potest flecti sensum*, in: *De fide catholica contra haereticos* 1. 30, in: PL 210, 333A.

Nachdenken in die Einöde, wo ihm aber schon bald Scharen begeisterter Studenten zuströmten. Abaelards unfreiwillige, seinem Charisma als Lehrer verdankte Breitenwirkung zu einer Zeit, als es noch keine Universitäten gab, war neben seiner neuen scholastischen Lehrmethode der Grund dafür, dass ihn die damals herrschenden Theologen mundtot machen wollten.

Unterwegs nach Rom erfuhr Abaelard in Cluny von der päpstlichen Bulle, die ihm als Ketzer immerwährendes Schweigen auferlegte. In der vornehmen Gestalt Peters des Ehrwürdigen, des Abtes von Cluny, fand er einen letzten guten Freund. Petrus Venerabilis nahm ihn in Cluny gastlich auf und leitete couragiert eine Versöhnung mit Bernhard ein. In einem ergreifenden Kondolenzbrief an Heloisa schildert er die letzten Monate des schwerkranken Abaelard[36]: Er habe den gemeinsamen Freund zuletzt in das landschaftlich und klimatisch reizvollere Saint-Marcel, ein Priorat von Cluny, geschickt, da ihm körperliche Beschwerden arg zusetzten. Er preist die stille Demut des bedeutenden Gelehrten, der keinen Augenblick verstreichen ließ, ohne zu beten, zu lesen, zu schreiben oder zu diktieren.

Abaelards Lebensgang, den er in der *Historia Calamitatum* als eine Verkettung von Schicksalsschlägen schildert, war voll innerer und äußerer Bedrängnisse. Frieden, um zeitweilig aufatmen zu können, fand er zuhause in Le Pallet, in seiner Eigengründung Paraklet und zuletzt in der Obhut Peters des Ehrwürdigen in Cluny und Saint-Marcel.

Bei meinem Überblick zu Leben und Werk Abaelards durften Informationen zu seiner Herkunft und Bildung so wenig wie ein Eindruck seiner Wesensart fehlen.[37] All dies bliebe jedoch unzu-

---

[36] Das ist *Brief 115*, mit abgedruckt in (vgl. *Anm. 3*): Ed. BROST S. 406–415, bes. S. 412 ff.; ed. KRAUTZ S. 347–353, bes. S. 351 ff.; ed. RADICE S. 277–284, bes. S. 281 ff. Zum lateinischen Original vgl. ed. GILES CONSTABLE: *The Letters of Peter the Venerable*, Harvard, Cambridge, Mass.1967, Bd. 1, S. 303–308.

[37] Ausführlicher äußerte ich mich zu Abaelards Biographie, zum Forschungsstand und zu seiner Geistesart im ersten und letzten Beitrag des in *Anm. 5* erwähnten Sammelbandes von 2003, S. 1–24 und S. 355–373; vgl. auch die exemplarischen Vorbehalte moderner Autoren gegen Abaelards Charakter ebenda S. 264 f. Anm. 87.

länglich, wenn nicht auch der zentralen Beziehung in Abaelards Leben gedacht würde, und zwar aus doppeltem Grund. Zum einen trugen Heloisas Überlegungen, ihre Freundschaft und die Auseinandersetzung mit ihr nicht unwesentlich zu seinem Rang als Philosoph und Theologe bei. Zum anderen gehört zum Ergebnis der vorliegenden Publikation die Erkenntnis, dass in jedem zweiten *Planctus* unterschwellig Abaelards Beziehung zu Heloisa mitschwingt (in der *editio princeps* waren die sechs Klagen sogar noch als „Minnelieder" bezeichnet worden, vgl. S. 198).

Angemerkt sei, dass nach der bereits früh in Übersetzung erschienenen Autobiographie und dem Briefwechsel mit Heloisa[38] sowie dem gesamten Briefwechsel Abaelards[39] in den vergangenen zwanzig Jahren eine stattliche Zahl weiterer Werke Abaelards in moderne Sprachen übertragen wurde und jetzt auf Deutsch (dt.), Englisch (engl.), Französisch (fr.) oder Italienisch (ital.) zugänglich ist. Das trifft zu auf Abaelards erste Theologie, die *Theologia Summi boni* (fr. und dt.); seinen interreligiösen Dialog oder die *Collationes* (fr., ital., dt. und engl.); seinen *Römerbriefkommentar* (dt.); seine Ethik oder *Scito te ipsum* (fr., engl. und dt.); das Mahngedicht an seinen Sohn Astralabius (ital.); einen Auszug des Prologs von *Sic et Non* (dt.) sowie diverse logische (fr., dt., engl. und it.) Texte, vgl. zu den neueren Übersetzungen S. 376f. des in *Anm.* 5 auf S. 14 angeführten Sammelbandes von 2003.

---

[38] Die früheste Übersetzung von JEAN DE MEUN ins Altfranzösische (Ende des 13. Jhts.) ist in zwei Editionen greifbar: Ed. FABRIZIO BEGGIATO: *Le Lettere di Abelardo ed Eloisa nella traduzione di Jean de Meun*, Modena 1977 (Bd. 1 enthält die Einleitung und den wissenschaftlichen Apparat und Bd. 2 den altfranzösischen Text) und ed. ERIC HICKS: *La vie et les epistres Pierres Abaelart et Heloys sa fame, traduction […] attribué à Jean de Meun, avec une nouvelle edition des texts latins d'après le Ms. Troyes*, Paris und Genf 1991 (enthält eine Introduction, den lateinisch-altfranzösischen Paralleldruck der Briefe 1–7 [ohne 8, die Klosterregel], die beiden Glaubensbekenntnisse Abaelards und das Kondolenzschreiben Peters des Ehrwürdigen an Heloisa). Vgl. *Anm.* 3 zu den gebräuchlichsten modernen Übersetzungen auf Deutsch und Englisch.

[39] Pietro Abelardo: *Epistolario completo*, traduzione e note critiche, ed. CARMELO OTTAVIANO, Palermo 1934, 305 S.

Abaelards Beziehung zu Heloisa

Die Voraussetzungen und die Fakten

Während Petrus Abaelardus in der vielköpfigen Familie des Ritters Berengar von Le Pallet die Rolle des Ältesten innehatte und in Angelegenheiten der Familie früh der Ansprechpartner seiner Mutter wurde, wuchs Heloisa als Waise ohne Eltern und Geschwister bei den Nonnen von Argenteuil auf. Sainte-Marie in Argenteuil war ein reiches, nur Töchtern wohlhabender und einflussreicher Familien offenstehendes Benediktinerinnenkloster, und seine Bibliothek war gewiss reich bestückt mit prächtigen Handschriften. Heloisa dürfte ein vor schädlichen Einflüssen behütetes und gut versorgtes, aber wohl eher einsames und sich selbst überlassenes Kind gewesen sein. Es verwundert nicht, wenn sich das aufgeweckte Mädchen früh extensiver Lektüre zuwandte und Latein, Griechisch und Hebräisch lernte. Wie befreiend und ihr Bedürfnis nach Austausch befriedigend muss für Heloisa der Dialog mit Magister Petrus geworden sein!

Heloisas Mutter Hersendis von Champagne lebte zur Zeit ihrer mutmaßlichen Schwangerschaft (1094/5) mit dem in seiner Lebensführung nicht unumstrittenen charismatischen Ordensgründer Robert von Arbrissel und seiner Schar in den Wäldern von Craon.[40] Sie wurde bald die rechte Hand dieser schillernden Persönlichkeit und die Seele des neu gegründeten, ein Frauen- und Männerkloster integrierenden Doppelklosters von Fontevrault.

Wir wissen nicht, wer Heloisas Vater war (Robert oder ein Adliger?) und ob sie ihre Mutter Hersendis persönlich kannte. Allerdings gibt es frappante Lebensparallelen zwischen den beiden, ja Heloisa wiederholte gleichsam den Lebensentwurf ihrer Mutter. Auch sie wird darauf verzichten, ihre Mutterschaft zu leben, und mit ungefähr 35 Jahren eine allerseits geschätzte und durchsetzungsfähige

---

[40] Vgl. WERNER ROBL: *Heloisas Herkunft: Hersindis Mater*, München 2001 sowie seinen Essay: „Hersindis Mater. Neues zur Familiengeschichte Heloisas mit Ausblicken auf die Familie Peter Abaelards", in dem in *Anm.* 5 angeführten Sammelband von 2003, S. 24–89.

Äbtissin und Klostergründerin werden. Dank Heloisas persönlicher Ausstrahlung hatte das Frauenkloster Paraklet derart Zulauf, dass alle seine sechs Tochterklöster, nämlich *Sainte-Madeleine-de-Traînel* (Aube), *La Pommeraye* (Yonne), *Laval* (Seine-et-Marne), *Noëfort* (Seine-et-Marne), *Saint-Flavit* (Aube) und *Boran* bzw. *Saint-Martin-aux Nonnettes* (Oise), noch zu ihren Lebzeiten gegründet wurden.[41]

Zu dem Zeitpunkt, als Heloisa bei ihrem Oheim Fulbert, dem sie über alle Maße liebenden Halbbruder ihrer Mutter Hersendis, nahe der Kathedrale von Notre-Dame in Paris einzog, haben wir sie uns als eine belesene, bildungshungrige und intellektuell frühreife, aber eher etwas weltfremde und sich ihrer Reize wohl kaum bewusste junge Frau vorzustellen. Fulbert kam Abaelard über dessen Wünsche entgegen und räumte ihm in unglaublicher Naivität zur Tages- und Nachtzeit das „Verfügungs- und Züchtigungsrecht" über seine Schülerin ein.

Unübertrefflich schildert die *Historia Calamitatum* den bald eintretenden, gemeinsamen Sinnentaumel:

> Während unserer Unterrichtsstunden hatten wir vollauf Zeit für unsere Liebe. […] Die Bücher lagen offen da, Frage und Antwort drängten sich, wenn die Liebe das bevorzugte Thema war, und der Küsse waren mehr als der Sprüche. […] In unserer Gier genossen wir jede Abstufung des Liebens, wir bereicherten unser Liebesspiel mit allen Reizen, welche die Erfinderlust ersonnen. Wir hatten diese Freuden bis dahin nicht gekostet und genossen sie nun unersättlich in glühender Hingabe, und kein Ekel wandelte uns an.[42]

Den Studenten entging der Zustand ihres Professors nicht. Bald kam Heloisas Name durch Abaelards Liebeslieder in aller Leute Mund, und zuletzt merkte es auch Fulbert. Er warf den treulosen Lehrer aus dem

---

[41] Vgl. LALORE (*Anm. 23*) S. X mit Dokumenten S. 65f., 71ff., 17 und 22; CHARRIER (*Anm. 23*) S. 274–277 sowie ed. CHRYSOGONUS WADDELL: *The Paraclete Statutes „Institutiones nostrae": Introduction, Edition, and Commentary*, Cistercian Liturgy Series no.20, Gethsemani Abbey, Trappist, Kentucky 1987, S. 78.

[42] Zitat ed. BROST S. 21, vgl. ed. MONFRIN S. 72f. Z. 332–346, ed. KRAUTZ S. 16 und ed. RADICE S. 67f.

Haus. Abaelard zerquälte sich mit Selbstvorwürfen. Das geteilte Leid und die leibliche Trennung schmiedete das Paar erst recht zusammen. Als Heloisa Abaelard nach einigen Monaten ihre Schwangerschaft mitteilte, war sie außer sich vor Freude. Abaelard brachte sie in seine Heimat in der Bretagne, wo sie ihren Sohn Astralabius gebar. Vermutlich wurde Heloisa erst im Trubel von Le Pallet – wenn sie die Arbeitslast Dionysias sah, der um zwölf Jahre älteren Schwester von Abaelard – das reale Leben und die Strapazen damaliger Ehefrauen, Mütter und Wirtschafterinnen so recht bewusst, und sie mag sich nach den stillen Studien im Hause ihres Onkels zurückgesehnt haben.

Abaelard ging in Paris unterdessen seinen Lehrverpflichtungen als Professor für Philosophie und Theologie an der Kathedralschule von Notre-Dame nach. Er war sich seiner Schuld und seines Vertrauensbruches nur allzu bewusst, während der Kanoniker Fulbert über die Abwesenheit seiner Nichte Heloisa beinahe wahnsinnig wurde. Ohne Absprache mit Heloisa leitete Abaelard Verhandlungen mit ihrem Onkel ein. Er bat Fulbert demütig um Verzeihung. Die angebotene Genugtuung einer Eheschließung mit Heloisa ging über dessen Erwartungen hinaus; Abaelard konnte daher die Klausel aushandeln, wonach die Ehe zur Bewahrung seines guten Rufs[43] geheim gehalten werden müsse.

Als Abaelard Heloisa nun nach Paris holen und sie zu seiner Frau machen wollte, opponierte sie aufs Energischste: Eine Heirat werde ihn persönlich gefährden und unglücklich machen, weil sich Fulbert nicht wirklich versöhnen lasse. Was könne sie gewinnen, wenn er als ‚Knecht der Gattin' der Wissenschaft und der Kirche abhanden komme? Sie argumentierte mit dem asketischen Code der Kirchenväter und zitierte ausgiebig die ehefeindliche Schrift des Hieronymus „Gegen Jovinian". Wenn er schon auf seinen geistlichen Ornat als Kleriker verzichten wolle, möge er wenigstens nicht auch gleich noch seinen Philosophenmantel wegwerfen, um in Unzüchtigkeit (*ob-*

---

[43] Der Zölibat war für Priester und höhere Geistliche damals noch nicht vorgeschrieben, aber unter dem Einfluss der Kirchenväter war man zur Askese verbunden; eine Ehe schadete insofern einer Karriere in der Kirche.

scenitates) und sündiger Lust (*turpes voluptates*) zu versinken. Was sie selber betreffe, sie gebe dem Namen „Freundin" den Vorzug vor „Gattin": In frei schenkender Liebe, aber nicht durch das eheliche Band wolle sie ihm verbunden bleiben. Andernfalls werde bald die Bitterkeit kommenden Elends die Süße der verlorenen Liebe aufwiegen, so prophezeite sie.

Abaelard setzte sich durch. In Anwesenheit einiger weniger Verwandten als Trauzeugen fand in aller Heimlichkeit im Morgengrauen nach einer durchbeteten Nacht die Einsegnung ihrer Ehe statt. Danach sahen sie einander eher selten. Fulbert verstieß gegen die Pflicht zur Geheimhaltung: Er prahlte mit der Heirat seiner Nichte. Weil Heloisa sie standhaft ablehnte, bekam sie es von ihm deutlich zu spüren (mit *contumeliae* können sowohl Prügel als auch Schmähungen gemeint sein). Deswegen brachte Abaelard sie ins Kloster von Argenteuil und ließ sie dort als Laienschwester einkleiden. Wie aus *Brief 5* zu erfahren ist[44], drängte er sie „aus gieriger Unbeherrschtheit" zuweilen auch in Sainte-Marie in einem Winkel des Refektoriums (Speisesaals) zum Geschlechtsverkehr, obwohl sie ihn bat, darauf zu verzichten.

Fulbert und seine Sippe vermeinten, Abaelard habe sich Heloisas entledigen wollen und sie deshalb fortgebracht. Unter Beihilfe eines bestochenen Dieners überfielen ihn des Nachts zwei Gedungene und beraubten ihn derjenigen Organe, mit denen er die Angehörigen Heloisas gekränkt hatte. Abaelard schreibt, die Aufregung und das Wehgeschrei der Kleriker und Studenten habe ihn mehr geschmerzt als die Wunde, die ihm noch halb im Schlaf beigebracht worden sei. Nach der großen Schmach nahm er Zuflucht hinter den Mauern des

---

[44] Ed. MUCKLE S. 88, ed. BROST S. 130, ed. KRAUTZ S. 102 und ed. RADICE S. 146. Die Briefe werden nach der deutschen Zählung nummeriert, danach ist die Autobiographie (*H.C.*) Brief 1 (englische Publikationen zählen erst ab Heloisas Brief). Der lateinische Originaltext von *Brief 2–5 und 6–7* wird zitiert nach J.T. MUCKLE, in: Mediaeval Studies Bd. 15, Toronto 1953, S. 47–94 und Bd. 17, 1955, S. 240–281; der lateinische Text von *Brief 8* (Klosterregel) nach T.P. MCLAUGHLIN, in: Mediaeval Studies Bd. 18, 1956, S. 241–292. Die zitierten deutschen Übersetzungen und die englische sind in *Anm. 3* auf S. 13 angegeben.

angesehenen Königsklosters Saint-Denis in Paris, aber nicht ohne vorher Heloisa zur Ablegung eines ewigen Gelübdes im Kloster Sainte-Marie in Argenteuil gedrängt zu haben. Auf die eindrucksvolle Szene von Heloisas Profess komme ich im Kontext von *Planctus III* zurück, vgl. S. 90.

Zu den Fakten gehört auch das Wenige, das über den Sohn von Abaelard und Heloisa bekannt ist: Astralabius wuchs in der Obhut von Abaelards Schwester Dionysia in Le Pallet auf und wurde Geistlicher. Abaelard schrieb für seinen Sohn (nach Vorbild der *Disticha Catonis*) das *Carmen ad Astralabium*. Im Briefwechsel schweigt sich das Paar über ihn aus, abgesehen von einer einzigen Briefstelle Heloisas an Peter den Ehrwürdigen. Nach einem Besuch des Abtes von Cluny im Paraklet im November 1143 bat ihn Heloisa um eine schriftliche Bestätigung von dreißig nach ihrem Tod für sie in Cluny zu lesenden Seelenmessen, ferner um eine mit seinem Siegel versehene ‚Absolution des Meisters'[45] sowie um Verschaffung einer Pfründe für Astralabius. Peter der Ehrwürdige sandte ihr die beiden gewünschten Schriftstücke zu und versprach, sich auch um die schwierige Aufgabe einer Pfründe für ihren Sohn zu kümmern.[46]

Der um 1116 oder 1117 geborene Astralabius war damals 26–27 Jahre alt. Charles de Rémusat gibt zwei Hinweise zu seinem Schicksal[47]: Um 1150 wirkten in der Kathedrale von Nantes zwei Kanoniker, ein Neffe und ein Onkel namens Astralabius und Porcarius; wahrscheinlich handelte es sich um Abaelards Sohn und seinen jüngsten Bruder. Victor Cousin entdeckte um 1837 im Benediktinerkloster Hauterive im Kanton Fribourg, Schweiz, einen um 1162 verstorbenen Abt mit dem Namen Astralabius; danach hätte seine Mutter ihn um zwei Jahre überlebt.

---

[45] Die *Absolution* ist abgedruckt in: ed. VICTOR COUSIN: *Opera Petri Abaelardi*, Paris 1849, Nachdruck Olms 1970, Bd. 1, S. 717. Vgl. ed. BROST S. 420, ed. KRAUTZ S. 357 und ed. RADICE S. 288.

[46] *Epist. 167f.* in: ed. GILES CONSTABLE: *The Letters of Peter the Venerable*, 2 Bde., Harvard, Cambridge, Mass. 1967, Bd. 1, S. 400ff. Vgl. ed. BROST S. 416–419, ed. KRAUTZ S. 354ff. und ed. RADICE S. 285ff.

[47] CHARLES DE RÉMUSAT: *Abélard*, Paris 1945, Bd. 1, S. 135 Fußnote und S. 269.

Zum Abschluss der Fakten sei nochmals die unterschiedliche Sozialisation der beiden Liebenden hervorgehoben: Anders als Abaelard wuchs Heloisa unter beziehungsmäßig wenig normalen Umständen auf, die nach Maßgabe moderner Psychologie die Entwicklung eines sozial kompetenten und konfliktfähigen Individuums nicht begünstigen. Demnach war Heloisa nicht nur durch Alter, Geschlecht und Bildung, sondern auch durch die spezielle Art ihres Aufwachsens verglichen mit Abaelard benachteiligt; umso mehr setzt uns ihre Entwicklung zur ebenbürtigen Partnerin in Erstaunen.

Die Reflexion auf die Motive ihrer Beziehung

Fünfzehn Jahre nach den traumatisierenden Ereignissen suchte sich das Paar in Briefen über seine Beziehung zu verständigen. Dieser Briefwechsel zweier hochbegabter Individuen ist komplex, weshalb seine Deutung unterdessen eine ganze Bibliothek füllt.[48] Bevor ich meine Interpretation zusammenfasse, gebe ich zur Erleichterung einer eigenen Lektüre einen Durchblick durch die ganze Korrespondenz, das sind die *Briefe 2 bis 8*.

Die *Historia Calamitatum* ist stilisiert als ein Trostschreiben an einen unbekannten Freund; indem Abaelard ihm von seinen eigenen Unglücksfällen berichtet, versucht er den Freund über dessen Verfolgung und Leiden trösten. *Brief 1* (*H.C.*, vgl. *Anm. 44*) gelangte anscheinend zufällig in Heloisas Hände. Bitter beklagt sie sich bei Abaelard darüber, dass er sich seit ihrer beider Klostereintritt (*conversio*) in persönliches Schweigen gehüllt habe (*Brief 2*): Viel weniger als sie und ihre Nonnen in Abaelards Eigengründung Paraklet habe dieser Freund Abaelards Anteilgabe verdient. Sie bittet, er möge fortan sein Versäumnis nachholen und ihr, wenn er sie schon nicht besuche, wenigstens durch Briefe Anteil an seinem Leben geben. Angesichts von Abaelards düsterer Schilderung packt sie Grauen, dass er vielleicht schon bald umkomme.

---

[48] Die bisher materialreichste Darstellung von CHARLOTTE CHARRIER von 1933 (vgl. S. 23 *Anm. 23*) enthält bereits 618 bibliographische Angaben; seither kamen Hunderte von Artikeln hinzu.

In seiner Antwort (*Brief 3*) konfrontiert Abaelard sie mit neuen Ansprüchen an ihre Person und reibt, was ihre Angst um sein Leben betrifft, noch Salz in die Wunde: Vor Gott richte das Gebet heiliger Frauen am meisten aus, weswegen er sie und ihre Nonnen um dringend benötigte Fürsprache für ihn bitte; überhaupt sollten sie mehr um seine Seele als um seinen Leib besorgt sein. Für den Fall, dass er umkomme, bittet er sie, seine sterblichen Überreste auf den Gottesacker des Paraklet zu überführen.[49] Und schon eingangs unterbreitet er ihr sein Angebot: Vielleicht möchte sie in ihrer Bescheidenheit seine kundige Feder für religiöse Fragen bemühen; mit Gottes Hilfe werde er versuchen, ihre Anliegen zu erfüllen.

In der mit emotionaler Wucht vorgetragenen Replik (*Brief 4*) verliert Heloisa ihre Fassung über Abaelards distanzierte Haltung und enthüllt ihm voller Erbitterung ihre desolate Seelenlage: Von allen als vorbildliche Nonne und tüchtige Äbtissin geliebt und bewundert, wisse nur sie, dass sie eine ‚Heuchlerin' sei und wie es in ihrem Herzen wirklich um sie stehe. Beständig narrten sie die Bilder der Vergangenheit, und sie sehne sich nach den gemeinsamen Liebesfreuden zurück. Mit ihm habe sie das eigene Selbst verloren, und weil sie keine Reue für die gemeinsame Vergangenheit aufbringen könne, finde sie auch keinen Frieden mit Gott. Ja, sie klage Gott dafür an, wie ungerecht er an ihrem Liebsten gehandelt habe: Statt sie beide dafür büßen zu lassen, dass sie vor ihrer Ehe miteinander buhlten, habe nur er paradoxerweise für seine Ehe Gottes grausamen Zorn zu spüren bekommen.

Abaelard ahnt unterdessen zumindest ihren seelischen Aufruhr. In *Brief 5* trägt er ihr seine Version über ihre Liebesbeziehung vor. Dabei bettet er seinen Rückblick in eine ‚Heilungsgeschichte' und kann, um die Gnade Gottes nur umso leuchtender hervortreten zu lassen, die

---

[49] Vgl. das *EPITAPHIUM PETRI baiolardi* [sic!] *a semet conpositum* (Faksimile mit Transkription und Übersetzung) S. 324f. und 405 des in *Anm.* 5 auf S. 14 angeführten Sammelbandes von 2003. Die ersten beiden Verse dieser Grabinschrift Abaelards lauten:
  Gib den Mägden den Leichnam, der die Seele des Knechts bewahrt!
  Diese Bitte, mein Gott, unterbreite ich Dir Tag und Nacht.

eigene Sündhaftigkeit nicht drastisch genug anprangern. Er zögert nicht, den von Heloisa schon in *Brief 2* angeführten Argwohn aller zu bejahen, wonach ihn mehr Begehrlichkeit als Freundschaft, die Glut der Leidenschaft statt echte Liebe zu ihr hingetrieben habe.[50] Heloisa wollte wissen, ob sich jetzt all das in nichts aufgelöst habe, was er ihr um des Begehrens willen erwiesen habe, seit dieses Begehren gewichen sei. Abaelard doppelt nach: Ja, er habe an ihr bloß seine armselige Lust gesättigt und in dieser Sättigung gipfelte seine Liebe!

Indem er ihre Idealvorstellung von frei schenkender Liebe aufgreift, die im Geliebten nur diesen selbst, nichts an und von ihm sucht, empfiehlt er ihr Christus als ihren wahren Freund. Denn *er* habe wahrhaft für sie gelitten, wohingegen er, Abaelard, eher durch sie gegen seinen Willen statt für sie gelitten habe. Er habe nicht wie Christus gelitten, um ihre Seele zu retten, sondern er habe durch sein Leiden ihre Seele zur Verzweiflung gebracht. Deshalb möge sie ihrem wahren Freund Christus ihre Ergebenheit (*devotio*), ihr Mitleiden (*compassio*) und ihre Zerknirschung (*compunctio*) darbringen, nicht ihm, der sie nicht verdiene.

Heloisa ging es um Abaelards Freundschaft und Zuwendung, um nichts anderes. Deswegen konnte sie mit derlei Brautmystik nichts anfangen. Das zeigt sie Abaelard mit der Grußformel ihres berühmtesten Briefes (*Brief 6*). Die Literatur hat viel gerätselt über diese Grußformel; mir scheint sie zwar bedeutsam, aber überhaupt nicht kryptisch. Indem Heloisa nämlich auf *Brief 3* zurückgreift, wo Abaelard schreibt: „Gedenke in Deinem Gebet immerdar dessen, der Dein ist im wahrsten Sinn des Wortes" (*Memento itaque semper in orationibus tuis eius qui specialiter est tuus*)[51], grenzt sie sich in der Grußformel von *Brief 6* subtil von Abaelards Ansinnen ab, der sie an Christus als ihren wahren Freund gewiesen hat. Sie grüßt: „Dem im wahrsten Sinne des Wortes Ihrigen, die in einzigartiger Weise Seine" (*Suo specialiter, sua singulariter*).

---

[50] *Brief 2* und *5*, ed. MUCKLE S. 72 und 92, ed. BROST S. 83f. und 140, ed. KRAUTZ S. 67 und 110f. sowie ed. RADICE S. 116 und 153.
[51] Ed. MUCKLE S. 75; vgl. ed. BROST S. 94, ed. KRAUTZ S. 75 und ed. RADICE S. 123.

Wie bei ihrem Klostergelübde (vgl. S. 90f.) beharrt sie subtil auf ihrer Autonomie; sie lässt sich von Abaelard nicht vorschreiben, was er ihr bedeuten darf und was nicht respektive ob es sogar einen Ersatz für ihn gebe. Während ihre Grußformel in *Brief 4* noch fromm und ergeben lautet: „Ihrem Einzigen nach Christus, seine Einzige in Christus", lässt sie Christus jetzt bewusst beiseite und erinnert Abaelard an seine eigene Zusage in *Brief 3*. Auch wenn sie einige Worte später Abaelard ihres Gehorsams versichert und seinen Vorschlag religiöser Anfragen in die Tat umsetzt, ist die besprochene Grußformel doch ein eindeutiges Zeichen der Abgrenzung, das der Behauptung widerspricht, Heloisa habe vor ihrem Seelsorger Abaelard kapituliert oder noch schlimmer: sie sei bekehrt worden![52]

Nach der ersten Seite von *Brief 6* geht der persönliche Briefwechsel in klösterliche Dokumente über. In humanistischer Aufgeschlossenheit, das heißt im Wissen darum, dass die Welt alt geworden und die Gottesliebe in vielen Menschen erkaltet sei[53], erläutert Heloisa ihre beiden Anliegen:

---

[52] Vgl. zur sog. Kapitulation Heloisas LINDA GEORGIANNA: „Any Corner of Heaven: Heloise's Critique of Monasticism", in: Mediaeval Studies 49, 1987, S. 224f. und 228f. sowie PEGGY KAMUF: *Fictions of Feminine Desire: Disclosures of Heloise*, Nebrasca 1982, S. 8f.
Die Debatte über eine potentielle Bekehrung Heloisas verdankt sich meines Erachtens einem missdeuteten Latinismus. Tatsächlich kommt im Briefwechsel der Ausdruck *conversio* mehrmals vor und bezeichnet schlicht den Klostereintritt beider. Die Quelle für den vorgefundenen Sprachgebrauch fand ich bei CASSIAN: Collatio III, 4, in: Jean Cassien: *Conférences*, ed. E. PICHERY, Sources chrétiennes Bd. 42, Paris 1955, S. 144 Z. 4. CASSIAN schreibt hier von drei verschiedenen Berufungen (*vocationes*) und meint mit *conversio* schlicht die Zuwendung zu einem religiösen Leben. „Bekehrung" im qualifizierten theologischen Sinn (nach dem Pietismus) bedeutete indessen die vollständige Umkehr und Verwandlung des sündigen Menschen durch göttliche Gnade. Der so verstandene Ausdruck eines ‚Bekehrungserlebnisses' ist weder auf Heloisa noch auf Abaelard anwendbar; beide hatten in CASSIANs Sinn eher „eine Berufung aus Not". Zu den Belegen vgl. den auf S. 41 *Anm. 58* angeführten Essay Anm. 13.
[53] Zu den klösterlichen Anschauungen Heloisas vgl. URSULA NIGGLI S. 101–108 in dem Sammelband von 2003 (*Anm. 5*, S. 14), den in *Anm. 52* erwähnten Artikel von LINDA GEORGIANNA und WADDELL *Anm. 41*.

I. Sie möchte über den Ursprung und das Vorbild des weiblichen Ordensstandes unterrichtet werden.

II. Ferner bittet sie um eine modifizierte Regel Benedikts, die Rücksicht nimmt auf die Erfordernisse von Frauen, eine Aufgabe, welche die Kirchenväter übersehen hätten.[54]

In *Brief 7* und *8* wird sich der ‚neue Hieronymus' dieses doppelten Anliegens annehmen und in aller Breite seine Auffassung eines Gott geweihten Lebens für die gerade von Jesus bevorzugten Frauen darlegen.

Überlieferungsgeschichtlich ist beizufügen: Um 1150 wurde im Umkreis des Paraklet, wahrscheinlich von Heloisa selbst, Abaelards Autobiographie und der sog. persönliche Briefwechsel (*Brief 2* bis *6 Anfang*) – vermutlich in der Absicht, Nachrichten an das Gründerpaar zu erhalten – den weit umfangreicheren Klostergründungsdokumenten *Brief 6–8* vorangestellt und das Ganze einer Schlussredaktion unterzogen.[55] Somit blieb der weniger umfangreiche Teil der Korrespondenz, der seither am meisten interessiert, eigentlich nur dank der Klosterdokumente als deren ‚Vorspann' erhalten. Welch ein Glücksfall, zumal mit *Ms. Troyes 802* nur eine einzige vollständige Handschrift erhalten ist!

Auch wenn die *Briefe 6–8* Klostergründungsdokumente des Paraklet genannt werden dürfen, so wissen wir heute dank der Forschung von Chrysogonus Waddell[56], dass Abaelards Regel (*Brief 8*), die ein Doppelkloster à la Fontevrault vorsah, nie in Kraft getreten ist. Denn erstens blieb der Paraklet mitsamt seinen zwischen 1142 und 1163 gegründeten sechs Tochterklöstern (Heloisa starb im Mai 1164) immer ein reines Frauenkloster des heiligen Benedikt. Zweitens

---

[54] Vgl. *Brief 6*, ed. MUCKLE S. 242: *Quorum quidem alterum est ut nos instruere velis unde sanctimonialium ordo coeperit, et quae nostrae sit professionis auctoritas. Alterum vero est ut aliquam nobis regulam instituas* [...] Ed. BROST S. 150, ed. KRAUTZ S. 117 und ed. RADICE S. 159.

[55] Vgl. JACQUES MONFRIN: „Le problème de l'authenticité de la correspondance d'Abélard et d'Héloïse, in: DERS.: *Études de philologie romane*, Genf 2001, S. 301–316.

[56] Vgl. auf S. 32 die *Anm. 41*.

definierte Heloisa mit der ihr eigenen Autonomie zu dem Zeitpunkt, als es wegen der ersten Filialgründung von Sainte-Madeleine-de-Traînel aktuell wurde, das ‚cachet' des Mutterklosters Paraklet in ihren *Institutiones nostrae*; danach sollten sich die Tochterklöster richten bei all den Fragen, für die in Benedikts Regel Anweisungen fehlten.

Wie Waddell in mehrbändigen Untersuchungen aufwies, wurde das Frauenkloster Paraklet in seiner gottesdienstlichen Ordnung und Liturgie tief vom Zisterzienserorden beeinflusst. Indes ist die luzide theologische Struktur der äußerst knappen Regel wahrscheinlich Heloisas genuine Leistung. Die telegrammartig formulierte Regel bezieht sich auf drei Bereiche:

1. den *Lebensstil*: Kleidung, Bettzeug, Nahrung und Gehorsam;

2. die *Gemeinschaftsnormen*: materielle Ressourcen, Güterverteilung, Klausur und Aufnahmeregelung sowie

3. den *klösterlichen Lebensinhalt*: Tagesstruktur gemäß den je nach Saison und Festtagen unterschiedlich angesetzten acht Horen oder Stundengebeten.

Insgesamt sind Heloisas *Institutiones nostrae* viel liberaler, als es für die Weißen Mönche zulässig gewesen wäre.[57]

Nach diesem Überblick zum Briefwechsel folgt in Thesenform meine Interpretation, wie ich sie in einer anderen Publikation[58] entwickelt und belegt habe:

---

[57] Unter dem Titel: „Die Äbtissin des Paraklet geht ihre eigenen Wege" habe ich im letzten Kapitel des in Anm. 58 angeführten Essays die Klosterregeln von Heloisa und Abaelard in ihren Grundzügen verglichen; im Fazit musste ich prominenten Interpreten widersprechen, wonach Abaelards weitschweifigeres Regelwerk einen klar durchdachten Aufbau vermissen lasse.

[58] Vgl. URSULA NIGGLI: „Abaelard und Heloisa oder Heloisas Sehnsucht nach Freundschaft", in: ed. ERICH DONNERT: *Europa in der Frühen Neuzeit*, Festschrift für GÜNTER MÜHLPFORDT Bd. 7, Köln 2007, S. 1–54.
Kurzfassung in: *Revista Educação de Filosofia*, Universidade Federal de Uberlândia, Brasilien, vol. 20, no. 40, jul./dec. 2006, S. 173–206 sowie im Buch: *Freundschaft. Motive und Bedeutungen*, ed. SIBYLLE APPUHN-RADTKE und ESTHER P. WIPFLER, München 2006, S. 45–65.

1. Den von Heloisa angestoßenen Briefwechsel mit Abaelard brachte ich unter den lapidaren Titel: *Heloisas Freundschaftsbegehren*.
2. Zwar schreibt Heloisa in *Brief 2* und *4* nirgendwo: „Wessen ich zu meiner Seele Heil so dringend bedurft hätte (nach dem Klostereintritt) und bedarf (zum Zeitpunkt des Briefwechsels fünfzehn Jahre später), ist Deine Freundschaft." Doch liegt dieser, in Anlehnung an die Freundschaftsdefinition des Isidor von Sevilla – er nennt den Freund einen ‚Wächter über die Seele'[59] – formulierte Satz in lautem Schweigen unter all dem, was sie schreibt.
3. Hinweise zu ‚Freundschaftssachen' in *Brief 2*:
   - Heloisa zitiert eingangs aus einem Brief Senecas an seinen Freund Lucilius: „Niemals empfange ich einen Brief von Dir ohne das unmittelbare Gefühl, wir seien beisammen." Heloisa bittet Abaelard, ihr wenigstens durch Briefe Anteil an seinem Leben zu geben, wenn er sie schon nicht besuche.
   - Besonders ihre wiederholte Klage, dass sie mit ihm ihr Selbst verloren habe, weist auf den beträchtlichen Anteil von Freundschaft an ihrer Liebe zu Abaelard hin.
   - Zu einer qualifizierten Freundschaft gehören Freiwilligkeit und Freiheit: Für Heloisa waren die Freiheit und die frei schenkende Liebe ihres Geliebten stets von größter Bedeutung.
   - Deshalb wirkte das Misstrauen in Abaelards Wunsch, sie möge vor ihm ins Kloster eintreten, so verstörend auf sie.
   - Der Stellenwert, den sie der Freiheit beimisst, ist auch der Grund dafür, dass sie stets mehr verhüllend als offenbarend von seiner *gratia* schreibt, um die es ihr seit jeher gehe. Der Ausdruck lässt sich vielfältig wiedergeben mit Wohlwollen, Dankbarkeit, Erkenntlichkeit, Freundschaft, Huld etc., ist freilich auch theologisch konnotiert als göttliche Gunst und Gnade.

---

[59] ISIDORUS HISPALENSIS: *Etymologiae* X, 4, in: PL 82, 367: *Amicus per derivationem quasi animi custos* [dicitur]. Im *definiens: animi custos* (Wächter über die Seele) ergeben der erste und die zwei letzten Buchstaben des ersten Wortes, gefolgt von den beiden Anfangs- und dem Endbuchstaben des zweiten Wortes das *definiendum: a-mi-cu-s* (Freund).

4. Abaelard hat Heloisas Freundschaftsbegehren weder überhört, noch abgewehrt, noch verdrängt. Aber er war außerstande, direkt und persönlich darauf einzugehen. Deshalb suchte er es, mit wenig Aussicht auf Erfolg, in ‚Brautmystik' umzulenken. Für Abaelards Unvermögen, angemessener auf Heloisas Freundschaftswunsch zu reagieren, lassen sich drei Gründe nennen:

a) Meiner Hypothese nach fühlte sich Abaelard durch die (wegen seines langjährigen Schweigens) aufgestauten Gefühle Heloisas als deren Auslöser und Adressat ‚überfordert' und er konnte sein Unbehagen auch ‚rationalisieren': War denn Heloisas Liebe zu ihm, zumal wenn er sie mit seinem Selbstbild verglich, nicht geradezu abgöttisch? Nahm er in ihren Augen nicht beinahe die Stelle Gottes ein?

b) In *Brief 5* schildert er seine ehemalige Liebesleidenschaft derart abwertend, selbstzerfleischend und schuldbewusst, dass er im Ergebnis sogar dem erwähnten „Verdacht aller" zustimmte, wonach ihn mehr die Glut der Leidenschaft als Freundschaft, mehr wollüstige Gier als echte Liebe zu Heloisa getrieben habe (vgl. S. 38 die *Anm. 50*). Musste er sich von der so gedeuteten Geschichte her jetzt nicht zusätzlich ‚blockiert' fühlen?

Allerdings fehlt es nicht an Indizien für eine abweichende Empfindungsrealität Abaelards, so dass um der Wahrheit willen seinem Rückblick auch ein Stück weit widersprochen werden darf, nämlich im Hinblick auf
– seinen helleren Bericht über ihre Liebe in der Autobiographie (vgl. S. 32);
– das durch Roscelins Schmähbrief um 1120/1121 beglaubigte und von ihm zutreffend gedeutete persönliche Siegel Abaelards, das die verbundenen Häupter einer Frau und eines Mannes darstellte;

– sowie die von ihm verfasste Grabinschrift[60], mit der er vor aller Welt seine das Liebesdrama überdauernde Verbundenheit mit Heloisa bekundete.

c) So wie Heloisa ihrer Zeit voraus war, als sie gleichsam in vorreformatorischer Abstützung auf Paulus für weltlich aufgeschlossenere Formen christlichen Lebens eintrat (vgl. S. 39 die *Anm. 53*), so antizipierte ihr Freundschaftsbegehren in der damaligen Spiritualität noch Ungedachtes. Denn erst gegen Mitte des zwölften Jahrhunderts wird Aelred von Rievaulx (bei Yorck) die geistliche Freundschaft als eine Hilfe für Mönche auf ihrem Weg mit und zu Gott entdecken. Dagegen war in Abaelards Regel noch kein Schimmer einer geistlichen Freundschaft zwischen den Geschlechtern vorgesehen.[61]

5. Neben der damaligen Spiritualität spielt auch das individuelle Ethos der beiden Liebenden eine Rolle. Das divergierende Ethos wird greifbar im patristischen Subtext dieser Korrespondenz. Heloisa betont ihren *Gehorsam*. Als Quelle für ihre Auffassung vom Gehorsam als der ‚Basis aller Tugenden' konnte ich einen Text von Augustinus, welchen sie in anderem Kontext zitiert, ausfindig machen.[62] Im Gegenzug erwähnt Abaelard überall dort,

---

[60] Darin heißt es (vgl. S. 37 die *Anm. 49*):

Es reicht die Inschrift: Hier liegt Petrus Habaelardus,
Heloisa weicht nicht von seiner geliebten Seite. [...]
Jetzt [vereint sie] ein Grabmal so wie vorher ein Bett. [...]
Möge ihnen eine ewige Wohnstatt über den Sternen vergönnt sein, Amen.

[61] Obwohl die schwere körperliche Arbeit und alle außerhalb des Klosterareals zu verrichtenden Besorgungen einer mit dem Frauenkloster lose verbundenen klösterlichen Männergemeinschaft anvertraut werden sollten, war Abaelards Doppelklostermodell mit einer ans Pathologische grenzenden Angst bestrebt, jeden persönlichen, geschweige denn freundschaftlichen Kontakt zwischen den Nonnen und Mönchen zu unterbinden, vgl. S. 176 f. die *Anm. 187 ff.*

[62] AUGUSTINUS: *De bono coniugali*, in: PL 40, 395: *oboedientia: quam virtutem tanquam radicalem, atque ut dici solet, matricem, et plane generalem.* Der Gehorsam sei gleichsam die ‚Wurzeltugend' oder, wie man zu sagen pflege, die Mutter- oder Fundamentaltugend.

wo er sie direkt anspricht, ihre *Klugheit*, welche ihm in seinen Schriften durchgängig als die „Mutter aller Tugenden" gilt. Bei Cassian, dessen „Unterredungen" Benedikt seinen Mönchen für die abendliche Lesung besonders ans Herz legte, fand ich seine wahrscheinliche Quelle.[63]

Indem ich diesem Subtext nachforschte (er war auch bei Heloisas Opposition gegen eine Ehe mit Texten von Hieronymus und Augustinus zu Jovinians Angriff auf die christliche Askese präsent), wurde mir bewusst, dass Heloisa und Abaelard nicht nur andere Motive für ihre Beziehung hatten und diese gegenseitig verschieden deuteten, sondern dass sie sich als reife Persönlichkeiten auch grundlegend in ihrem beidseits hohen Ethos unterschieden und auch von daher verschiedene Ansprüche aneinander stellten. Denn wer den Gehorsam zur Haupttugend erwählt, erwartet mehr direkte Lebenshilfe, als derjenige geben kann, für den Klugheit und Autonomie zuoberst stehen. Das Ethos drückt freilich mehr als bloß eine individuelle Vorliebe aus, es ist auch ein Spiegel spiritueller Erfahrung: Heloisa ging es als Äbtissin des Paraklet, wie ihre beiden Anfragen an Abaelard zeigen, letztlich darum, zu einer erfüllten Gemeinschaft im Sinne Benedikts anzuleiten und diese zu fördern; dafür wäre das Streben nach Autonomie, wie sie der ‚Einsiedler' und Forscher Abaelard brauchte, kein geeigneter Ausgangspunkt gewesen.

Vor diesem Hintergrund erhellt die Bedeutung des Gehorsams in ihren *Institutiones nostrae*, in denen seiner unmittelbar nach Erwähnung der lebensnotwendigen Nahrung gedacht wird, vgl. S. 41.

6. Die vorgeschlagene Deutung zieht einen Schlussstrich unter eine über Jahrhunderte vorherrschende, etwas platte Legende, wonach Heloisa eine sich glutvoll nach ihrem ehemaligen Liebhaber

---

[63] CASSIAN: *Collatio* II, 2, in: Jean Cassien: *Conférences*, ed. E. PICHERY, in: Sources chrétiennes Bd. 42, Paris 1955, S. 112 ff. Vgl. meine Erörterung dazu S. 167 ff. Im *Dialogus*, in *Brief 8* und in seiner *Ethik* gilt Abaelard die Unterscheidungsgabe oder Klugheit als die *mater omnium virtutum*.

verzehrende junge Frau gewesen sein soll. Um eine andere, auch in Bezug auf ihre Gefühle autonom denkende Heloisa zu entdecken, erwies es sich als unnötig, ihre Briefe oder auch nur einzelne Passagen darin einer fremden Hand zuzuschreiben.[64] Freilich musste in dem auf S. 41 in *Anm. 58* erwähnten Essay partiell auf den lateinischen Originaltext zurückgegriffen werden. Denn Autoren literarisch pointierter Übersetzungen lassen (dem hermeneutischen Zirkel gemäß) ihr Verständnis des Ganzen in die Übersetzung einzelner Passagen mit einfließen, so dass ihre Übersetzung auch eine den ursprünglichen Sinn verdeckende Deutung vornehmen kann.

7. Zuletzt die Hauptsache: Nur eine *unparteiliche Interpretation* (in dem Sinn, dass wir nicht für einen Partner auf Kosten des anderen votieren) kann Heloisa gerecht werden. Denn sie schreibt in *Brief 2*, dass sie etwas Linderung für ihren Schmerz fände, wenn angesichts des schrecklichen Verdachts aller Welt (vgl. 4b) Abaelards Liebe zu ihr Fürsprecher bekäme, um sie zu rechtfertigen.

Im Ergebnis wird sich auch die vorliegende Publikation unter die von Heloisa erhoffte Fürsprache und Rechtfertigung der Liebe Abaelards zu ihr subsumieren lassen.

---

[64] Vgl. dagegen S. 168 die *Anm. 177* zu J. T. MUCKLE.

Zur Einrichtung des Textes

Der lateinische Text entstammt der Ausgabe von Paul Zumthor[65], die auf der kritischen Edition von Giuseppe Vecchi[66] basiert. In der Abfolge der sechs *Planctus* behielt ich die überlieferte Reihenfolge bei, während Zumthor Davids Klage über Abner ans Ende rückte und ihr Davids Trauerlied über Saul und Jonathan voranstellte, um so die Chronologie der biblischen Vorlagen einzuhalten (je zwei Mal ein Text aus Genesis, Richter und den Büchern Samuel).[67]

In der Stropheneinteilung, der Interpunktion, den Erläuterungen und in der Übertragung ins Deutsche bin ich eigene Wege gegangen. Was die Gestaltung des lateinischen Textes betrifft, gab ich generell

---

[65] Pierre Abélard: *Lamentations. Histoire des mes malheurs. Correspondance avec Héloïse*, traduit du latin et présenté par PAUL ZUMTHOR, Actes sud, Collection Babel no. 52, Arles 1992.

[66] Ed. GIUSEPPE VECCHI: Pietro Abelardo: *I „Planctus"*. Introduzione, testo critico, trascrizioni musicali, in: Collezione di testi e manuali no. 35, Modena 1951.
Ich sah VECCHIs Textausgabe durch und zog auch den Text von MIGNE (PL 178, Sp. 1817–1824) bei, dessen klassische Schreibweise ich vor der mittellateinischen bevorzugte, z. B. feminine Schluss-ae (statt: -e), weil sie sich so von den maskulinen Vokativendungen auf -e (z. B. *nate* S. 50 Vers 16) unterscheiden; ferner die Gestaltung der Umlaute ae und oe (z. B. *praeda* und *poena*, statt: *preda* und *pena*) und die Verwendung von y (z. B. *abyssus, clypeus, inclytus, mysticus und proselytus*, statt: *abissus, clipeus, inclitus, misticus und proselitus*). Mittellateinische Orthographie kann in demselben Text variieren, so steht etwa im Klagelied über Saul und Jonathan bei VECCHI einmal: *michi*, dann wieder: *mihi* oder in *Planctus II: solacium*, in *Planctus VI: solatium*. Einen Grund, solche orthgographischen Inkonsistenzen zu erhalten, wäre vielleicht gegeben, wenn wir ein Autograph Abaelards vor uns hätten, aber nicht, wenn der Text wie überall bei Abaelards Schriften von späteren Kopisten stammt.

[67] Ferner ist noch eine kleinere Umstellung innerhalb von *Planctus IV* zu vermerken, die auf GREITH S. 128 zurückgeht: In: PL 178, 1821 (erste Spalte B) und ed. COUSIN Bd. I, S. 337 wurde die sechste Strophe: *Hos cibario [...] ut iumentum* unpassend der siebten Strophe (mit der Anrede Delilas) nachgestellt.

einer klassischen vor der mittellateinischen Schreibweise den Vorzug, weil sie für Nichtspezialisten mit Schullatein zugänglicher ist, vgl. dazu die *Anm. 66*.

Bild 1

Hieronymus: Alter Ego Abaelards

Bild 2

Joseph erzählt seine Träume

Bild 3

Jakob liebkost Benjamin

Bild 4

Abraham und Isaak

Bild 5

Sündenfall

Bild 6

David und Goliath

Bildlegende

Bild 1 Radierung und Kaltnadel von REMBRANDT, 1648, Original 18,0 x 13,2 cm: *Der Heilige Hieronymus beim Weidenstumpf.* In seiner Autobiographie identifizierte sich Abaelard mit diesem gelehrten Einsiedler, vgl. S. 10, 24, 155 und 158. © bpk Berlin, 2007, Jörg P. Anders, Kupferstichkabinett, SMB.

Bild 2 Radierung von REMBRANDT, 1638, Original 11,1 x 8,3 cm: *Joseph erzählt seine Träume*, vgl. Text S. 60, 66 und 169. Zusammen mit zwei Frauen lauschen der Vater Jakob und die von Lea geborenen Halbbrüder dem jugendlichen Joseph. Weder seine abgestützten Hände, noch sein nach innen gekehrter Blick lassen darauf schließen, dass er sich über seine Brüder erheben will. Der alte Jakob, selber ein begabter Träumer, blickt mit einer Mischung aus Ehrfurcht und Tadel auf seinen Lieblingssohn. Im Vordergrund sitzt eine jüngere Frau mit einem aufgeschlagenen Buch, als ginge es darum, Josephs Worte richtig zu deuten. © bpk Berlin, 2007, Jörg P. Anders, Kupferstichkabinett, SMB.

Bild 3 Radierung von REMBRANDT, um 1637, Original 11,6 x 8,9 cm: *Jakob liebkost Benjami*n, vgl. Text S. 60 f. und 66 f. Es liegt Melancholie über dem würdigen Greis, an den sich ein lebhafter Knabe mit einem runden Gegenstand in der Hand schmiegt, vielleicht des Vaters Abschiedsgeschenk, bevor Benjamin mit seinen Halbbrüdern nach Ägypten reist. © bpk Berlin, 2007, Jörg P. Anders, Kupferstichkabinett, SMB.

Bild 4 Radierung, Grabstichel und wenig Kaltnadel von REMBRANDT, 1645, Original 15,7 x 13,0: *Abraham und Isaak*, vgl. Text S. 73 f., 88 und 184. Vater und Sohn haben den Opferberg erreicht, und schon steigt Rauch aus dem Kohlebecken auf. Auf seine Frage hin bedeutet Abraham Isaak, dass nicht er selbst, sondern eine Macht über ihm das Opfer erwählen werde. © bpk Berlin, 2007, Jörg P. Anders, Kupferstichkabinett, SMB.

Bild 5 Radierung von REMBRANDT, 1638, Original 16,2 x 11,6 cm: *Der Sündenfall*, vgl. Text S. 103 die *Anm. 110*, S. 107 und 190. In der Gestalt und im Gesichtsausdruck zeigen Rembrandts Ureltern des Menschengeschlechts kein klassisches Ebenmaß. Adams zaghafte Geste lässt offen, ob er seine Gefährtin vom Verzehr der verbotenen Frucht abhalten oder selbst davon essen will. Wie bei Dürer ist das Prinzip des Bösen durch einen Drachen statt einer Schlange dargestellt. Im Hintergrund erblicken wir als Tugendsymbol einen Elephanten. © bpk Berlin, 2007, Jörg P. Anders, Kupferstichkabinett, SMB.

Bild 6 Radierung, Grabstichel und Kaltnadel von REMBRANDT, 1655, Original 10,6 x 7,4 cm: *David und Goliath*, vgl. Text S. 138 und 147. Mit vier kleinformatigen Radierungen illustrierte Rembrandt das mystische Buch seines Nachbarn Rabbi Samuel Menasseh ben Israel (1604–1657) über die *piedra gloriosa*: Dieser ‚ruhmreiche Stein' soll die von Nebukadnezar erblickte Statue zerstört und Jakobs Haupt gebettet haben, als er von der Himmelsleiter träumte; mit ihm tötete David aber auch den Riesen Goliath. Der Stein ist das Symbol für den kommenden Messias, den Rembrandt im obersten Bildteil der vierten Radierung darstellte. Da eine solche Abbildung sowohl den Vorstellungen des jüdischen als auch des calvinistischen Glaubens zuwiderlief, ersetzte sie ein späterer Künstler durch eine Aureole. © bpk Berlin, 2007, Jörg P. Anders, Kupferstichkabinett, SMB.

Für meine Kommentierung der hier abgedruckten Bilder schulde ich namentlich GUDULA METZE für ihren Katalogteil Dank, vgl. das Buch von HOLM BEVERS, JASPER KETTNER, GUDULA METZE: *Rembrandt. Ein Virtuose der Druckgraphik*, 175 Jahre Kupferstichkabinett 1831–2006, SMB DuMont, Berlin und Köln 2006.

I. Die Klage von Jakobs Tochter Dina

Dem ersten Planctus liegen Gen 34 und Gen 49,5 ff. zugrunde, das sog. *Blutbad zu Sichem*. Dina, die von Lea geborene einzige Tochter Jakobs, ging aus, um die Mädchen der Hewiter kennenzulernen. Sichem, der Sohn des Landesfürsten Hemor, erspähte die schöne Israelitin und tat ihr Gewalt an.

Hemor bot nun den Israeliten an, dass sein Sohn Dina heirate; denn Sichem hänge mit ganzer Seele an der jungen Frau und liebe sie aufrichtig. Jakobs Söhne antworteten: Die Eheschließung sei nur unter der Bedingung möglich, dass sich alle hewitischen Männer beschneiden lassen würden; erst dann könnten die Israeliten und die Hewiter ein Volk werden. Die Hewiter willigten ein.

Als alle hewitischen Männer am dritten Tag nach der Prozedur in Fieber und Schmerzen darniederlagen, drangen die beiden Brüder Dinas, Simeon und Levi, ungehindert in die Stadt ein und töteten alles Männliche, auch Hemor und seinen Sohn Sichem. Das war ihr so hinterlistiger wie grausamer Racheakt dafür, dass der Sohn des fremden Landesfürsten ihre Schwester geschändet hatte.

PLANCTUS DINAE
FILIAE IACOB

Abrahae proles, Israel[68] nata,
patriarcharum sanguine clara,
incircumcisi viri rapina,
hominis spurci facta sum praeda;
5 *generis sancti macula summa,*
plebis adversae ludis illusa.
    Vae mihi miserae,
      per memet proditae!

Quid alienigenas
10 *iuvabat me cernere?*
Quam male sum cognita
volens has cognoscere!
    Vae mihi miserae,
      per memet proditae!

15 *Sichem, in exitium*
nate tui generis,
nostris in opprobrium
perpes facte posteris!
    Vae tibi misero,
20   *per temet perdito!*

Frustra circumcisio
fecit te proselytum,
non valens infamiae
tollere praeputium.
25   *Vae tibi misero,*
      per temet perdito!

---

[68] Jakob heißt hier „Israel", was ‚Gottesstreiter' bedeutet, vgl. die Geschichte von Jakobs Ringen am Jabbok in Gen 32,29 (VULGATA: Gen 32,28) und ferner Gen 35,10.

DIE KLAGE VON JAKOBS
TOCHTER DINA

Spross Abrahams, berühmte
Tochter des Erzvaters Jakob:
Raub eines Unbeschnittenen,
des unreinen Mannes Beute,
5 Schande des heiligen Volkes,
zu Feindes Lust missbraucht!
    Weh mir Elender,
        durch mich selbst Verratene!

Was frommte es mir, fremde
10 Mädchen kennenzulernen?
Wie elend wurde ich ‚erkannt',
als ich sie kennenlernen wollte!
    Weh mir Elender,
        durch mich selbst Verratene!

15 Sichem, zum Verderben
deines Volkes Geborener,
ewig unseren Nachfahren
zur Beschimpfung bestimmt:
    Weh dir Elendem,
20   durch dich selbst Verdorbener!

Die Beschneidung machte
vergeblich dich zum Bekehrten,
unfähig, die Vorhaut
der Schande abzuschneiden.
25   Weh dir Elendem,
        durch dich selbst Verdorbener!

Coactus me rapere,
mea raptus specie,
quovis expers[69] *veniae*
30   *non fuisses iudice.*

Non sic, fratres, censuistis
Simeon et Levi
in eodem facto nimis
crudeles et pii!

35   *Innocentes coaequastis*
in poena nocenti,
quin et patrem perturbastis,
ob hoc execrandi.

Amoris impulsio,
40   *culpae satisfactio*
quovis sunt iudicio
culpae diminutio.

---

[69] ZUMTHOR (*Anm. 65*) übersetzte die fünfte Strophe S. 35:

> Tu fus contraint de me prendre:
> ma beauté t'avait séduit.
> Aucun juge le sachant
> ne t'eût infligé de peine.

Damit werden die beiden ersten Zeilen zu nahe an den Topos vom herabziehenden Einfluss der Frau gerückt (vgl. *Planctus IV*), was Abaelards und Dinas ethisch verantwortlicher Sichtweise nicht gerecht wird; *expers* leitet sich nicht von *experiri* („le sachant"), sondern von *pars* her. Zur Zeit der Hexenprozesse gab es fraglos Richter mit besagtem misogynem Vorurteil, nur hätte Abaelard sie nicht wie in der drittletzten Strophe „klug" genannt.

Gezwungen[70], mich zu rauben,
bezwungen durch meinen Anblick,
wärest du bei jedem Richter
30   nicht ohne Nachsicht geblieben.

Nicht so urteiltet ihr,
Brüder Simeon und Levi,
zu grausam und fromm
über diese Tat!

35   Unschuldige straftet ihr
wie den Übeltäter,
ja, verabscheuenswert, ihr
betrübtet sogar unseren Vater!

Die Regungen der Liebe,
40   das Verbüßen der Schuld,
gereichten jedem Gericht
zum mildernden Umstand.

---

[70] In *Brief 5* schildert Abaelard, wie er sich im ‚Morast' gewälzt habe und welchen ‚Zwang' seine Sinnlichkeit und Sexualität auf ihn ausübte, vgl. ed. MUCKLE S. 89 und 92: *immoderata mea libido; volutabrum; libidinis regnum; concupiscentiae iugum; invitus, non amore tui, sed coactione mei.* Vgl. BROST S. 132f. und 140; ed. KRAUTZ S. 104f. und 111; ed. RADICE S. 147f. und 153. Die deutschen Übersetzer bezogen *coactio* irrtümlich auf die Verstümmelung und übersetzten mit „Gewalttat".

Levis aetas iuvenilis
minusque discreta
45 *ferre minus a discretis*
debuit in poena.

Ira fratrum ex honore
fuit lenienda,
quem his fecit princeps terrae
50 *ducta peregrina.*

Vae mihi, vae tibi,
miserande iuvenis,
in stragem communem
gentis tantae concidis!

Leichtsinnige Jugend
noch ohne Klugheit
45   müsste von Klugen
weniger Strafe leiden.

Brüderzorn müsste durch die
Ehre besänftigt werden,
die der Landesfürst mit der
50   Heirat einer Fremden gab.

Weh mir, weh dir,
beklagenswerter Jüngling,
du fielst im Blutbad
deines ganzen Volkes!

Bei der Dina-Geschichte handelt es sich um einen misogynen Lieblingstext klösterlicher Instruktion. Ähnlich wie Eva wurde Dina zur Repräsentantin des gefährlichen Lasters weiblicher Neugierde.

So kritisiert etwa Bernhard von Clairvaux in seinem Werk „Von den Stufen der Demut und des Stolzes"[71] gar nicht den Vergewaltiger Sichem, sondern die durch Muße bedingte Neugier der jungen Frau, die Anlass bot für diese Untat:

> Oh Dina, war es denn nötig, die fremden Frauen zu treffen? Welche Notwendigkeit, welcher Nutzen [veranlasste dich] oder war es bloße Neugier? Auch wenn du in Muße ausgingst, nicht wurdest du in Muße angegangen. Du schautest neugierig (*curiose spectas*[72]), aber gieriger wurdest du angeschaut (*curiosius spectaris*). Wer hätte geglaubt, dass dein neugieriger Müßiggang oder deine müßige Neugier hernach nicht mußevoll, sondern dir und deinen Feinden so unheilvoll sein werde?

---

[71] Vgl. *De gradibus humilitatis et superbiae* X, 21, in: *Sancti Bernardi Opera* III, ed. J. LECLERCQ et H. M. ROCHAIS, Rom 1963, S. 39, übersetzt U.N.

[72] Die unterschiedliche Sichtweise von Abaelard und Bernhard v. C. auf Dinas Schicksal offenbart sich bereits in den von ihnen verwendeten Verben: ABAELARDs Dina geht es um das Kennenlernen. *Cognoscere* ist das Prozessverb zu *scientia* und *intellectus*, zwei der nach Jes 11,2 positiv konnotierten Gaben des Heiligen Geistes. Es gehörte zum speziellen ‚cachet' des Klosters Paraklet, dass seine Nonnen in jedem Stundengebet (außer den Vigilien) um eine der sieben Gaben des Namengebers ihres Klosters baten. So beteten sie etwa bei der Terz: „Komm, heiliger Geist, fördere unseren Geist im ‚Geist des Forschens'", vgl. CHRYSOGONUS WADDELL (*Anm. 41*, S. 32) S. 12, Z. 10 und S. 137–141, übersetzt U.N.

BERNHARD verwendet *spectare*: schauen, betrachten. Bei römischen Klassikern der Kaiserzeit waren *spectacula* die Schauspiele, denen müßige Römer beiwohnten, um zu sehen und um gesehen zu werden; es ging um Zeitvertreib, Eitelkeit und ‚gesellschaftlichen Schein'.

Unter Verzicht auf eine derartige Allegorese[73] geht Abaelard auf den schlichten Wortlaut und den geschichtlichen Bibelsinn ein und legt seine Klage in den Mund der betroffenen jungen Frau: Dina klagt über ihre Schande und fühlt sich „durch sich selbst" verraten, weil sie dem Mann eines heidnischen Volkes begehrenswert erschien. Elendiglich ist die Schwesternlose, die Mädchen eines fremden Landes kennenlernen wollte, „erkannt" worden, heißt es in Anlehnung an den biblischen Wortlaut; hebr. *jada* heißt: wahrnehmen, erkennen, bekannt und (auch sexuell) vertraut werden.

Aber weit mehr als sich selbst beklagt die geschändete junge Frau den „durch sich selbst verdorbenen", dem eigenen Volk zum Verderben, den Israeliten zur ewigen Beschimpfung bestimmten jungen Mann, der sie mit ganzer Seele liebte. Beredt klagt sie darüber, wie seine und seines Volkes Bereitschaft zur Genugtuung und Verbrüderung durch das religiöse Ritual der Beschneidung hintergangen wurde, obwohl jeder kluge Richter Sichems unbesonnene Jugend und seine große Zuneigung als strafmildernd anerkannt hätte.

Doch ihre beiden Brüder Simeon und Levi, verblendet durch Rachsucht und religiösen Fanatismus, bemerkten nicht die im Heiratswillen des fremden Fürstensohnes angebotene Ehre. Mangelnde Klugheit und böser Wille verhinderten die Sühnung der Untat durch religiöse Riten. Die unschuldigen Einwohner einer ganzen Stadt fielen dem ‚Ehrenmord' zum Opfer; das archaische Gesetz von der neue Gewalt wirkenden Missetat setzte sich durch.

Auch in Abaelards persönlichem Liebesdrama blieb die betroffene junge Frau vom Handeln der Männer ausgeschlossen. Wie Dina sich als „durch sich selbst Verratene" beklagt, so beweinte Heloisa den sie

---

[73] Im Briefwechsel neigt Abaelard (anders als Heloisa in ihren *Problemata*) eher noch zu einer symbolischen Bibelauslegung. So setzt er etwa die Mohrin des Hohelieds zur schwarz gekleideten Benediktinerin als „Braut Christi" in Beziehung. Oder er kritisiert, dass Origenes Jes 56,4f., wonach Gott die Verschnittenen über andere Gläubige stelle, buchstäblich statt nach dem verborgenen Sinn aufgefasst habe. Vgl. *Brief 5*, ed. MUCKLE S. 84 und 90, ed. BROST S. 118f. und 134, ed. KRAUTZ S. 92f. und 105f., ed. RADICE S. 138f. und 148f.

liebenden Gesetzesübertreter in einer dessen Zuneigung überbietenden Liebe und klagte ihr eigenes verratenes Sein an.[74] Der religiöse Ritus der geheimen Eheschließung vermochte das zerrüttete Vertrauen zwischen Abaelard und Heloisas Onkel Fulbert nicht wiederherzustellen; Angst und gegenseitiges Misstrauen führten im Fortgang zur Eskalation betrüblicher Ereignisse. Im Handeln zur Ohnmacht verurteilt, wurde Heloisa wie Dina das Opfer männlichen Prestigedenkens. In der Hellsichtigkeit ihrer Liebe überstrahlte sie jedoch den Paternalismus ihrer beiden ‚Betreuer', die ihren Anteil an Ehr- und Eigensucht nicht durchschauten; sowohl Fulbert als auch (in geringerem Maß) Abaelard gaben vor, zum Wohl der jungen Frau gehandelt zu haben, und ignorierten deshalb ihren Willen. Wäre es nach ihrem Willen gegangen, hätte Heloisa Abaelard nie geheiratet und wäre ihm außerhalb der damaligen gesellschaftlichen Konventionen als Freundin und wissenschaftliche Kollegin verbunden geblieben.

Planctus I stellt die Geschichte von Jakobs einziger Tochter aus der anrührenden Perspektive einer großen Liebenden dar. Wie Heloisa[75] schmerzt sie die zu grausame Bestrafung dessen, der ihr Unrecht bzw. Gewalt antat. Ihre Liebe befähigte die junge Frau zu einem Urteil über die Verantwortlichkeit des Geschehens, das die Einsicht in die eigenen Motive der ins Handeln verstrickten Männer übertraf.

Im Unterschied zur herkömmlichen Deutung der monastischen Theologen gelangt Abaelards Dina zu einer luziden ethischen Sicht. Aus dem gedanklich leeren Appell, in welchem Dina z. B. bei Bernhard von Clairvaux als Menetekel des gefährlichen Lasters weiblicher Neugier präsentiert wird (und so im Grunde als Gestalt einer

---

[74] In *Brief 2* führt Heloisa aus, wie sie durch ihre Wirkung auf Abaelard ‚voll schuldig', aber hinsichtlich des entscheidenden Kriteriums: ihrer Gesinnung und Liebe für ihn ‚voll unschuldig' sei, während sie sich in *Brief 4* als des Teufels unschuldiges Werkzeug bezeichnet, vgl. ed. MUCKLE S. 72 und 80, ed. BROST S. 83 und 107f., ed. KRAUTZ S. 66f. und 84f., ed. RADICE S. 115 und 131f.

[75] In *Brief 4* empört sie sich, dass Gott an ihnen beiden alle Gebote der Billigkeit pervertiert habe, vgl. S. 37.

biblischen Erzählung ein zweites Mal vergewaltigt wird), ist eine an die biblische Weisheitstradition gemahnende Geschichte geworden, die zum Nachdenken und nuancierten moralischen Urteilen einlädt. Die neue Deutung verabschiedet sich von der traditionellen Allegorese und wendet sich mit überzeugendem feministischem Ergebnis dem historischen und moralischen Bibelsinn zu. Auch theologisch ist das befriedigender: Anstelle der Warnung vor Sünde und Laster behalten Liebe und Verzeihen das letzte Wort.

II. *Die Klage Jakobs über seine Söhne*

Der Erzvater Jakob, der seinem Zwillingsbruder Esau das Erstgeburtsrecht für ein Linsengericht abgekauft und später, auf Anstiftung seiner Mutter Rebekka, auch noch den väterlichen Segen abgelistet hatte, floh zum Bruder seiner Mutter, seinem Oheim Laban, und diente ihm jahrzehntelang in Treue. Er begehrte Rahel zur Frau, Labans zweite Tochter, bekam jedoch Lea untergeschoben und musste nochmals jahrelang um Rahel dienen. Dafür rächte er sich durch einen Zuchtbetrug an den Herden Labans und verließ diesen heimlich mit seinem Vieh, seinen Frauen und Kindern (Gen 29 ff.). Weil Jakobs Leben von selbst begangener und erlittener List, Betrug und Verrat geprägt war, offenbart er in Abaelards erster und vierter Strophe sein Schuldbewusstsein.

Seine Lieblingsfrau Rahel blieb lange kinderlos. Erst nachdem Lea ihm sechs stattliche Söhne und die Tochter Dina (vgl. *Planctus I*) geboren hatte, erhörte Gott Rahels Gebet, und sie gebar ihm den Joseph (Gen 30,23 f.). Ihr Bittgebet um einen zweiten Sohn erfüllte sich unterwegs in Betlehem, als Jakob aus Kanaan in das Land seiner Väter zurückkehrte. Rahel nannte ihn „Ben-Oni", das heißt ‚Sohn des Schmerzes', und starb während seiner Geburt. Aber sein alternder Vater Jakob nannte ihn „Ben-Jamin", das heißt ‚Sohn des Glücks' (Gen 35,18).

Dem zweiten *Planctus* liegt die Geschichte Jakobs in Gen 25–50 zugrunde. Jakobs Unglück verdichtet sich in den Worten von Gen 42,36, welche er an seine Söhne nach ihrer Rückkehr aus Ägypten richtete: „Ihr beraubt mich der Kinder: Joseph ist nicht mehr, Simeon liegt in Fesseln, und Benjamin wollt ihr mir auch noch wegnehmen; all dies Unglück stürzt auf mich ein."

Denn die Brüder hatten Joseph, dessen Träume (Gen 37,5–11) ihnen überheblich erschienen und dessen Bevorzugung durch ihren Vater sie kränkte, an eine Karawane nach Ägypten verkauft und dem Vater sein blutdurchtränktes Kleid zurückgebracht zum Beweis, dass wilde Tiere ihn aufgefressen hatten (Gen 37). Joseph machte in der

Folge am Hof des Pharao Karriere als Beamter und stieg dort zu großen Ehren auf. Während einer Hungersnot zogen die Brüder nach Ägypten, um Korn zu kaufen, erkannten aber ihren Halbbruder Joseph nicht. Dieser ließ Simeon in den Kerker werfen und befahl den anderen, ohne ihn heimzukehren und auch noch ihren jüngsten Bruder Benjamin zu holen.

Ohne den märchenhaften Ausgang der Geschichte zu ahnen – wonach Joseph noch lebt, seinen Halbbrüdern vergibt und alle reich beschenkt und wohlbehalten zu ihrem Vater zurückkehren, um auch ihn ins fruchtbare Ägypten zu holen – beklagt Jakob den befürchteten Verlust seiner drei Söhne: Simeon, den Zweitgeborenen Leas, den Joseph als Pfand zurückbehielt, aber vor allem die beiden Söhne seiner Lieblingsfrau Rahel, Joseph und Benjamin.

Planctus Iacob super filios suos

Infelices filii
patre nati misero,
novi, meo sceleri
talis datur ultio.

5   Cuius est flagitii
tantum damnum, passio?
Quo peccato merui
hoc feriri gladio?

Ioseph decus generis,
10 filiorum gloria,
devoratus bestiis
morte ruit pessima.

Simeon in vinculis
mea luit crimina.
15 Post matrem et Beniamin
nunc amisi gaudia.

Ioseph, fratrum invidia,
divina pollens gratia:
Quae, fili mi, praesagia
20 fuerunt illa somnia?

Quid sol, quid luna, fili mi,
quid stellae, quid manipuli,
quae mecum diu contuli,
gerebant in se mystici?

25 Posterior natu fratribus,
sed amore prior omnibus,
quem moriens mater „Bennonin",
pater gaudens dixit „Beniamin".

Jakobs Klage über seine Söhne

Unglückliche Söhne
eines elenden Vaters,
ich weiß, auf meinen Frevel
folgt solche Strafe.

5 Welche Untat büßt
ein Verlust so schwer,
welches Vergehen verdient
solche Züchtigung?

Joseph, des Volkes Zier,
10 der Glanz meiner Söhne,
von Raubtieren verschlungen,
starb furchtbarsten Tod.

Simeon in Fesseln
zahlt für mein Verbrechen.
15 Nach Rahel verlor ich
mit Benjamin alle Freude.

Joseph, beneidet von den Brüdern,
stark in der göttlichen Gunst:
Was, mein Sohn, bedeuteten
20 die ahnungsvollen Träume?

Was die Sonne, der Mond,
die Sterne, die Garben,
lang überdachte ich,
was Geheimes sie bargen.

25 Nachgeboren den Brüdern,
in meiner Liebe der erste,
den sterbend seine Mutter „Benonin",
doch jubelnd sein Vater „Benjamin" nannte.

Blanditiis tuis miserum
relevabas patris senium,
fratris mihi reddens speciem
et decorae matris faciem.

Pueriles neniae
super cantus omnes
orbati miseriae
senis erant dulces.

Informes in facie
teneri sermones,
omnem eloquentiae
favum transcendentes.

Duorum solatia
perditorum maxima
gerebas in te, fili.

Pari pulchritudine
repraesentans utrosque
reddebas sic me mihi.

Nunc tecum hos perdidi
et plus iusto tenui
hanc animam, fili mi.

Aetate tu parvulus
in dolore maximus
sicut matri sic patri.

Deus, cui servio,
tu nos nobis facito
vel apud te coniungi.

          Mit deinem Charme lindertest du
30   des Vaters bitteres Alter,
          du gabst mir zurück des Bruders Wohlgestalt
          und das liebreiche Antlitz deiner Mutter.

          Das kindliche Plappern war
          wohlklingender als alle Gesänge,
35   süß für die Einsamkeit
          des beraubten Greises.

          Äußerlich ungestalt,
          übertrafen deine zarten
          Reden allen Honig
40   der Beredsamkeit.

          Auf dir beruhte, mein
          Sohn, der starke Trost für
          den doppelten Verlust.

          Durch deine Schönheit
45   ein Abbild beider,
          gabst du sie mir zurück.

          Mit dir verlor ich sie jetzt
          und länger, als es recht ist,
          blieb ich am Leben, mein Sohn.

50   Du, der jüngste von allen,
          im Schmerz der größte,
          wie für die Mutter so für den Vater.

          Mein Gott, dem ich diene:
          Lasse zu, dass wir bei Dir
55   uns wieder vereinen.[76]

---

[76] Diese Verse erinnern an Abaelards Grabinschrift, vgl. S. 44 die *Anm. 60*.

Jakob spielt zu Beginn auf sein einleitend erwähntes ‚frevelhaftes Tun' und sein Gefühl an, wonach er und vielleicht auch seine Söhne dafür büßen müssten. Er erzählt vom Verlust dreier Söhne und besonders von den Begabungen der beiden Söhne Rahels: Der in göttlicher Gunst stehende, sensible und für innere Zeichen durchlässige, numenal begabte Joseph, der mit seinen hochstrebenden Träumen die Brüder gegen sich aufbrachte (vgl. Bild 2), war des Vaters Liebling (vgl. Gen 37,3f.). Benjamin besaß Josephs Schönheit und Rahels Liebreiz. Sein Kinderstimmchen bezauberte den greisen Vater, der darunter leidet, seine liebsten Söhne überlebt zu haben.

Jakob hegt viel Zärtlichkeit für sein jüngstes Kind Benjamin (vgl. Bild 3). Niemand wird das Zartgefühl in Abrede stellen wollen, mit welchem der Dichter hier anschaulich und nuanciert die Gefühle eines alternden Vaters schildert. Im Vergleich zum weisheitlich-ethischen Gehalt des ersten Klageliedes (Dina) und dessen ausgeprägter Reflektiertheit ist die Klage des greisen Jakob lyrischer. Prägnant nimmt sie die Daten des geschichtlichen Schriftsinns auf und verleiht den ans Sentimentale grenzenden Gefühlen Jakobs einen berührenden Ausdruck.

Wie einleitend berichtet (S. 14), erbrachte Werner Robl den Nachweis, dass sich Abaelards Vater Berengar, „beeinträchtigt durch sein Alter und verbraucht im Dienst für seine Herren", schon mehr als ein Jahrzehnt vor seiner Frau Luzia in die Abtei von Saint-Serge-et-Saint-Bach zurückgezogen hatte.[77] Damals war sein Ältester, Abaelard, 21–23 Jahre alt, sein Jüngster, der 1087 geborene Porcarius, aber noch ein Kind. Vielleicht zehrt die hier gegebene Beschreibung des alten Vaters Jakob von Reminiszenzen an die Gefühle seines eigenen Vaters für seinen jüngsten Bruder Porcarius.

Abaelard und Heloisa hatten schon vor ihrem Klostereintritt darauf verzichtet, ihre Elternschaft zu leben, und gaben ihren Sohn Astralabius in Le Pallet in die Obhut von Abaelards Schwester Dionysia (S. 35); somit könnte Abaelard dem alternden Vater Jakob auch eigene Sehnsüchte unterlegt haben.

---

[77] Vgl. S. 14 die *Anm. 5* und S. 31 die *Anm. 40*.

Auch *Planctus II* ist ein dichterisches Kunstwerk. Seine Schlichtheit trägt, bar der Klischees, die Signatur echter Empfindung. Ein geschickter Kunstgriff des Autors besteht darin, Jakob die Klage in Abweichung von ihrer biblischen Vorlage in Gen 42,36 zu einem späteren, dramatischeren Zeitpunkt in den Mund gelegt zu haben, als seine Söhne bereits zum zweiten Mal nach Ägypten unterwegs sind, um dem Verwalter des Pharao (den sie nicht als ihren Halbbruder Joseph erkannten) auch noch seinen Bruder Benjamin zu bringen.

III. Die Klage der Mädchen Israels über die Tochter des Gileaditers Jephta

Dem neben der Klage Davids über Saul und Jonathan (*Planctus VI*) berühmtesten Klagelied über Jephtas Tochter liegt Richter 11 zugrunde. Jephta war der Sohn Gileads (zugleich der Name eines Mannes, einer Gegend und eines Ortes im Ostjordanland) und einer Dirne. Vor seinen erbberechtigten Brüdern musste der tapfere Krieger ins Land Tob fliehen. Als Israel jedoch von den Ammonitern bedroht war, holten ihn die Ältesten von Gilead zu Hilfe; er wurde ihr Anführer. Weil sich der Konflikt nicht diplomatisch regeln ließ, zog Jephta gegen die Ammoniter zu Felde und tat ein Gelübde (Ri 11,30f.): Wenn Gott den Feind in seine Hand gebe, bringe er ihm als Brandopfer dar, was ihm bei seiner Heimkehr zuerst begegne.

Nach der schweren Niederlage der Ammoniter kehrte Jephta nach Hause zurück. Jubelnd empfing ihn im Reigentanz mit Handpauken seine einzige Tochter. Er zerriss seine Kleider und gestand ihr das verhängnisvolle Gelübde: „Ich habe meinen Mund dem Herrn gegenüber aufgetan und kann nicht zurück."

Seine Tochter hieß ihn dem Gelübde entsprechend zu handeln und bedung sich zwei Monate Zeit aus, um in den Bergen mit ihren Gefährtinnen ihre Jungfrauschaft zu beweinen. Nach ihrer Rückkehr tat ihr Vater, wie er Gott gelobt hatte. Seither besingen die Töchter Israels nach Ri 11,40 vier Tage im Jahr die tapfere Tochter des Gileaditers Jephta.

PLANCTUS VIRGINUM ISRAEL SUPER
FILIA IEPHTAE GALADITAE

    Ad festas choreas coelibes
    ex more venite virgines!
    Ex more sint odae flebiles
    et planctus ut cantus celebres!

5   *Incultae sint maestae facies*
    plangentum et flentum similes,
    auratae sint longe ciclades
    et cultus sint procul divites!

    Galaditae virgo Iephtae[78] filia
10   *miseranda patris facta victima!*
    Annuos virginum elegos
    et pii carminis modulos
    virtuti virginis debitos
    per annos exigit singulos.

15   *O stupendam plus quam flendam virginem!*
    O quam rarum illi virum similem!
    Ne votum sit patris irritum
    promissoque fraudet Dominum,
    qui per hunc salvavit populum,
20   *in suum hunc urget iugulum.*

    Victor hic de proelio
    dum redit cum populo,
    prior haec prae gaudio
    occurrit cum tympano.

---

[78] Mit der VULGATA (Ri 11) und PL 178 schreibe ich die aspirierte Form: *Iephta*, während ZUMTHOR und VECCHI, beide S. 48 ff.: *Iepta* haben.

Die Klage der Mädchen Israels über die Tochter des Gileaditers Jephta

Kommt her zum feierlichen Reigen
nach der Sitte, Mädchen und Jungfrauen!
Nach dem Brauch seien es Tanzlieder
unter Tränen, weit herum bekannt!

5　Ungeschminkt die Gesichter,
betrübt wie Trauernde,
ohne Goldspangen
und prächtige Zier!

Des Gileaditers Jephta jungfräuliche Tochter
10　wurde das beklagenswerte Opfer ihres Vaters!
Jährliche Elegien der Jungfrauen
und fromme Klageweisen sind
der Tapferkeit der jungen Frau
geschuldet Jahr für Jahr.

15　Oh mehr zu bestaunende als zu beweinende Jungfrau!
Oh wie selten ein ihr ähnlicher Mann!
Damit des Vaters Gelübde nicht ungültig
und sein Versprechen den Herrn nicht täuscht,
der durch ihn das Volk rettete,
20　drängt sie ihn zu ihrer Opferung.

Als er siegreich aus der Schlacht
mit seinem Heer heimkehrt,
tritt sie jubelnd als erste
vor ihn mit dem Tamburin.

25 *Quam videns et gemens pater anxius*
dat plausum in planctum voti conscius,
triumphum in luctum vertit populus.

„Decepisti, filia,
me", dux ait, „unica,
30 *et decepta gravius*
nostra lues gaudia,
quamque dedit Dominus,
perdet te victoria."

Illa refert: „Utinam
35 *meam innocentiam*
tantae rei victimam
aptet sibi placidam!

Immolare filium
volens Abraham
40 *non hanc apud Dominum*
habuit[79] gratiam,
ut ab ipso puerum
vellet hostiam.

---

[79] Ich lese mit PL 178: *habuit*, statt wie ZUMTHOR und VECCHI, beide S. 50: *habet* (das Präsens wäre ohnehin ein Präsens historicum, da im *ut*-Satz mit *vellet* ein Präteritum steht).

25 Der Vater seufzt, sich erinnernd,
verwandelt Beifall in Klage,
das Volk Triumph in Trauer.

„Du ertapptest[80] mich, einzige
Tochter", spricht der Fürst,
30 „und noch ärger betroffen,
wirst du unseren Jubel büßen:
Der Sieg, vom Herrn gegeben,
weiht dich dem Untergang."

Sie antwortet: „Möge Er
35 meine Sündlosigkeit als
wohlgefälliges Opfer
für den Sieg annehmen!

Als Abraham seinen
Sohn opfern wollte,
40 hatte er vor dem Herrn
nicht die Gnade, dass
Er von ihm den Knaben
als Opfergabe annahm.

---

[80] Hier übersetze ich bewusst pointiert, unter Verzicht auf das (aus Ri 11,35 übernommene) Wortspiel mit dem zweimaligen *decipere*, obwohl es sich auch im Deutschen nachahmen ließe: „Du trafest (*decepisti*) mich, einzige Tochter", spricht der Fürst „und noch ärger getroffen (*decepta*) […]."
Meine pointierte Übersetzung scheint dem Sachverhalt angemessener: Ahnungslos und unvorsätzlich behaftete die Tochter ihren Vater, der sich plötzlich und schmerzlich seines Unrechttuns bewusst wurde, wonach das Gelübde ihn zum Urheber von Unheil machen wird. So wie die Tochter gewissermaßen ‚hineintappte', so wurde der Vater ‚ertappt'. Das zu blasse Verb ‚treffen' konnotiert nichts in diese Richtung.

>   *Puerum qui respuit,*
> 45 *si puellam suscipit,*
>   *quod decus sit sexus mei, percipe,*
>   *uteri*[81] *qui tui fructus, inspice,*
>   *quid mihi quid tibi sit hoc gloriae!*
>
>   *Ut sexu sic animo*
> 50 *vir esto nunc, obsecro.*
>   *Nec meae nec tuae obstes gloriae,*
>   *si tuae praeferre me vis animae*
>   *exemploque pravo cunctos laedere.*
>
>   *Sinat te dilectio*
> 55 *praeferat hanc Domino!*
>   *Unaque tu Dominum*
>   *offendens cum populo*
>   *amittas et populum*
>   *displicendo Domino.*
>
> 60 *Non est hic crudelitas,*
>   *sed pro Deo pietas,*
>   *qui, ni*[82] *vellet hostiam,*
>   *non daret victoriam.*

---

[81] Es klingt wie eine neue Provokation Abaelards, wenn sich die Tochter Jephtas als *fructus uteri* ihres Vaters bezeichnet. In der VULGATA werden gewöhnlich *lumbi* (Lenden) und durch Metonymie auch *renes* (Nieren) und *femora* (Schenkel) dem Mann zugeordnet, während *uterus* mit *venter matris* identifiziert wird. Das Alte Testament formuliert allerdings weniger geschlechterstereotyp, als man annehmen könnte. So erhält David in 2 Sam 7,12 die Zusage: […] *suscitabo semen tuum post te, quod egredietur de utero tuo*; die Stelle wird in Ps 131,11 aufgenommen: *De fructu ventris tui ponam super sedem tuam*. Vgl. auch Apg 2,30 f. Umgekehrt heißt es im „Lob auf die starke Frau" in Spr 31,17: *Accinxit fortitudine lumbos suos* […].

[82] Für *nisi* steht hier *ni*.

Wenn Er den Knaben verschmähte,
45   das Mädchen aber annimmt, sieh,
welche Zierde für mein Geschlecht,
welcher Gewinn für deine Leibesfrucht,
wie gereicht dies mir und dir zur Ehre!

Ich beschwöre dich: Sei
50   jetzt auch im Mut ein Mann!
Tritt weder meiner noch deiner Ehre entgegen,
indem du mich deiner Seele vorziehst
und mit verkehrtem Beispiel alle verletzest.

Möge Gottesliebe dich leiten
55   und die Seele für den Herrn vorziehen!
Wenn du zusammen mit dem Volk
jedoch den Herrn beleidigst,
wirst du, dem Herrn missfallend,
auch das Volk verlieren.

60   Nicht Grausamkeit ist es,
sondern frommer Sinn vor Gott,
der nicht den Sieg gäbe,
wenn Er die Gabe nicht wollte.

>   Solvens ergo debitum
> 65   placa, pater, Dominum,
>   ne forte, cum placitum
>   erit, non sit licitum!
>
>   Quod ferre non trepidat
>   virgo tenera,
> 70   inferre sustineat
>   viri dextera,
>   sponsio quem obligat
>   voti propria.
>
>   Sed duorum mensium
> 75   indulgebis spatium,
>   quo valles et colles cum sodalibus
>   peragrans et plorans vacem planctibus,
>   quod sic me semine privet Dominus.
>
>   Sitque legis sanctio
> 80   mea maledictio,
>   nisi sit remedio[83]
>   mundae carnis hostia,
>   quam nulla pollutio,
>   nulla novit macula."
>
> 85   His gestis rediit
>   ad patrem unica;
>   secreti thalami
>   subintrans abdita,
>   lugubris habitus
> 90   deponit tegmina.

---

[83] Vers 81 lautet bei Zumthor S. 54: *nisit sit remedio*, was ich nach Vecchi S. 51 berichtige.

      Die Verpflichtung erfüllend,
65   versöhne den Herrn, Vater,
      damit er nicht dereinst
      Beschlossenes verweigert!

      Was eine zarte Jungfrau
      nicht zittert zu erleiden,
70   soll zu vollstrecken eines
      Mannes Rechte aushalten,
      verpflichtet durch das
      Versprechen des Gelübdes.

      Doch sollst du mir die Spanne
75   zweier Monate gewähren,
      derweil ich mit Gefährtinnen durch Berg
      und Tal streife und in Muße beweine,
      dass der Herr mich der Nachkommen beraubt.

      Möge des Gesetzes
80   Strafe mich verdammen,
      wenn nicht versöhnt mein
      Opfer reinen Fleisches,
      das keine Befleckung,
      kein Makel traf."

85   So getan, kehrt sie
      zum Vater zurück,
      tritt ins einsame
      Schlafgemach und
      legt die Hüllen
90   des Trauerkleids ab.

Quae statim ingressa balneum
circumstante choro[84] *virginum*
fessam se refovet paululum;
et corpus pulvere squalidum
95 *laboreque viae languidum*
mundat ac recreat lavacrum.

Varias unguenti species
auratae continent pixides,
quas flentes afferunt virgines.
100 *His illam condiunt aliae,*
capillos componunt reliquae
vel vestes preparant dominae.

Egressa post paululum
virgo lota balneum
105 *mittit patri nuntium:*

Ut aram exstruat,[85]
ignem acceleret,
dum ipsa victimam
interim praeparet,
110 *quae Deo convenit,*
principem condecet.

O quantis ab omnibus
istud eiulatibus
nuntium excipitur!

---

[84] Bei ZUMTHOR S. 54 und VECCHI S. 52 steht: *circumstante coro virginum*, statt aspiriert: *circumstante choro virginum*.

[85] Alle bisherigen Editionen inklusive PL 178 schreiben: *extruat*, jetzt mit meiner Konjektur: *exstruat*.

Umstanden vom Chor der Jungfrauen,
schreitet sie sogleich ins Bad,
das ein wenig belebt die Müde,
erfrischt den vom Staub bedeckten
95 und von der Mühsal der
Reise ermatteten Leib.

Mancherlei Salben in
Goldgefäßen tragen
weinende Mädchen herbei.
100 Diese bringen Düfte,
andere richten ihr Haar,
bereiten der Herrin Kleid.

Alsbald verlässt die reine
Jungfrau ihr Bad und sendet
105 zum Vater den Boten:

Er möge den Altar herrichten
und rasch Feuer herbeibringen,
derweil sie selber die
Opfergabe bereite,
110 Gott wohlgefällig und
eines Fürsten würdig.

Oh wie ohrenbetäubend
das Wehegeschrei aller
ob dieser Kunde!

115   Urget dux populum,
ut haec accelerent,
et illa virgines,
ut cultum properent
et tamquam nuptiis
120   morti se praeparent.

Illa bissum propriis
madefactum lacrimis
porrigit, haec humidam
fletu suo purpuram.

125   Auro gemmis margaritis
variatum est monile,
quod sic pectus ornat eius,
ut ornetur magis inde.

Inaures et anuli
130   cum armillis aurei
virginis tenerrimum
onerant corpusculum.

Rerum pondus et ornatus
moram virgo iam non ferens
135   lecto surgit et repellit,
quae restabant, ita dicens:

„Quae nupturae satis sunt,
periturae nimis sunt!"
Mox quem patri detulit,
140   ensem nudum arripuit.[86]

---

[86] Statt ZUMTHOR S. 58 und VECCHI S. 54: *arripit* lese ich mit PL 178: *arripuit*, weil im Relativsatz mit *detulit* ebenfalls ein Perfekt steht.

115 Es treibt der Fürst das
 Volk zur Eile an,
 und sie die Mädchen,
 zu hasten beim Schmücken,
 sie wie für eine Hochzeit
120 für den Tod zu bereiten.

 Die eine streckt das von
 Tränen benetzte Tuch,
 die andere den vom
 Weinen feuchten Purpur.

125 Mit Gold, Edelstein und Perlen
 gewirkt das Geschmeide,
 schmückt so ihre Brust,
 dass sie noch lieblicher.

 Ohrschmuck, Armspangen
130 und güldene Ringe
 beschweren den zarten
 Leib der jungen Frau.

 Die Last des Geschehens und die Zeit
 des Schmückens nicht mehr ertragend,
135 springt die Jungfrau vom Lager
 und weist, was bleibt, zurück:

 „Das reicht für eine Hochzeit,
 für die Sterbende ist es zu viel!"
 Sie packt das nackte Schwert
140 und reicht es ihrem Vater.

Quid plura, quid ultra dicimus?
Quid fletus, quid planctus gerimus? [87]
Ad finem, quod tandem coepimus
plangentes et flentes, ducimus.

145 *Collectis circa se vestibus*
in arae succensae gradibus
traditus ab ipsa gladius
peremit hanc flexis genibus.

O mentem amentem iudicis,
150 *o zelum insanum principis,*
o patrem, sed hostem generis,
unicae quod nece diluit!

Hebraeae dicite virgines
insignis virginis memores,
155 *inclytae puellae Israel,*
hac valde virgine nobiles!

---

[87] Statt wie PL 178: *gerimus* haben ZUMTHOR S. 58 und VECCHI S. 54: *ginnimus*, ein Verb, das ich lexikographisch nicht identifizieren kann. Palaeographisch ist *gi* für *geri* möglich, vgl. A. CAPELLI: *Dizionario di Abbreviature latine ed italiane*, Milano 1973, S. 150. Im Kontext wären auch *genuimus* (*gignere* hervorbringen) und *gemuimus* (*gemere* seufzen) möglich.

Was ist weiter zu berichten,
welches Schluchzen stimmen wir an?
Führen wir zu Ende, was
wir in Wehklagen begonnen.

145 Sobald sie die Kleider gerafft
auf dem entflammten Altar,
durchbohrt das von ihr gereichte
Schwert die Niederkniende.

Oh Wahnsinn eines Richters,
150 oh Wahnwitz eines Fürsten,
oh Vater, Feind des eigenen Bluts,
vergossen im Opfer der einzigen Tochter!

Im Andenken an diese Heldin,
das berühmte Mädchen Israels,
155 singt, hebräische Mädchen, selbst
geadelt durch diese Jungfrau!

Alttestamentlich am *Planctus III* sind sein Erzählgerüst aus Richter 11, die hinzugezogene Parallele der (im letzten Augenblick verhinderten) Opferung Isaaks durch seinen Vater Abraham in Gen 22 sowie das Motiv der ihre Jungfrauschaft beweinenden Tochter Jephtas, den für Israeliten prekären Umstand, dass sie kinderlos sterben muss.

Alles andere, die ethische, religiöse und ästhetische Charakteristik, scheint mir dagegen ausgeprägt römisch inspiriert. In der Tochter Jephtas begegnet uns eine *virago*, eine römische Heldenjungfrau. Abaelard ist an ihrer Tapferkeit und ihrem *amor fati*, ihrer Schicksalsbejahung, nicht an ihrer Jungfräulichkeit interessiert:

> *O stupendam plus quam flendam virginem!*
> *O quam rarum illi virum similem!*
>
> Oh mehr zu bestaunende als zu beweinende Jungfrau!
> Oh wie selten ein ihr ähnlicher Mann!

Nach der letzten Strophe erhalten die alljährlich feiernden Mädchen Israels am Adel der Tochter Jephtas Anteil; insofern geht es mehr um Lob und Heldin-Verehrung als um Klage. Die feministische Kühnheit der zitierten (sprachlich problemlosen) Verse dürfte der Grund dafür sein, dass sie bisher nicht korrekt übersetzt wurden.[88] Die gegebene Übersetzung passt zur Isaak-Parallele, in der die junge Frau genderbetont argumentiert, wenn sie auf die besondere Ehre für ihr Geschlecht und den Vater einer Tochter hinweist: Gott habe zwar den Knaben Isaak verschmäht, aber sie werde Er als Opfergabe annehmen. Für die Reinheit dieser Opfergabe ihres Vaters wird sie selbst einstehen (das ist der einzige Passus, in welchem von ihrer Jungfräulichkeit oder Sündlosigkeit die Rede ist).

---

[88] ZUMTHOR übersetzte S. 49:
> O admirable, non pitoyable jeune vierge!
> O qu'il est rare l'homme semblable à cet homme!

Auch im Begleitheft zur Schallplatte von Peter Abélard: *Planctus Jephta, Planctus David*, in: Studio der frühen Musik unter Leitung von THOMAS BINKLEY (Reflexe: Stationen europäischer Musik von Electrola, Produzent: GERD BERG) ist der zweite Vers unzutreffend übersetzt: „Wie selten: ein Mädchen wie ein Mann!", nämlich so, als ob die Heldin am Normalfall Mensch, sprich: Mann, gemessen würde. Abaelard kehrte kühn um; das im Dativ singular stehende Pronomen *illi* lässt sich problemlos auf *virgo* beziehen!

Im Bewusstsein seines Gelübdes fühlt sich Jephta, als ihn seine Tochter als erste freudig begrüßt, wie ein Gesetzesübertreter bei einer Untat ‚ertappt'. In seiner Grundbedeutung heißt *decipere* ‚mit einer Täuschung umgehen', sei das nun im Sinn eines Hineinführens in eine Täuschung, des Betrügens (auf Jephtas Tochter bezogen wäre dies ein abwegiger Sinn), oder aber des Aufhebens einer Täuschung.[89] Ohne jede Absicht ‚ent-täuscht' die Tochter ihren Vater, indem sie ihn seiner Selbsttäuschung enthebt und ihm schmerzlich die Folgen seines Gelübdes bewusst macht: Jephta hatte nach dem Scheitern einer diplomatischen Lösung mit den Ammonitern, nachdem der „Geist des Herrn", eine Art Kriegsbegeisterung und Kampfeslust, über ihn gekommen war, ein verantwortungsloses Gelübde abgegeben, dessen Erfüllung ihn zum Urheber einer Unheilstat machen wird.[90]

In der alttestamentlichen Vorlage willigt die Tochter bloß in ihre eigene Opferung ein, während sie bei Abaelard ihren zögernden Vater zuallererst ermahnen muss, der vor Gott eingegangenen Verpflichtung nachzukommen. Sie argumentiert wiederum genderbetont, mit dem Raffinement einer ‚gewendeten Misogynie': Wenn eine

---

[89] Um den subtilen Doppelsinn des lateinischen Verbums *decipere*: ‚täuschen' und ‚enttäuschen' zu verdeutlichen, sei auf den sinnverwandten Ausdruck ‚Dialektik' als Produktion und Elimination von Schein hingewiesen: Sowohl ARISTOTELES in seiner *Topik* als auch KANT in der *Kritik der reinen Vernunft* analysierten unter diesem Titel Scheinargumente, welche Wahrheit vortäuschen; dabei werden imgleichen die Aufklärung des Scheins wie die trügerischen Argumente selber unter den Titel der ‚Dialektik' gestellt. Auch *decipere* hat einen solchen paradoxalen Doppelsinn des Hineinführens in eine Täuschung und des Aufhebens einer Selbsttäuschung.

[90] In einem berührenden Passus kam Abaelard in *Brief 3* kurz auf Jephta zu sprechen (ed. MUCKLE S. 74, ed. BROST S. 91f., ed. KRAUTZ S. 72f. und ed. RADICE S. 121): Die Fürsten dieser Welt möchten sich den Spruch des Propheten HABAKUK 3,2b zu Herzen nehmen: „Im Zorn sei eingedenk des Erbarmens!" Denn welche Ansicht sie auch immer verkünden, es bleibe das Urteil irrender Menschen. Sie vermeinen, sich schämen zu müssen, wenn sie ihre Ansicht ändern. Sie ließen sich mit Jephta vergleichen: Sein Gelübde sei töricht gewesen, noch törichter aber dessen Erfüllung: die Opferung der einzigen Tochter! König David habe zwar auch einen Schwur getan, aber diesen aus Barmherzigkeit zurückgenommen, vgl. 1 Sam 25.

zarte Jungfrau in ihrer konstitutiven Schwachheit nicht zittere, das Unvermeidliche zu erdulden, habe die Rechte eines tapferen Mannes dessen Vollstreckung auszuhalten. Weil Heloisa in der Literatur gelegentlich misogyne Aussagen zur Last gelegt werden, sei angemerkt: Wenn sich eine Frau der Gender-Klischees bedient, braucht es sich nicht um gegen das eigene Geschlecht gerichtete, männlich angepasste Äußerungen zu handeln. Mit der listigen Verwendung solcher Stereotypen lassen sich wie beim Gebrauch einer demütigen weiblichen Form (vgl. S. 91) subversive Absichten tarnen; die Tochter Jephtas erreicht damit jedenfalls ihr Ziel.

Nach Auffassung römischer Religiosität ist der Mensch mit Gott respektive den Göttern vertraglich verbunden (*religio* von *ligare* binden), so dass die Nichteinhaltung des Geschuldeten zukünftige Vereinbarungen gefährdet. Das Prinzip römischer Religiosität lautet: *Do ut des* oder „ich gebe, damit du gibst". In dieser Logik bedeutet das *non licitum* bzw. *illicitum* nicht wie im Alten Testament das Unerlaubte, das sich einem göttlichen Gebot, dem Wort eines Gottesmannes oder einem religiösen Brauch widersetzt, sondern eher das ‚Unfeile', das in Zukunft unterbleibende Angebot, falls der menschliche Vertragspartner seinen Part nicht einhält. Damit Jephta sein Versprechen eines Gott wohlgefälligen Brandopfers einhalten kann, gelobt seine Tochter, nach ihrer zweimonatigen Trauerfrist als ‚unbeflecktes Opfer(fleisch)' zurückzukehren.

Was nun die ästhetische Gestaltung des Stoffes betrifft, erinnert mich namentlich die Dramatik des unentrinnbaren Geschehens, das sich aus der Entschlossenheit einer einsam handelnden Frau speist, an das vierte Buch von Vergils *Aeneis*. Die Phönizierin Dido, nach ihrem angestammten Namen ‚Elissa' Heloisas Namensvetterin, überragt als energisch Handelnde ihre ganze Umgebung: Imposant erscheint die Königin Karthagos schon in der Opferszene am Anfang, als sie sich mit Zauberei die Zuneigung des an ihrer Küste gestrandeten Trojaners Aeneas zu verschaffen strebt; sein Bericht vom Untergang Trojas und von seiner Flucht aus der brennenden Stadt, gefolgt von seinen Irrfahrten, zogen sie in seinen Bann. In der Boudoir-Szene schmückt sie sich für den gemeinsamen Jagdausflug und säumt, während ihr Prachtross ungeduldig auf der Schwelle scharrt. Ein

Unwetter versprengt die Jagenden und es kommt unter Mithilfe zweier Göttinnen (Saturnia paktiert mit Aeneas' Mutter Venus) in einer Höhle zum ‚Liebesbund' zwischen den beiden. Sobald der in Jupiters Auftrag von Merkur als ‚Weiberknecht' (*uxorius*) zurechtgewiesene Aeneas im Morgengrauen die Segel setzt und seiner Mission, der Gründung Roms, entgegenfährt, grämt sich die Heldin zu Tode und entleibt sich auf einem Holzstoß mit seinem „jaspisbestirnten" Schwert. Nicht einmal die vertraute Schwester ahnte ihr Vorhaben.[91]

Wie bei Didos tragischem Ende wird auch das Drama in *Planctus III* vorangetrieben durch die (trotz helfender Hände) unbeirrt und einsam handelnde junge Frau: Sie bringt Jephta dazu, seiner Gottesliebe vor seiner Kindesliebe den Vorzug zu geben, und es grenzt an Zauberei, dass er ihren Worten Glauben schenkt und für frommen Sinn statt Grausamkeit hält, wozu er sich anschickt. Im Ritual der Reinigung von Jephtas Tochter ist die Symbolik von Hochzeit und Tod allgegenwärtig, als ob Abaelard in der Vorbereitung des Selbstopfers seiner Heldin Didos Boudoir-Szene mit deren Sterbevorbereitung ineinander geblendet hätte. Die Hektik des Geschehens, seine tragische Auswegslosigkeit, die erdrückende Last der einsam handelnden Frau und die Symbole des abgeschiedenen Schlafgemachs und des prominenten Schwerts erinnern stark an Vergil.

Das dramaturgische Mittel, die Spannung aufzubauen, besteht in dem konzentrierten Blick auf den einzigen handelnden Menschen, diese junge Frau; verglichen mit ihr sind alle anderen Statisten. In jeder Etappe des Geschehens ergreift Jephtas Tochter die Initiative, ein Gestaltungsprinzip, das sich im Tötungsakt ins Gespenstische steigert, indem das „von ihr gereichte Schwert die Niederkniende durchbohrt", als ob (statt ihres Vaters) eine Geisterhand oder die unerbittliche Fortuna selbst den Schwertstreich ausführte.

Der Bezug auf die alttestamentliche Parallele verdeutlicht, inwiefern die Tochter Jephtas (als Gegenbild zu Dina in *Planctus I*) eine

---

[91] Vergil: *Aeneis* IV, 474 ff. übersetzt von EMIL STAIGER, Zürich und München 1981, S. 104: „Nun denn […] war sie entschlossen zu sterben. Und Art und Stunde bestimmte in der Stille sie selbst […]."

eminent Handelnde ist: Abraham folgt unverzüglich der göttlichen Aufforderung, bricht am frühen Morgen des nächsten Tages auf zum Berg im Lande Moria, begleitet von seinem Sohn Isaak, der das Opferholz schleppt. Unterwegs erkundigt sich der Knabe in banger Ahnung nach dem Opfertier (vgl. Bild 4). Der auf seine inneren Wahrnehmungen konzentrierte Abraham, unerschütterlich in seinem Vertrauen auf Jahwe, bleibt ihm eine klare Antwort schuldig. Er ist kein Held im Sinne eines verantwortungsbewusst Handelnden. In seiner bedingungslosen Bereitschaft, sich und seinen einzigen Sohn dem unvorhersehbaren Willen Jahwes preiszugeben, wird er zum ‚Held des Glaubens'.

Im Gegenzug zu Abraham überfliegt Jephtas Tochter nicht die widerständige Realität. Sie weiß, dass sie Zeit braucht, um sich ins Unvermeidliche zu schicken und mit ihren Gefühlen fertig zu werden. Dabei handelt sie nicht weniger entschlossen als der Glaubensvater Abraham. Doch eine vage innere Stimme (Abraham nach Gen 22,1 ff.) oder ein über sie kommender „Geist des Herrn" (Jephta nach Ri 11,29) würde sie als Stimulus für ihr Handeln nicht akzeptieren. So bewusstseinsklar ihr Handeln auf die Wirklichkeit ausgerichtet ist, so gefasst und reflektiert wirkt es in subjektiver Hinsicht. Die souveräne Weise, wie sie ihr Schicksal bejaht und ihre Gefühle meistert, erinnert eher an die Unerschütterlichkeit eines stoischen Philosophen als an numenal begabte biblische Gottesmänner.

In *Brief 7* setzt Abaelard die Tochter Jephtas in Kontrast zum Apostelfürsten[92]: Als Petrus nach Christus gefragt wurde, antwortete er (Lk 22,57 und synoptische Parallelen): „Ich kenne den Menschen nicht!" In ihrer Wahrheitsliebe hätte Jephtas Tochter Christus nicht drei Mal verleugnet und dies anschließend unter bittern Tränen bereut. Insofern entspricht sie dem Porträt, das Abaelard von den *Apostolinnen*, den Frauen um Jesus, entwirft[93]: Sie hielten bis zuletzt treu zu ihrem Rabbi und ließen ihn in der Stunde bitterster Not nicht im Stich. Sie standen unter dem Kreuz, legten später seinen Leichnam

---

[92] Vgl. *Brief 7*, ed. MUCKLE S. 270, ed. BROST S. 219 und ed. KRAUTZ S. 175 f. (die Edition von RADICE fasst diesen Brief nur knapp zusammen).
[93] *Brief 7*, ed. MUCKLE S. 256 f., ed. BROST S. 187–191, ed. KRAUTZ S. 147–150.

in die Grabhöhle und bewachten ihn, während sich die Jünger aus dem Staub machten oder über ihre Verzweiflung redeten. Das Unvermögen der Jünger zum ‚Handeln' zeichnete sich bereits am Ölberg ab, als sie trotz Jesu Bitte, für ihn zu wachen, einschliefen. Wegen ihres unbeirrten Einsatzes kam den Frauen die Ehre zu, als erste Zeugen Jesu Auferstehung zu verkünden.[94] Überhaupt hatte sie Jesus schon zu Lebzeiten mit besonderer Ehrerbietung behandelt.[95] Jephtas Tochter müsste hinsichtlich ihres Charakters zu diesen unerschrockenen und standhaften ‚Apostolinnen' gezählt werden, die Abaelard in seiner Antwort an Heloisa als Vorbild (*auctoritas*) für den künftigen Nonnenstand pries.

Die biographischen Konnotationen dieses *Planctus* lassen sich unter den Stichworten ‚ertappter Mann', ‚Opferwille einer Frau' und ‚Innigkeit' knapp zusammenfassen. Heloisa hatte Abaelard seinerzeit „außer sich vor Freude" ihre Schwangerschaft angekündigt, so wie die Tochter im Jubel ihren Vater begrüßte. Abaelard musste sich wie Jephta ‚ertappt' und zutiefst betroffen fühlen. Er reagierte, wie er vermeinte, strategisch klug und glaubte, zur Schadensbegrenzung beizutragen, wenn er gegen Heloisas vehemente Opposition den mit ihrem Onkel Fulbert zur Versöhnung abgesprochenen Plan einer Eheschließung durchsetzte. Wie Jephtas törichtes Gelübde barg indes Abaelards Klausel, wonach diese Ehe in Rücksicht auf seine Laufbahn geheim bleiben sollte, bereits den Keim des Verhängnisses in sich, wovor ihn Heloisa so klarsichtig wie vergeblich gewarnt hatte (S. 33 f.).

Abaelard hatte sich Heloisas scheinbar entledigt, als er sie von dem sie drangsalierenden (auf Offenbarung der geheim gehaltenen Ehe drängenden) Onkel ins Kloster Sainte-Marie in Argenteuil wegbrachte (nicht ohne die Laienschwester nun dort seinerseits in sexueller Hinsicht zu bedrängen). Dafür rächte sich Fulbert mit der Kastration an Abaelard: Des Nachts überfielen ihn Fulberts Schergen und beraubten ihn derjenigen Organe, mit denen er sich an Heloisa und ihrer Sippe vergangen hatte.

---

[94] *Brief 7*, ed. MUCKLE S. 258, ed. BROST S. 191 f., ed. KRAUTZ S. 151 f.
[95] *Brief 7*, ed. MUCKLE S. 255 f., ed. BROST S. 185 ff., ed. KRAUTZ S. 145 ff.

Nach diesem wechselseitigen Verrat sah Abaelard, der es, wie er später zugibt, nicht ertragen hätte, wenn Heloisa sich einem anderen Mann in Liebe zugewandt hätte[96], in ihrer beider Klostereintritt den einzig möglichen Ausweg. Ohne jede klösterliche Berufung bewies Heloisa Abaelard wiederum ihre „Liebe ohne Maß" und opferte – eine „Wahnsinnstat", wie sie später einräumt – nun auch noch ihre Seele.[97]

Bei der Ablegung ihres ewigen Gelübdes zitierte sie die Worte Cornelias aus Lucans *Pharsalia* VIII, 94–98:

> O, herrlicher Gatte,
> Besseren Ehebetts wert! So wuchtig durfte das Schicksal
> Treffen ein solches Haupt? Ach musst ich darum Dich freien,
> Dass Dein Unstern ich würd? – Doch nun empfange mein Opfer:
> Freudig bring ich es Dir![98]

Diese Worte der schluchzenden Heloisa, die entschlossen zum Altar schritt und aus den Händen des Bischofs ihren Nonnenschleier entgegennahm, beeindruckten Abaelard und in der Folge die Leser seiner Autobiographie als ‚selbstloser Opferwille'.

Bei genauerer Analyse enthüllt Heloisas Zitat freilich einen subtilen Sinn feministischer Selbstbehauptung, der Abaelard entgangen ist (sonst hätte er später nicht die Rüge des doppelt unterlegenen Pompejus zitiert[99]): Mit ihren Worten wies die stolze Römerin Cornelia nämlich die Rüge und das Misstrauen ihres Gatten Pompejus zurück, der ihre Anteilnahme an seiner militärischen und politischen Niederlage gegen Caesar kritisiert hatte: Als Frau stünden ihr solche Sorgen überhaupt nicht zu. Stattdessen habe sie lediglich für das persönliche Wohlergehen ihres Gatten zu sorgen, es sei denn, sie habe

---

[96] Vgl. *Brief 5*, ed. MUCKLE S. 90: *cum cuperem te mihi supra dilectam in perpetuum retinere* „weil ich dich, die über alles Geliebte, für immer behalten wollte", übersetzt U.N. Vgl. ed. BROST S. 135, ed. KRAUTZ S. 106 und ed. RADICE S. 149.

[97] Vgl. *Brief 2*, ed. MUCKLE S. 70, ed. BROST S. 80, ed. KRAUTZ S. 64 und ed. RADICE S. 113.

[98] Zitiert *H. C.*, ed. BROST S. 33, vgl. ed. MONFRIN S. 81 Z. 634–638, ed. KRAUTZ S. 25 f. und ed. RADICE S. 76.

[99] Vgl. *Brief 5*, ed. MUCKLE S. 92, ed. BROST S. 141, ed. KRAUTZ S. 111 und ed. RADICE S. 153.

an ihm bloß seinen Ruhm geliebt. Mit dem Angebot, ihr Leben für ihn zu opfern, zerstreut die überlegene Cornelia seine Zweifel an der Beschaffenheit ihrer Liebe. Gleichzeitig meldet sie listig, in weiblich demütiger Form, Widerspruch gegen die ihr als Frau zugedachte eingeschränkte Rolle an und beharrt auf ihrer Befugnis, mit ihm über seinen Machtverlust zu sprechen. Ungerührt von den Direktiven, die Abaelard ihr erteilt, lässt sich auch Heloisa im Briefwechsel die Art, wie sie an seinem Schicksal Anteil nimmt, nicht vorschreiben und bleibt ihren Gefühlen treu (S. 39 und 45 f.)!

In einer noch auswegloseren Situation bewahrt sich Jephtas Tochter nicht nur einen Rest von Autonomie, sondern bleibt die eigentlich Handelnde. Sie geht dem über sie verhängten Schicksal nicht nur mit Heldenmut entgegen, sondern kommentiert ihr Los bis zuletzt mit stolzen Worten. Fraglos setzt der Dichter hier der Tapferkeit einer Heldenjungfrau ein Denkmal. Wie gelingt es ihm bei aller Bewunderung für diese *virago*, deren Menschlichkeit zu bewahren? Inwieweit mag er bei ihr an seine Heloisa gedacht haben?

Mit Innigkeit geht Abaelard in der episch ausgemalten Schmückungsszene auf die Zartheit und Lieblichkeit des bewunderten Mädchens ein: Auf die Strophe mit dem erotischen Timbre über die geschmückte, noch lieblichere Brust folgt die symbolhafte Aussage über das Gewicht der aufgezählten Schmuckstücke, welche den zarten Leib der jungen Frau so bedrücken wie die Last des Geschehens ihre Seele. Dabei verraten die Verse:

| *virginis tenerrimum* | beschweren den zarten |
| *onerant corpusculum* | Leib der jungen Frau |

eine im Deutschen unnachahmliche Zärtlichkeit des Dichters. *Corpus* meint nicht nur den Leib, sondern umschreibt auch das lebende Wesen, die Person selbst, so dass sich das bei Cicero und Lukrez als Schmeichelwort überlieferte Diminutiv *corpusculum* z. B. mit „das süße Persönchen" übersetzen ließe.

Die biblische Erzählung im Richterbuch schweigt sich über die Gestalt wie den Namen der Tochter Jephtas aus. Vergils Dido beeindruckt zwar als imposante Gestalt einer Tragödie, aber sie ist eher ein wenig unheimlich als von anziehendem Liebreiz. Der christliche Troubadour übertraf seine beiden antiken Vorlagen, indem er in sein Porträt von Jephtas Tochter jene Gefühle mit einfließen ließ, die er ein Leben lang für seine Heloisa hegte. Im Briefwechsel war Abaelard nicht in der Lage gewesen, Heloisas Gefühle zu erwidern, und zog sich auf eine distanziert seelsorgerliche Haltung zurück. Wie allerdings sein Nachdenken über Jesu Jünger und die ‚Apostolinnen' in *Brief 7* zeigt, war er sich als Mann seines Mankos durchaus bewusst: Er bewunderte an den Frauen, dass sie ihre Gefühle nicht abspalteten, für andere auch bei persönlicher Gefährdung einstanden und die Befähigung zu einem Verhalten zeigten, das ‚integer' im ursprünglichen lateinischen Wortsinn war, nämlich nicht nur moralisch standfest, sondern auch in psychologischer Hinsicht ganzheitlich.

IV. Die Klage Israels über Samson

Samson aus dem Stamm Dan, den ein Engel seinen Eltern als Gottgeweihten (hebr. *nasir*, vgl. S. 170) ankündigte, wirkte nach Ri 13–16 zwanzig Jahre lang als Richter über Israel und führte eine Art ‚Privatkrieg' gegen die Besatzungsmacht der Philister. Abaelards Klage liegt die Episode mit seiner israelischen Geliebten Delila in Ri 16 zugrunde.

Um das Wesen des unheimlichen Samson und seine Krafttaten zu verstehen, ist auf die frühere Hochzeit Samsons mit einer Philisterin in Ri 14 zurückzukommen. Da die Philister Samson nicht trauten, als er eine der Ihrigen heiraten wollte, sandten sie dreißig ‚Aufseher' zu dem siebentägigen Fest. Samson spielte sich vor ihnen mit folgendem Rätsel auf:

> Speise ging aus von dem Fresser,
> und Süßes ging aus von dem Starken.

Für seine Lösung versprach er ihnen dreißig Hemden und Festgewänder. Dem Rätsel lag ein besonderes Erlebnis zugrunde: Samson hatte einen jungen Löwen erschlagen und später in dessen Aas eine Honigwabe entdeckt. Er gab seinen Eltern zwar von dem Honig, aber weihte niemanden in dessen Herkunft ein.

Die ‚bestellten Hochzeitsgäste' drohten ihrer Landsfrau mit der Verbrennung ihrer ganzen Familie. Nachdem die Philisterin ihrem Bräutigam tagelang zugesetzt hatte, erfuhr sie schließlich Samsons ‚Geheimnis' und gab es den Philistern preis. Hierauf entbrannte Samson in rasendem Zorn, ging nach Askalon, erschlug dreißig Fremde und lieferte deren Festgewänder ab.

Als er seine Angetraute besuchen wollte, verwehrte ihm sein Schwiegervater den Zutritt und erklärte, der Brautführer habe sie zur Frau bekommen, nachdem er ihr offenbar gram geworden sei, doch Samson könne ihre jüngere Schwester heiraten (vgl. Rembrandts Gemälde: *Simson bedroht seinen Schwiegervater*).

Von diesem Zeitpunkt an eskalierte die Gewalt zwischen Samson und den Philistern. Er zündete z. B. ihre Felder an, indem er Füchsen Fackeln an die Schwänze band und sie in die Felder jagte. Die Gegenwehr der Philister beantwortete er mit einem Blutbad, etc. Sogar als ihn die Israeliten den Philistern auslieferten, entkam der Gottgeweihte dank seiner enormen Körperkraft.

Erst seine israelische Geliebte Delila wird Samsons Untergang besiegeln: Die Fürsten der Philister trugen ihr gegen Lohn auf, seine geheimnisvolle Kraft zu ergründen. Nach mehreren irreführenden Hinweisen – auf die Delila so reagierte, dass sie ihre Absicht verriet – drang sie in ihn und beschwor ihn bei seiner Liebe, ihr sein ganzes Herz zu offenbaren. Er verriet ihr, es weiche die Kraft von ihm als Gottgeweihtem, sobald man ihn seiner sieben Locken beraube. Delila ließ ihn auf ihrem Schoß einschlafen und rief einen Philister herbei, der ihm das Haupt schor, eine Szene, welche Rembrandt wie schon Lucas Cranach inspirierte. Die Philister packten den Wehrlosen, stachen ihm die Augen aus und warfen ihn in den Kerker, dazu verdammt, ewig im Kreis herum einen Mühlstein zu drehen.

Mit Samsons Haaren wuchs auch seine Kraft nach. Beim Opferfest für ihren Gott Dagon ließen ihn die Philister zu ihrer Unterhaltung auftreten. Er stand zwischen zwei Säulen in dem mit Menschen voll gepferchten Haus, rief seinen Gott zu Hilfe und stemmte sich mit aller Kraft gegen die beiden Säulen, die das Dach trugen.

So riss er mehr Menschen mit sich in den Tod, als er zuvor schon umgebracht hatte. *Planctus IV* kulminiert im ‚Selbstmordattentat' eines Mannes, den seine Geliebte verraten und seine Feinde zutiefst gedemütigt hatten.

PLANCTUS ISRAEL
SUPER SAMSON[100]

Abyssus vere multa
iudicia, Deus, tua,
eo plus formidanda,
quo magis sunt occulta
5 *et quo plus est ad illa*
quaelibet vis infirma.

Virorum fortissimum
nuntiatum per angelum,
Nazareum inclytum,
10 *Israelis clypeum:*
Cuius cor vel saxeum
non fleat sic perditum?

Quem primo Dalila[101]
sacra cesarie,
15 *hunc hostes postea*
privarunt lumine.

Exhaustus[102] viribus,
orbatus oculis,
molae fit deditus:
20 *athleta nobilis.*

---

[100] Bei der Stropheneinteilung nach VECCHI und ZUMTHOR wirkt das Klagelied über Samson zerstückelt und unübersichtlich. Für meine Einteilung spricht eine dem Inhalt gerechter werdende Artikulation sowie ihre Symmetrie mit 6, 6, 4, 4, 9, 9, 9 Versen je Strophe und der Wiederholung dieser Abfolge.

[101] Statt ZUMTHOR S. 64 und 66 bzw. VECCHI S. 57f.: *Dalida* lese ich mit der VULGATA in Ri 16: *Dalila* (in PL 178 kommen beide Formen vor).

[102] Statt ZUMTHOR S. 64 und VECCHI S. 57: *exaustus* mit PL 178 aspiriert: *exhaustus*.

Israels Klage
über Samson

Wahrlich ein Abgrund:
Dein Gericht, mein Gott,
ist umso entsetzlicher,
je verborgener es ist
5   und je schwächer[103]
die betroffene Kraft.

Verkündet durch den Engel:
der stärkste Held,
ein Nasiräer[104],
10   der Schutzschild Israels!
Wessen steinernes Herz
beweint nicht solchen Verlust?

Zuerst beraubte Delila
ihn heiliger Lockenpracht,
15   danach die Feinde
seines Augenlichts.

Der edle Kämpe:
Um seine Kraft betrogen,
seiner Augen beraubt,
20   an den Mahlstein gekettet.

---

[103] ZUMTHOR S. 65 übersetzt *infirma* (schwach) mit: „d'ici-bas", wohl eine Verwechslung mit *infima*, dem Superlativ zu *infra* unterhalb.
[104] Hebr. *nasir* bedeutet ein Gottgeweihter, lat. *nazaraeus*, dt. Nasiräer, vgl. S. 170.

>   *Clausus carcere*
>   *oculorumque lumine*
>   *iam privatus,*
>   *quasi geminis*
> 25 *ad molam sudans tenebris*
>   *est oppressus.*
>   *Ludos martios*
>   *plus exercere solitos*
>   *frangit artus.*
>
> 30 *Hos cibario*
>   *vix sustentat*[105] *edulio*
>   *iumentorum,*
>   *quod et nimius*
>   *labor hic et insolitus*
> 35 *sumit rarum.*
>   *Crebris stimulis*
>   *agitatur ab aemulis*
>   *ut iumentum.*
>
>   *Quid tu, Dalila,*
> 40 *quid ad haec dicis impia,*
>   *quae fecisti?*
>   *Quaenam munera*
>   *per tanta tibi scelera*
>   *conquisisti?*
> 45 *Nulli gratia*
>   *per longa manet tempora*
>   *proditori.*

---

[105] Statt ZUMTHOR S. 66 und VECCHI S. 58: *sustentans* lese ich mit PL 178: *sustentat*.

Eingesperrt im Kerker,
bereits ohne das
Licht seiner Augen,
so, in doppelter Finsternis
25 beim Mahlstein schmachtend,
wurde er bezwungen.
Seine Glieder, gewohnter
ans Spiel des Kriegsgottes,
zermalmt er.

30 Mit Viehfutter
hält er sie kaum
bei Kräften.
Das Übermaß
ungewohnter Mühsal
35 zerreibt den Vortrefflichen.
Der Feinde Stachel
treiben ihn an
wie Zugvieh.[106]

Was sagst du, Delila,
40 zum Frevelhaften,
das du verschuldet?
Welche Kostbarkeiten
verschafftest du dir
mit solchem Verbrechen?
45 Keinem Verräter
bleibt Erkenntlichkeit
über lange Zeit.

---

[106] Vgl. in 1 Sam 13,21 die Erwähnung des sog. „Ochsenstachels" (*stimulus*).

Renatis iam crinibus
reparatis viribus
50 *temulentis hostibus*
lusurus inducitur,
ut morte doloribus
finem ponat omnibus.

A iocis ad seria
55 *fertur mens diu concita:*
Tam laeva quam dextera
columnis[107] *applicata*
hostium et propria
miscet dolor funera.

60 *O semper fortium*
ruinam maximam
et in exitium
creatam feminam!

---

[107] Die Form: *columnis* wie in PL 178 und in der VULGATA statt ZUMTHOR S. 68 und VECCHI S. 59: *columpnis*.

    Mit gewachsenen Haaren
    und Kräften neu gewonnen,
50 den betrunkenen Feinden
    zur Kurzweil vorgeführt,
    auf dass er durch den Tod
    alle Qualen beende.

    Vom Scherzen zum Ernst
55 kommt lang gepeinigter Geist:
    Er packt die Säulen
    links und rechts,
    der Feinde Todespein ist
    auch sein Untergang.

60 Immer am tiefsten
    der Sturz des Starken[108]
    und die zu seinem Ruin
    geschaffene Frau!

---

[108] Als GOTTFRIED VON CHARTRES auf der Synode von Soissons Abaelard verteidigte (vgl. *H.C.*, ed. MONFRIN S. 85 f. Z. 801 ff.; ed. BROST S. 39, ed. KRAUTZ S. 31 und ed. RADICE S. 81) zitierte er HIERONYMUS, wonach Stärke stets Neider auf den Plan rufe, und HORAZ: *Od.* II. 10, 11 f.:

    […] *feriuntque summos fulgura montes*
    und es liebt der Blitzstrahl zu zielen auf die Gipfel der Berge.

Haec patrem omnium
65 *deiecit protinus*
et mortis poculum
propinat omnibus!

David sanctior,
Salomone prudentior
70 *quis putetur?*
At quis impius
magis per hanc vel fatuus
repperitur?
Quis ex fortibus
75 *non ut Samson[109] fortissimus*
enervatur?

---

[109] Statt ZUMTHOR S. 68 und VECCHI S. 57 (Titel) und 60: *Sanson* lese ich das übliche: *Samson*.

	Sie brachte den Vater
65	aller zu Fall,
	trinkt allen den
	Todesbecher zu!¹¹⁰

	Wer wird gehalten
	für heiliger als David,¹¹¹
70	für klüger als Salomo?¹¹²
	Aber wer ward durch
	die Frau ruchloser
	oder närrischer?
	Wer von den Helden
75	verlor nicht seine Kraft
	wie der tapferste Samson?

---

[110] Adam und Eva wurden nach dem Sündenfall aus dem Unsterblichkeit verheißenden Paradies vertrieben, und so kam (für moderne Menschen mythologisch klingend) der Tod in die Welt, vgl. besonders Paulus in Röm 5,12.21 und 6,16–23; der zuletzt zitierte Vers korreliert die Sünde mit dem Tod und den Christusglauben mit dem ewigen Leben. Im Kontrast zu dieser mythologischen oder mystischen Sichtweise versucht Jak 1,15 die Entsprechung von Sünde und Tod psychologisch darzulegen, und 1 Joh 5,16f. macht den Sündenbegriff insofern fasslicher, als zwischen aller Ungerechtigkeit, die Sünde sei, und der sog. Sünde zum Tode (oder wider den Heiligen Geist) unterschieden wird, das sind Blasphemie (Gotteslästerung) und Glaubensabfall.

[111] Auch wenn sich David in der Bathseba-Geschichte versündigte, blieb er der Erwählte Gottes und das Vorbild eines gottesfürchtigen, gerechten und großmütigen Königs, an dem alle späteren Könige gemessen wurden. In Jer 30,9 dient er als Folie der messianischen Verheißung, und Jesus Sirach 47,8f. erklärt, weshalb im *Psalter* so viel Gotteslob im Namen Davids abgefasst wurde.

[112] Die Bibel bezeugt Salomo als Vefasser des *Hohelieds* und der *Sprüche*. Seine Weisheit wie auch der Reichtum und Glanz seiner Paläste waren sprichwörtlich. Salomo liebte aber auch mehrere ausländische Frauen und ließ sich, als er älter wurde, von ihnen zu fremden Göttern verführen; dergestalt blieb die Bitte seines Vaters David, Salomo möge ein ungeteiltes Herz haben, unerfüllt.

	Adam, nobile
	divinae plasma dexterae,
	mox haec stravit;
80	*quam in proprium*
	acceperat auxilium,
	hostem sensit.
	Ex tunc femina
	virorum tela maxima
85	*fabricavit.*

	Sinum aspidi
	vel igni prius aperi
	quisquis sapis,
	quam femineis
90	*te committas*[113] *illecebris,*
	nisi malis
	ad exitium
	properare certissimum
	cum praedictis!

---

[113] Statt Zumthor S. 70 und Vecchi S. 60: *committam* lese ich mit PL 178: *committas*, wie *sapis* und *malis* die zweite Person Singular.

Das edle Geschöpf der
göttlichen Rechten, Adam,
streckte sie nieder.
80 Er entdeckte in der
zur Hilfe Empfangenen[114]
seine Feindin.
Seither schmiedet die
Frau stärkste Waffen
85 gegen die Männer.

Wenn irgend verständig,
öffne dein Herz eher der
Schlange oder dem Feuer,[115]
anstatt dich weiblicher
90 Verzauberung preiszugeben,
wenn nicht sicher
zum Untergang
mit den Aufgezählten[116]
du eilen willst!

---

[114] Vgl. Gen 2,18.
[115] Die zynische Empfehlung an die Männer ist, ihr Herz eher der Bosheit und der List (Schlange) sowie dem Zorn und der Leidenschaft (Feuer) statt der Liebe zu öffnen.
[116] ZUMTHOR S. 71: „dans de tels maux" für *cum praedictis* verstehe ich nicht.

Kaum auszudenken, was geschehen wäre, wenn von Abaelards Dichtungen nur dieses eine *Planctus* überliefert worden wäre! Denn es setzt uns in die größtmögliche Distanz zur „edelen frouwen" des Troubadour Peter Abaelard. Anders als in Dinas Klage und derjenigen über die Tochter Jephtas, den Porträts zweier heroisch liebender Frauen, lieh Abaelard seine Stimme hier dem erbitterten Frauenhass eines sich verraten fühlenden ‚Macho'.

Nicht nur die Ankündigung des Engels gegenüber seinen Eltern, Samson werde ein Gottgeweihter (hebr. *nasir*) sein, erklärt, dass sich Samsons außergewöhnliche Kraft in seinen Locken versinnbildlichte; das Nasiräertum verpflichtete die Geweihten nämlich dazu, ihr Haupthaar frei wachsen zu lassen (vgl. S. 170). Üppiger Haarwuchs tritt auch in Märchen als Symbol für – insbesondere sexuelle – Kraft auf. Der biblische Samson wird als ungeschlachter, sehr maskuliner und ausschließlich auf seine Ehre, nicht aber auf sein Gewissen bezogener Mann beschrieben; er ist eine Art amoralischer ‚Übermensch'.

Klingt beim Erzvater Jakob in *Planctus II* noch ein gewisses Schuldbewusstsein an, blendet der Dichter, Samsons amoralischer Veranlagung entsprechend, dessen Verfehlungen aus, das sind nebst der Serie seiner brutalen Morde z. B. auch seine Grandiosität bei der Hochzeit mit der Philisterin. Bei dieser Gelegenheit stellte Samson, wie erwähnt, den dreißig ‚Aufsehern' Festgewänder in Aussicht für den Fall, dass sie sein Rätsel lösten. Wie Jephta ein unverantwortliches Gelübde gab Samson nach dem biblischen Text ein gedankenloses Versprechen ab und schreckte nicht davor zurück, es durch eine Gräueltat zu erfüllen: Als er herabkam nach Askalon, kam der „Geist des Herrn" und mithin Kampfeslust über ihn und er erschlug dreißig Mann.

Konsequent überging Abaelard die Ambivalenz in der Gestalt des Richters Samson und konzentrierte sich auf seine Erniedrigung und seinen tragischen Untergang, auch wenn die Delila-Geschichte vor dem Hintergrund von Samsons Hochzeit mit der Philisterin an Profil gewonnen hätte. Denn zum zweiten Mal war Samson an eine Frau geraten, die ihn verraten sollte. Dabei handelte Delila nicht wie die Philisterin unter dem Druck von Drohungen, sondern im fürstlich bezahlten Auftrag der Philister. Zwar führte Samson sie mit seinen Erklärungen darüber, was ihn seiner übermenschlichen Kraft zu berauben vermöge, drei Mal hinters Licht, aber schließlich offenbarte er ihr doch die Wahrheit, weil er ihre Fragen leid und andererseits zu töricht war, um ihre Absicht zu bemerken. Erst diese Torheit ließ die Saat des Bösen aufgehen: Die Philister konnten den gefürchteten Feind überwältigen, blenden und zum Gespött machen.

Dieses *Planctus* kann ‚topologisch' genannt werden. Denn Abaelard benutzte die Klage über den machohaften Samson, um die frauenfeindlichen Gemeinplätze der Tradition vorzutragen: Eva, die Adam zugedachte Gehilfin, entpuppte sich als dessen Feindin. Durch den Akt des Ungehorsams, zu dem die von der Schlange angestiftete Frau den Mann verführte (vgl. Bild 5), kam es zur Austreibung aus dem Paradies. Im Garten Eden, wo sich das erste Menschenpaar nach dem Buch Genesis aufhielt, waren alle unsterblich, sofern sie sich an Gottes einziges Verbot hielten und sich der Früchte des einen Baumes enthielten. Dergestalt soll das Menschengeschlecht durch Evas Neugier seine Unsterblichkeit verscherzt haben.

Seit Eva den Vater des Menschengeschlechts zu Fall brachte, rüste „die Frau" als Personifikation alles Bedrohlichen gegen die Männer und schmiede ihre starken Waffen; so seien ihr fast alle exemplarischen Helden Israels erlegen: David, der gerechte König, verlor sein hohes Ethos, nachdem er die badende Bathseba erblickt hatte, wie dann sein Sohn Salomo, der weise König, unter dem Einfluss seiner fremdländischen Gattinnen vom wahren Glauben abfiel.

Aus Samsons Perspektive kommt der Dichter deshalb zum zynischen Schluss: Der Verständige ziehe es vor, sein Herz der List und Übertretung (Schlange) oder dem Zorn und Kampfesrausch (Feuer) zu öffnen, statt es in Liebe einer Frau zu offenbaren. Denn Letzteres führe unausweichlich zum Untergang.

Pikant ist allerdings, dass Samsons *caveatur* vor „der Frau" – zumindest für das damalige bibelkundige Publikum – mit der Warnung der *Sprüche* vor der „Frau Torheit" übereinkommt, welche die Weisheit nachäfft. In Prov 9,13 und 16f. heißt es von ihr:

> Frau Torheit fiebert nach Verführung, das ist alles, was sie versteht. [...]
> Zum Unverständigen spricht sie [...][117]

So verwechselt der Tor mangels Einsicht ins eigene Handeln die „Frau Torheit" mit „der Frau"; seine Warnung ist demnach nicht aussagekräftiger als die des Kreters, der davor warnt, dass alle Kreter lügen. In beiden Fällen lässt sich die Warnung nicht für bare Münze nehmen!

Zum Nachdenken Abaelards über die Rolle der Frauen, das uns in *Planctus I* und *III* so beeindruckte, mag die Erwägung gehören, dass es neben einzelnen Männern vom Schlage eines Judas auch Frauen wie Delila gibt, ohne dass es freilich seine dichterische Imagination gelockt hätte, einer solchen Verräterin eine anschauliche Gestalt zu verleihen. Noch bevor in den letzten Jahren die Entdeckung des apokryphen Judas-Evangeliums populär wurde, brachten moderne Zeiten eine Interessensverlagerung; seit dem Musical „Jesus Christ Superstar" avancierte die Gestalt des Verräters geradezu zum faszinierendsten Charakter der Passionsgeschichte.[118]

Im Spiegel des verratenen und seelenlos dumpfen Samson erblicken wir nur das Stereotyp „die Frau" und das Unheil, das sie angeblich seit Anbeginn der Schöpfung angerichtet habe. De facto geht der Hauptteil aller vermeidbaren Gewalt in der Welt auf das Konto von Männern vom Typ Samsons, die mangels Selbstkritik nicht fähig sind, ihre Aggressionen in harmlosere Bahnen zu lenken. Ob Abaelard ein bisschen provozieren wollte, als er uns diesen ‚tumben Toren' ohne jeden kritischen Unterton als Helden präsentierte? Zumindest dürfte er die Warnung des Toren Samson vor der Frau [Torheit] nicht ohne Schmunzeln formuliert haben. Denn unter Heloisas Einfluss war er nicht nur in den besprochenen Klageliedern über Dina und die Tochter Jephtas, sondern schon zuvor in seinen beiden langen klösterlichen Antwortbriefen zu einer Sensibilität für

---

[117] Zitat aus der JERUSALEMER BIBEL; in der VULGATA heißt der Unverständige *vecors*. Unter *vecordia* ist Verstandesmangel bzw. eine an Wahnsinn grenzende Wut zu verstehen, wie sie gut zur zentralen Gestalt dieser Klage passt.

[118] Vgl. z. B. die Erzählung von MAURICE CHAPPAZ: *Évangile selon Judas*, Paris 2001 und den Roman von MADELEINE BIERI: *Der Kuss im Garten*, Bern 2002.

die Genderproblematik gelangt, die heute noch ihresgleichen sucht, vgl. S. 175–186.

So überrascht es, dass sich auch in der Leidensgeschichte des Abaelard eher wesensfremden Samson biographische Anknüpfungspunkte finden lassen: Als Abaelard während Heloisas (durch die Geburt von Astralabius bedingte) Abwesenheit Verhandlungen zur Versöhnung mit ihrem Onkel Fulbert einleitete, wies er von Mann zu Mann auf die Urgewalt Amors und den herabziehenden Einfluss der Frau hin, der an den größten Helden der Geschichte seit dem Sündenfall zu beobachten sei.[119] Tatsächlich ist es der Originalton Samsons, den Abaelard hier als seine eigene Erklärung Fulbert gegenüber referiert! Nicht der misogyne Gemeinplatz, aber die Ehrlichkeit, mit der Abaelard in der *Historia Calamitatum* derart Unschmeichelhaftes nicht vertuscht, ehrt ihn. An dieser Erklärung war für ihn natürlich unschmeichelhaft, dass er die vollkommen unschuldige Heloisa anschwärzte. Er gesteht nämlich in einem anderen Passus seiner Autobiographie ohne Umschweife, dass *er* es – schon aus der Ferne und ohne ihr Zutun in sie verliebt – von Anfang an auf ihre Verführung abgesehen hatte.

In ähnlichem Tonfall gehalten wie die autobiographisch bezeugte Entschuldigung vor Fulbert sind vier Verse in Abaelards Gedicht für seinen Sohn Astralabius. Da warnt er:

> Welche Art von Raubvogel auch immer, des Beutemachens gewohnt,
> verglichen mit dem flinksten unter ihnen, die Frau übertrifft ihn;
> nichts erbeutet männliche Leben so wie irgendeine Frau,
> sie ist stärker als jeder Feind.[120]

---

[119] *H. C.*, ed. MONFRIN S. 75 Z. 414–418, ed. BROST S. 24, ed. KRAUTZ S. 18 und ed. RADICE S. 70.

[120] Ed. B. HAURÉAU: *Le poéme par Abélard à son fils Astralabe*, in: Notices et extraits de la Bibliothèque nationale, vol. 34/2, Paris 1895, Zitat S. 163, übersetzt U.N. Es folgt der Originaltext:
Quaecumque est avium species consueta rapinis
Quo plus possit in his, femina fortior est.
Nec rapit humanas animas ut femina quisquam;
Fortis in hoc haec est quolibet hoste magis.
Die erbeuteten „menschlichen Seelen" gebe ich als „männliche Leben" wieder, im Kontext passender. Zu Seele = Leben vgl. zu 1 Sam 18,1 den lateinischen und deutschen Text; das Adj. *humanus* kommt von *homo*, Mensch und Mann.

Was nun Fulbert und dessen Sicht auf die Gründe betraf, weshalb Abaelard seine geheim angetraute Gattin Heloisa nach Argenteuil ins Kloster Sainte-Marie brachte, so hätte er Samsons Schwiegervater zitieren können (Ri 15,2): „Ich dachte, du seist ihr gram geworden!"

Wie in Samsons Schicksal wurden auch in der Beziehung Abaelards zu Fulbert und zu Heloisa Misstrauen und Angst zum Schrittmacher von unsäglichem Leid. Auf seinen Verdacht hin, Abaelard habe sich Heloisas entledigt, rächte sich Fulbert brutal mit Abaelards Kastration. Aber auch Abaelard zeigte zur großen Beschämung Heloisas kein Vertrauen ihr gegenüber, als er sie aufforderte, vor ihm ins Kloster einzutreten. Sie schreibt dazu in ihrem ersten Brief:

> [...] erst brachtest Du unserem Gott in mir ein Opfer, ich musste zuerst den Schleier nehmen und das klösterliche Gelübde ablegen, ehe Du Dich selbst Gott weihen mochtest. Ich will es Dir offen sagen, es tat bitter weh, ich wurde über und über rot vor Scham, dass ich darin so wenig Vertrauen bei Dir fand.[121]

---

[121] Zitiert *Brief 2*, ed. BROST S. 85, vgl. ed. MUCKLE S. 72, ed. KRAUTZ S. 68 (Komparativ m. E. missverstanden) und ed. RADICE S. 117.

V. *Die Klage Davids über Abner*

Nachdem der erste König Israels, Saul, bei Gott und dem Propheten Samuel in Ungnade gefallen war, salbte Samuel den Hirtenjungen David zum neuen König. Deshalb zog David, der über viele Jahre vor Saul auf der Flucht gelebt und unterdessen das Haus Juda im Süden hinter sich geschart hatte, nach Sauls Tode nach Hebron (2 Sam 2). Sauls Heerführer Abner nahm den vierzigjährigen Sohn Sauls, Ischbaal, mit sich nach Mahanajim im Ostjordanland und setzte ihn zum König über das Nordreich Israel ein.

Mit dem Tross von Ischbaals Knechten zog Abner nach Gibeon im benjaminitischen Gebiet, dem südlich gelegenen Stammland von Saul und David. Dort kam es zwischen je zwölf jungen Männern der beiden feindlichen Königshäuser zum ‚Kampfspiel'. Als alle Beteiligten fielen, folgte eine erbitterte Schlacht, aus der die Leute Davids dank ihres Heerführers Joab als Sieger hervorgingen. Der Bruder Joabs, Asaël, verfolgte hartnäckig den feindlichen Heerführer. Abner warnte den jungen Mann vergeblich, sich wenigstens eine Rüstung anzulegen; endlich stach er seinem Verfolger das stumpfe Ende der Lanze durch den ganzen Leib.

Solange sich die beiden Königshäuser befehdeten, hielt Abner treu zur Familie Sauls. Auf sein Begehren hin wurden die Kampfhandlungen schließlich eingestellt. Als es hernach zwischen Abner und Ischbaal zur Entfremdung kam, da dieser Abner beschuldigte, sich der Nebenfrau seines Vaters Saul genähert zu haben, suchte Abner Anschluss bei David. Er versprach ihm, auch die übrigen Stämme Israels auf seine Seite zu bringen (2 Sam 3,21).

Ohne Wissen Davids befahl sein Neffe und Heerführer Joab, Abner nach Hebron zurückzuholen. Er führte ihn im Inneren des Tores beiseite, als ob er ungestört mit ihm sprechen wollte. Dort stach er heimtückisch in Rache für seinen Bruder Asaël zu (2 Sam 3,27).

In seiner Totenklage (2 Sam 3,32 ff., 38) besang David Abner als großen Mann Israels, der unter der Hand eines Verbrechers zu Tode gekommen sei; das gefiel dem Volk, weil es sah, dass die Ermordung Abners nicht von König David ausgegangen war.

Planctus David super Abner
filio Ner quem Ioab occidit

Abner fidelissime,
bello strenuissime,
amor ac deliciae
militaris gloriae!

5   Quod vis non praevaluit,
dolus in te potuit;
per quem peris proditus.
Par eius sit exitus
nullis dignus fletibus,
10   quos tuus dat omnibus.

Dolus execrabilis,
casus miserabilis
cogunt ad continuas
hostem quoque lacrimas,
15   dissolvitque pietas
mentes adamantinas.

Hostis regni
dum fuisti
manifestus,
20   semper claris
et triumphis
sublimatus.

DAVIDS KLAGE ÜBER NERS SOHN ABNER, DEN JOAB TÖTETE

Treuester Abner,
im Krieg der Tüchtigste,
Liebling und Glanzstück
deiner Soldaten!

5   Was Waffengewalt[122] nicht vermochte,
richtete Tücke gegen dich aus;
durch sie verraten, kamst du um.
Gleich soll Joabs Ende sein,
doch nicht wie das deine
10 für alle der Trauer wert.

Abscheuliche List und
jammervolles Schicksal
zwingen sogar den Feind
beständig zu Tränen,
15 und Ehrfurcht erweicht
stählerne Herzen.

Während du offen
des Königreiches
Feind gewesen,
20 erhöhten dich
immerdar
Erfolge.

---

[122] ZUMTHOR S. 86f. übersetzt: *quod vis non prevaluit* „ta volonté fut vaincue". In diesem Kontext geht es um *vis* (physische Kraft) versus *dolus* (Betrug, List), nicht um eine Form von *velle* (wollen, *vis*: du willst).

Multis damnis[123]
nos multasti
25 *nulla passus,*
armis potens,
sensu pollens
vir perfectus.

Israelis
30 *murus fortis,*
Iudae metus,
inimicus
et amicus
eras summus!

35 *Tandem nostris*
cedens votis
inis foedus
et spe pacis
arma ponis
40 *male tutus.*

Dum timendum tibi credidisti,
periculis cunctis providisti.
Fide nostra fidens corruisti,
quam de tua vir verax pensasti.

---

[123] Statt Zumthor S. 88 und Vecchi S. 63: *dampnis* mit PL 178: *damnis.*

>
> Harten Schaden
> brachtest du uns,
> 25 ohne zu leiden,
> als ein Held
> mächtig in Waffen
> und stark im Verstand.
>
> Israels
> 30 feste Mauer,
> Judas Schrecken[124],
> als Feind
> und als Freund
> vortrefflich.
>
> 35 Endlich unserem
> Wunsche weichend,
> zum Bündnis bereit,
> auf Frieden hoffend,
> legst du die Waffen
> 40 ab, ganz ohne Schutz.
>
> Solang du glaubtest, dich fürchten zu müssen,
> sahst du vor allen Gefahren dich vor.
> Du stürztest, unserer Treue trauend,
> sie für wahr haltend wie die deine.

---

[124] Sauls Sohn Ischbaal befehligte das Nordreich Israel. Abner war sein Heerführer und daher „Israels Mauer", während das von David regierte Südreich Juda in dem erfolgreichen Feldherrn seinen „Schrecken" sehen musste, vgl. 2 Sam 2,8 ff.

*45   Armati qui horruit
     nomen Abner,
     inermi praevaluit
     tibi Abner.*

     *Nec in via congredi
*50   *tecum ausus
     portas urbis polluit
     per hoc scelus.*

     *Milites militiae,
     ducem tantum
*55   *lacrimantes plangite
     sic prostratum!*

     *Principes iustitiae
     sumant zelum
     in tam execrabile
*60   *vindicandum.*

45	Der schreckensstarr vor dem bewaffneten Abner, überwältigte den waffenlosen;
50	nicht wagend den Kampf auf offener Straße, besudelte er das Tor durch Niedertracht.
55	Ihr, seine Soldaten, beklagt und beweint den edlen Heerführer, so niedergestreckt!
60	Rechtskundige zeigt euren Eifer: So Abscheuliches harrt der Strafe![125]

---

[125] Vor seinem Tod verpflichtete David seinen Sohn und Nachfolger Salomo, die heimtückische Ermordung Abners an Joab zu rächen, vgl. 1 Kön 2,5 f.

Abaelard gestaltete Davids Klage über Abner als einen inneren, an wechselnde Adressaten gerichteten Monolog: Bis zur vorletzten Strophe wendet sich David an den Ermordeten, danach kurz an Abners Soldaten und an diejenigen, denen er Joabs Bestrafung aufträgt.

David gedenkt der vorzüglichen Fähigkeiten des Heerführers Abner, der loyal zu seinem Vetter (1 Sam 14,50f.) und König Saul gehalten hatte, seiner Beliebtheit und Verehrung bei den Soldaten, aber auch seiner Wahrhaftigkeit, die ihm persönlich zum Verhängnis wurde.

Aufgrund ihres ethisch reflektierenden Gestus rückt die Totenklage für Abner in die Nähe der Klage Dinas (I); sie besitzt weder den dramatischen Gehalt der Klage über Jephtas Tochter (III), noch ist sie lyrisch wie Jakobs Trauerlied (II).

Dem ehrgeizigen Heerführer Joab mochten die genaueren Umstände des Todes seines Bruders Asaël – er fiel als Verfolger, vom stumpfen Ende der Lanze durchbohrt (2 Sam 2,23) – nicht bekannt gewesen sein; Abner hatte Asaël vergeblich gewarnt, es nicht ohne eine Rüstung mit ihm aufzunehmen. Allerdings wusste Joab um Abners Erfolge als Heerführer von Saul und Ischbaal, war beteiligt gewesen, als Abner dem Blutvergießen zwischen den beiden Königshäusern ein Ende gesetzt hatte (2 Sam 2,26), und hatte Kenntnis von dem neu eingegangenen Bund Abners mit David, seinem Oheim und König.

Deshalb war sein Rachemord niederträchtig: Von ihm zurückgerufen, kam Abner unbewaffnet und im Vertrauen auf Joabs Loyalität gegenüber David ins Tor von Hebron und wurde dort heimtückisch niedergestochen. Die christliche Kunst setzte diese Szene in Parallele zum Kuss des Judas: Abner wird in einer freundschaftlich scheinenden Umarmung erdolcht.[126] Wie es zu Joabs Charakter passte, im Bund Abners mit David einen Verrat zu wittern (vgl. 2 Sam 3,25),

---

[126] Vgl. die BIBLIA PAUPERUM sowie NIKOLAUS VON VERDUN: Emailtafel des Altarretabels in Klosterneuburg von 1181.

so stimmte Abners Verhalten nach Abaelards Worten mit dessen gerader Sinnesart überein:

> Du stürztest, unserer Treue trauend,
> sie für wahr haltend wie die deine.

Kurze kraftvolle Verse feiern die Tüchtigkeit des herausragenden Feldherrn und erinnern an die Ehrbezeigung, mit der alle um den integren, „als Feind und Freund Vortrefflichen" trauerten. Abaelards *Planctus* hält auch Davids Überzeugung fest, dass Joabs Meucheltat geahndet werden müsse; nach dem biblischen Text übertrug er diese Verpflichtung seinem Sohn und Nachfolger Salomo (1 Kön 2,5f.). Das schon im Titel angekündigte – der antiken Tradition folgende – Doppelporträt eines Helden und eines Schurken rühmt den ehemaligen Feind und verurteilt scharf den eigenen Parteigänger und Verwandten.

So erweist sich David als der großmütige und gerechte König, als der er in die Geschichte Israels eingegangen ist. Aus Respekt für die Persönlichkeit und Leistung Abners konnte er über Parteigrenzen hinweg in eine Kooperation mit dem ehemaligen Feind einwilligen. Das erforderte Großmut, aber auch Menschenkenntnis.

Um nun zur Identifikationsfrage überzugehen: Abaelard schlug seine Schlachten auf wissenschaftlichem Gebiet und war als Vordenker eine Art ‚Heerführer' der neuen, philosophisch durchdrungenen und später „scholastisch" geheißenen Theologie. Sein ‚Heer' bestand in der damaligen studierfähigen Jugend, den sogenannten Goliarden oder Wanderstudenten. Sie fanden ihren Lehrer sogar in der Einöde, in die er sich wegen seiner Anfeindungen zurückgezogen hatte, und jubelten ihm zu, wo immer er auftrat; denn er hatte gemerkt, was sie umtrieb, und sein Charisma und seine kühnen Fragen zogen sie an.

Den damaligen Meinungsführern im Fach der Theologie fehlte es indessen nicht nur an der nötigen logischen Bildung, sondern auch am guten Willen, sich auf Abaelards subtile Gedankenexperimente einzulassen.[127] Wie viel einfacher war es doch, diesen perfiden

---

[127] Vgl. S. 20 f. die Episode mit dem Traditionalisten Alberich.

ehemaligen Hauslehrer, skandalumwitterten Liebhaber, unvollständigen Mann und arroganten Quasi-Mönch persönlich zu verunglimpfen! Sein früherer Lehrer Roscelin von Compiègne ließ es diesbezüglich weder an Phantasie noch an Gemeinheit fehlen, während Bernhard von Clairvaux Abaelard in Briefen an hochgestellte Persönlichkeiten in ganz Europa vorverurteilte und sich nicht scheute, abaelardsche Lehrsätze plakativ zu den vormaligen Ketzerlehren eines Arius (Trinitätslehre), Nestorius (Christologie) und Pelagius (Lehre von der menschlichen Freiheit und der Gnade Gottes) in Beziehung zu setzen.

Gab es unter den einflussreichen Persönlichkeiten in dieser Zeit geistigen Aufbruchs, der sog. Renaissance des zwölften Jahrhunderts, als die Schriften der heidnischen Spezialisten in den *Septem Artes Liberales* – das sind die Sieben Freien Künste des *Trivium* und *Quadrivium*, vgl. S. 13 f. – die christliche Frömmigkeit herausforderten, niemanden, der Abaelard ähnlich unvoreingenommen akzeptieren konnte wie David Abner?

Auf der Synode von Soissons fand Abaelard in Gottfried, dem Bischof von Chartres, einen mächtigen Fürsprecher. Allein die Animosität der Herren Alberich und Lotulf, der Nachfolger auf dem Lehrstuhl des Anselm von Laon, wog schwerer als dieses Bischofs Engelszunge; denn auch in Soissons gab nicht der Geist, sondern die ‚Klungelei der Macht' den Ausschlag. In seiner Ohnmacht konnte Gottfried zwar die Verurteilung Abaelards nicht vereiteln, aber mit seelsorgerlichem Zuspruch und dem Versprechen einer nur kurzen Kerkerhaft zumindest deren Folgen abmildern.[128] Auch ein gewisser Schulvorsteher namens Thierry nahm auf der Synode von Soissons eher beiläufig für Abaelard Partei, als er sich mit einem Zitat aus dem *Athanasianum* über die mangelhafte theologische Bildung des päpstlichen Nuntius mokierte.[129]

---

[128] Vgl. *H. C.*, ed. MONFRIN S. 85 ff. Z. 789–867, ed. BROST S. 39–42, ed. KRAUTZ S. 30–33 und ed. RADICE S. 81 ff.

[129] Vgl. *H. C.*, ed. MONFRIN S. 88 Z. 879 f., ed. BROST S. 42, ed. KRAUTZ S. 33 und ed. RADICE S. 83. Weil der Legat ‚drei Allmächtige' erwähnt hatte, zitierte Thierry den zweiten, nachstehend angeführten Satz: *Similiter omnipotens*

Als mit Abaelards letzter Pariser Lehrtätigkeit auf dem Genovefaberg in Paris das Kesseltreiben gegen ihn erneut konkrete Züge annahm (das war ungefähr 1136; schon über ein Dezennium zuvor hatten Bernhard von Clairvaux und Hugo von Saint-Victor über die Lehren eines ungenannten Ketzers korrespondiert, vgl. S. 22), zeigte Walter von Mortagne Zivilcourage: In einem taktvoll-vorsichtigen Brief suchte er das theologische Gespräch mit Abaelard. Mit erstauntem Unterton fragte er den scharfsinnigen Hermeneutiker, ob er tatsächlich behaupte, in Glaubensfragen anstelle der Wahrheit bloß seine eigene Meinung auseinanderzusetzen. Und ob es nicht eher den Ruhmesreden seiner unkritischen Studenten zuzuschreiben sei, wenn man von ihm behaupte, er wisse die Mysterien der Trinität vollumfänglich zu explizieren?[130]

Ohne jede Voreingenommenheit gegen Abaelards Person bekundet Walter von Mortagne ein sachliches Interesse an Abaelards Lehrmeinungen. Deutlich spürbar sind sowohl seine Achtung vor den Fähigkeiten seines Gegenübers als auch eine Portion Skepsis gegenüber den Anschuldigungen anderer. Abaelard muss erhofft haben, dass auf dem in Sens anberaumten Konzil in ähnlicher Weise eine fachliche Auseinandersetzung mit ihm gesucht werde, als er seine Anhänger für die in Sens stattfindende, vermeintliche Disputation mit Bernhard aufbot.

Nach dem ‚Ketzergericht' auf dem Konzil von Sens trat der junge Berengar von Poitiers mit einem satirischen Meisterwerk, dem *Apologeticus*, für seinen Magister Petrus ein. Er zeigt auf, dass sich Bernhards Feindseligkeit mit christlichen Grundsätzen nicht vereinbaren lässt. An Bernhard von Clairvaux gerichtet, schreibt er:

> Wenn Dir demnach so große Balken aus dem Mund fallen, weshalb strengst Du Dich an, Peters Splitter in Balken zu verwandeln? [...] milde

---

Pater, omnipotens Filius, omnipotens Spiritus sanctus; et tamen non tres omnipotentes, sed unus omnipotens. Vgl. ed. H. DENZINGER und A. SCHÖNMETZER: *Enchiridion Symbolorum*, Freiburg i. B. 1965, S. 40 f.: 75–76 Symbolum „Quicumque" pseudo-Athanasianum.

[130] *Epist. Gualteri de Mauretania Episcopi ad Petrum Abaelardum*, ed. HEINRICH OSTLENDER, Florilegium Patristicum XIX, Bonn 1929, S. 34 f.

gestimmt, müßtest du Peter, falls er sich durch einen Irrtum verwundbar gemacht haben möchte, auf Dein Lasttier heben und ihn so zum Stall allgemeinen Glaubens zurückführen. Viele Rechtgläubige brachten einzelne kritisierbare Lehren vor und wurden deswegen doch nicht der Gruppe der Irrlehrer beigezählt.[131]

Es scheint David, dem vorbildlichen König von Israel, vorbehalten geblieben zu sein, in seinem Bündnis mit dem ehemals feindlichen Heerführer und in seiner echten Trauer um Abner diejenige humane Haltung vorzuleben, zu der sich der viel gerühmte Prediger der Versöhnung in Jesus Christus allererst auf Vermittlung Peters des Ehrwürdigen bereit fand, nachdem er einen bereits durch Krankheit und päpstliche Verurteilung gebrochenen Gegner vor sich sah.

---

[131] Vgl. zum *Apologeticus* in moderner Übersetzung den in *Anm.* 5 angeführten Sammelband von 2003, S. 317–354, Zitat S. 350.

VI. *Die Klage Davids über Saul und Jonathan*

Saul hieß der erste, auf Begehren des Volkes vom Propheten Samuel eingesetzte König Israels. David war der von Samuel bereits zu Lebzeiten Sauls (wegen dessen widersetzlichen Verhaltens) gesalbte neue König und Nachfolger Sauls. Davids Klagelied über König Saul und seinen Sohn Jonathan, die auf den Höhen Gilboas fielen, ist nebst *Planctus III* das berühmteste; ihm liegen die Klage in 2 Sam 1,17–27, das Ende des ersten und der Anfang des zweiten Buches Samuel[132] sowie das Kapitel 10 der ersten Chronik[133] zugrunde.

Seit sich David bei den Philistern in Ziklag niedergelassen hatte, hörte Saul auf, ihm nach dem Leben zu trachten. Als die Philister erneut gegen Israel in den Krieg zogen, wurde David vom Philisterkönig Achisch als sein Leibwächter aufgeboten (1 Sam 28,1 f.), aber weil die Obersten der Philister opponierten, wieder nach Hause geschickt (1 Sam 29,4–11). David kehrte nach Ziklag zurück und fand seine Lehensstadt eingeäschert. Die Amalekiter, ein in der Wüste lebendes Nomadenvolk, hatten unterdessen sein Hab und Gut, seine Frauen und Kinder verschleppt. Auf Weisung des Priesters verfolgte er die Räuber und richtete sie hin. Zusammen mit reicher Beute brachte er sein Eigentum unversehrt nach Ziklag zurück; dies ist „der Sieg ohne Glück" bzw. die so kurze wie eitle Freude in den Versen 93–96.

---

[132] In der VULGATA ist das *I et II Reges*, da die lateinische Bibel vier Königsbücher zählt.
[133] In der VULGATA ist das *I Paralipomenon*.

Denn nur drei Tage später erfuhr er von einem Boten, der sich als Sohn eines unter den Israeliten lebenden Amalekiters ausgab, dass Jonathan und Saul in den Bergen Gilboas gefallen seien. Im Getümmel des Kampfes habe der tödlich verwundete König ihn um den Todesstoß gebeten. Zum Beweis brachte er das Diadem und die Armspange Sauls. In Trauer zerriss David seine Kleider und ließ den Burschen, der sich mit eigenem Mund angeklagt hatte, den „Gesalbten des Herrn" getötet zu haben, von seinen Leuten niederstoßen.

Abaelard hält sich in seiner Darstellung von Sauls Tod an 2 Sam 1. Nach der anderen Version in 1 Sam 31 und 1 Chr 10 stürzte sich Saul ins eigene Schwert, nachdem sein Waffenträger der Aufforderung des verwundeten Königs nicht nachgekommen war, ihm den Todesstoß zu versetzen.

Obwohl sich die – in *Planctus V* vorausgesetzte – Spaltung des hebräischen Volkes in das Südreich Juda unter David und das Nordreich Israel unter Sauls Sohn Ischbaal erst eine Weile nach Sauls Tod vollzog (2 Sam 2), konnte es bei seinen Feinden, den Philistern und Amalekitern, schon jetzt den Eindruck eines gespaltenen Volkes erwecken. Dazu trug vor allem Davids Paktieren mit den Philistern bei: Er lebte mit den Seinen in ihrer Stadt Ziklag und machte sie glauben, auf ihrer Seite gegen die Judäer und die mit denselben verbündeten Keniter zu kämpfen. In Wirklichkeit bemühte er sich um die Gunst seiner Landsleute im Süden, vertrieb Räuberhorden aus deren Gebiet (1 Sam 27,10 ff.) – das wird erst anhand der Erläuterung in der Jerusalemer Bibel klar – und teilte mit ihnen auch die den Amalekitern abgenommene Beute (1 Sam 30,26–31).

Wäre David nach dem Willen des Philisterkönigs Achisch mit in den Kampf gegen Israel gezogen, hätte es ihm seine Gottesfurcht verwehrt, den „Gesalbten des Herrn" anzutasten. Aber er hätte auf den Höhen Gilboas seinem Freund Jonathan beistehen können!

Planctus David super Saul et Ionatha

    Dolorum solatium,
    laborum remedium,
    mea mihi[134] *cythara,*
    nunc quo maior dolor est
5   *iustitiorque maeror est,*
    plus est necessaria.

    Strages magna populi,
    regis mors et filii,
    hostium victoria,
10 *ducum desolatio,*
    vulgi desperatio:
    luctu replent omnia.

    Amalech invaluit
    Israel dum corruit;
15 *infidelis iubilat*
    Philistaea,
    dum lamentis macerat
    se Iudaea.

    Insultat fidelibus
20 *infidelis populus;*
    in honorem maximum
    plebs adversa
    in derisum omnium
    fit divisa.

---

[134] Bei Zumthor S. 74/76 steht wie bei Vecchi S. 66/68 einmal: *michi*, dann: *mihi*.

DAVIDS KLAGE ÜBER
SAUL UND JONATHAN

    Mir Trost der Schmerzen,
    Arznei für meine Pein,
    meine geliebte Leier,
    umso notwendiger,
5   je größer der Schmerz,
    je gerechter die Trauer.

    Das Blutbad des Volkes,
    der Tod von König und
    Sohn, der Sieg der Feinde,
10 der Führer Betrübnis,
    des Volkes Verzweiflung:
    alles erfüllt mit Trauer.

    Amalech erstarkte,
    derweil Israel sank;
15 ungläubige Philister
    triumphieren,
    derweil sich Judaea
    im Wehgeschrei verzehrt.

    Gottlose Völker
20 verhöhnen Gläubige;
    denn gespalten zwischen
    glänzender Ehre
    und dem Gespött aller
    ist ihr Feindesvolk.

25 *Quem primum his praebuit,*
victus rex occubuit.
„Talis est electio
Dei sui,
talis consecratio
30 *vatis magni!"*

Insultantes inquiunt:
„Ecce, de quo garriunt,
qualiter hos prodidit
Deus suus,
35 *dum a multis occidit*
dis prostratus."

Saul, regum fortissime,
virtus invicta Ionathae,
qui vos nequivit vincere,
40 *permissus est occidere;*

quasi non esset oleo
consecratus dominico,[135]
scelestae manus gladio
iugulatur in proelio!

45 *Plus fratre mihi, Ionatha,*
in una mecum anima,
quae peccata, quae scelera
nostra sciderunt viscera?

---

[135] Zitat aus 2 Sam 1,21b: *quasi non esset unctus oleo.*

25 Zuerst ihnen ausgeliefert,
    fiel der besiegte König:
    „So ist die Erwählung
    durch seinen Gott,
    so die Weihung durch
30 den großen Propheten!"

    Sie lästerten:
    „Seht, wie sein Gott,
    der angepriesene,
    sie verraten hat,
35 derweil er, niedergestreckt
    von den vielen Göttern, fiel."

    Tapferster König Saul,
    unbesiegter Mut Jonathans:
    Nicht durfte er den Feind
40 besiegen, aber fallen;

    als ob er durch das Öl
    des Herrn nicht gesalbt worden,
    von ruchlosem Schwert
    im Gefecht durchbohrt!

45 Mehr mir als ein Bruder,
    ein Herz mit mir, Jonathan,
    welche Schurken haben
    uns zerspalten!

Expertes montes Gelboae
50 *roris sitis et pluviae,*
nec agrorum primitiae
vestro sucurrant incolae.[136]

Vae, vae tibi, madida
tellus caede regia,
55 *qua et te, mi Ionatha,*
manus stravit impia!

Ubi christus Domini
Israelque inclyti
morte miserabili
60 *sunt cum suis perditi.*

Planctus, Sion filiae,
super Saul sumite,
largo cuius munere
vos ornabant purpurae!

---

[136] Die ganze Strophe ist ein sinngemäßes Zitat aus 2 Sam 1,21a, der zweite Satz steht nur in der VULGATA: *Montes Gelboe, nec ros, nec pluvia veniant super vos. Neque sint agri primitiarum.*

>   Mögen Tau und Regen den
> 50 Bergen Gilboas mangeln,
>   die Erstlinge[137] des Feldes
>   euren Einwohnern fehlen!
>
>   Wehe dir, Erde, feucht
>   von königlichem Blut:
> 55 Dort erschlugen Gottlose
>   auch dich, mein Jonathan!
>
>   Dort wurden der Gesalbte
>   des Herrn und Israels Edle
>   in jammervollem Tod
> 60 mit den Ihren vernichtet.
>
>   Ihr Töchter Sions,
>   wehklaget über Saul,
>   durch seine Geschenke
>   schmückte euch Purpur![138]

---

[137] Die Erstlinge, das sind die ersten Erträge der Ernten und Zuchten, waren heilig, und ein Teil von ihnen wurde Gott als Opfer dargebracht, vgl. Dtn 15,19f.; 26,2 und 10, Neh 10,36f.; Spr 3,9; Jer 2,3; Ez 44,30 und Sir 45,20.

[138] Ein sinngemäßes Zitat von 2 Sam 1,24: *Filiae Israel, super Saul flete, qui vestiebat vos coccino in deliciis, qui praebebat ornamenta aurea cultui vestro.* *Coccinus* scharlachfarbig, von *coccus* Beere der Scharlacheiche und Färbemittel; auch die unechte Purpurfarbe wurde aus Beeren statt aus Purpurschnecken hergestellt.

65   *Tu mihi, mi Ionatha,*
flendus super omnia;
inter cuncta gaudia
perpes erit lacrima!

Heu, cur consilio
70   *adquievi pessimo,*
ut tibi praesidio
non essem in proelio?

Vel confossus pariter
morerer feliciter,
75   *cum quid amor faciat*
maius hoc non habeat;

et me post te vivere
mori sit assidue,
nec ad vitam anima
80   *satis sit dimidia.*

Vicem amicitiae
vel unam me reddere
oportebat tempore
summae tunc angustiae;

85   *triumphi participem*
vel ruinae comitem,
ut te vel eriperem
vel tecum occumberem;

65 Doch dich, mein Jonathan, muss
vor allen ich beweinen;
inmitten jeder Freude
wird ewig eine Träne sein.[139]

Ach, weshalb billigte
70 ich den schädlichen Rat,
dass ich zum Schutze
im Kampfe dir fehlte?

Ebenso durchbohrt wär
glücklich ich gestorben;
75 denn was vermöchte
Liebe Größeres?

Dich zu überleben
ist beständig sterben;
eine halbe Seele ist
80 zum Leben nicht genug.

Das eigene Leben der
Freundschaft preiszugeben,
täte Not in der Zeit
höchster Bedrängnis;

85 teilnehmend am Triumph
auch den Sturz zu begleiten,
um dich zu erretten
oder zu fallen mit dir;

---

[139] Wie Thomas Binkley in seiner musikalischen Interpretation stelle ich diese Strophe (entgegen den bisherigen Druckausgaben) dem Aufruf an die Töchter Sions nach, weil sie in den Kontext der hervorgehobenen Klage über Jonathan gehört.

> *vitam pro te finiens*
> 90 *quam salvasti totiens,*
> *ut et mors nos iungeret*
> *magis quam disiungeret.*[140]
>
> *Infausta victoria*
> *potitus interea,*
> 95 *quam vana, quam brevia*
> *hic percepi gaudia!*
>
> *Quam cito durissimus*
> *est secutus nuntius!*
> *Quem in suam animam*
> 100 *locutum superbiam,*
>
> *mortuis, quos nuntiat,*
> *illata mors aggregat,*
> *ut doloris nuntius*
> *doloris sit socius.*
>
> 105 *Do quietem fidibus;*
> *vellem, ut et planctibus*
> *sic possem et fletibus.*
> *Laesis pulsu manibus*
> *raucis planctu vocibus*
> 110 *deficit et spiritus.*

---

[140] Bei Zumthor S. 80 lauten wie bei Vecchi S. 69 Vers 91 f.:

> *ut te mors non iungeret*
> *magis quam disiungeret.*

Zwei Druckfehler Vecchis, die bei Zumthor stehen blieben, verbessert nach der Lesart von *PL 178*.

       das Leben für dich endend,
90   das du so oft mir gabst,
       damit uns auch der Tod
       mehr verbinde als trenne.[141]

       Inzwischen erlangte ich
       einen Sieg ohne Glück:
95   Wie eitle, wie kurze
       Freude widerfuhr mir!

       Wie rasch traf ein der
       gefühllose Bote!
       Ein Todesstoß sandte
100 den Hochmütigen

       hinab zu den Toten,
       die er meldete;
       so teilte die Qual
       der Todesbote.

105 Ruhen lasse ich die Saiten.
       Wenn ich doch auch mein
       Wehklagen beenden könnte!
       Geschunden die Finger,
       meine Stimme heiser, es
110 schwindet auch der Dichteratem.

---

[141] In 2 Sam 1,23b heißt es vom König und seinem Sohn, dass sie auch im Tod ungetrennt sind: *in morte quoque non sunt divisi*, was Abaelard in einen Wunsch Davids bezogen auf Jonathan wendet.

Am Anfang und am Ende dieses Liedes sinnt David über seine Leier nach, die ihm bei der Bewältigung seiner Trauer helfe, ohne doch den Schmerz aufzuheben. Denn nach dem Tod seines Freundes Jonathan werde „inmitten jeder Freude ewig eine Träne sein", vgl. die Strophe in der Liedmitte (V. 65–68). Demnach bezieht sich das emotionale Zentrum dieser Doppelklage auf den geliebten Jonathan. Für die unpersönlicher gehaltene Klage Davids über Saul benutzte der Autor Zitate und Anklänge an die biblische Vorlage (vgl. die *Anm. 135* und *138*). Abaelard setzte dieses *Planctus* mit seinen Schlussversen über geschundene Finger, heisere Stimme und schwindenden Atem vermutlich bewusst ans Ende seiner *Planctus*-Sammlung.

In einem Dreischritt gehe ich ausführlicher auf das Personal dieses Klageliedes ein; das Ziel ist, David als neue Identifikationsgestalt für Abaelard zu gewinnen:

A. Im Kontrast zu Saul, der einen ganz anderen Typ Mann verkörpert, wird Davids Wesensart herausgestellt.

B. Das Identifikationspotential von Davids Eigenart für Abaelard.

C. Davids Freundschaft mit Jonathan als Chiffre für Abaelards besondere Beziehung mit Heloisa.

A.

Saul, der vom Propheten Samuel gesalbte erste König Israels, stand als Typus den Richtern Jephta und Samson näher als seinem Nachfolger David. Wenn der „Geist des Herrn" und mithin Kampfeslust über ihn kam, war Saul wie Jephta und Samson ein siegreicher Krieger und Feldherr. Er war dem Propheten durch seine hohe Statur aufgefallen, stieß aber von Anfang an auf die Verachtung einiger Volksgenossen: „Was kann der uns helfen?" (1 Sam 10,27). Wenn Saul den nötigen Rückhalt im Volk vermisste, setzte er Drohungen ein. Nachdem er beispielsweise beschlossen hatte, der Stadt Jabes gegen die Ammoniter zu Hilfe zu eilen, zerstückte er in brennendem Zorn ein Gespann Rinder und sandte sie in alle Gaue Israels mit der Botschaft: „Wer nicht hinter Saul und Samuel in den Kampf zieht, dessen Rindern wird es ebenso ergehen!" Da fiel der Schrecken des Herrn auf das ganze Volk, und sie rückten aus wie *ein* Mann (1 Sam 11,7). Als Davids Ehefrau Michal vor ihrem Vater Saul rechtfertigen musste, warum David entkommen war, erklärte sie, David habe sie bedroht: „Er sprach zu mir: ‚Lass mich gehen, oder ich töte dich!'" (1 Sam 19,17). Das traf zwar nicht zu, hätte aber Sauls Verhalten in einer ähnlichen Situation entsprochen!

Saul fehlte die geistige Beweglichkeit Davids, und er blieb innerlich ungefestigt: Ohne die Fürsprache des Volkes wäre er z. B. nicht davor zurückgeschreckt, das Leben seines Sohnes Jonathan zu opfern: Dieser hatte in Unwissenheit über seines Vaters Fastengebot von wildem Honig gekostet, woraufhin seine Augen wieder leuchteten (1 Sam 14,27). Dagegen missachtete Saul, seines Ungehorsams bewusst, die Weisung des Propheten Samuel, an den Amalekitern mit der Schärfe des Schwertes den Bann zu vollstrecken und alles Leben auszulöschen, und ließ die wohlgenährten Herdentiere am Leben (1 Sam 15,3–26). Das war indes keine selbstbestimmte Entscheidung, sondern geschah aus Furcht vor seinen Landsleuten, wie er nach Ausreden schließlich zugab. Mit seinem Ungehorsam gegen Gott und den Propheten hatte er seine Glaubwürdigkeit als König von Israel verwirkt. Von diesem Vorfall an vollzog sich unaufhaltsam Sauls Abstieg.

Denn seit Samuel dem König seine Gunst entzogen und auf göttliches Geheiß David geweiht hatte, überkam Saul immer häufiger ein „böser Geist". Es suchten ihn Anfälle von Schwermut heim und er fühlte sich innerlich immer angefochtener. Seine Eifersucht, ein Groll und ein Grauen gegenüber dem gesegneteren David wuchsen, weil der vielfältig Begabte bei Gott und den Menschen so beliebt war. David entkam wiederholt Sauls Anschlägen, einmal wäre er von Sauls Speer beinahe an die Wand gespießt worden. Treu harrte er bei seinem schwierigen König aus, bis er gezwungen war, um sein Leben fliehen.

Eines Nachts schlich David in Sauls Wagenburg, befahl jedoch seinen Gefährten, den schlafenden König nicht anzurühren (1 Sam 26). Am nächsten Tag zeigte er Saul dessen Speer und Wasserkrug zum Beweis dafür, dass Gott ihn in seine Hand gegeben, er aber den

„Gesalbten des Herrn" verschont hatte. Saul vergoss darüber Tränen der Rührung und gelobte Besserung, ließ jedoch erst von der Verfolgung Davids ab, als sich dieser in das Gebiet der feindlichen Philister nach Ziklag zurückgezogen hatte.

In früheren Jahren hatte Saul alle Wahrsager im Land ausgerottet. Doch nach dem Tod des Propheten Samuel vermisste er den gewohnten Ratgeber. Inkognito suchte er deshalb vor seiner letzten Schlacht eine Totenbeschwörerin in Endor auf und befahl ihr, Samuel aus der Unterwelt heraufzuholen; die Frau erkannte sofort ihren Herrn und König und fürchtete um ihr Leben. In dieser Séance wurde ihm die Ahnung des eigenen Untergangs bestätigt (1 Sam 28,19).

Saul verkörpert jenen verbreiteten Typ Mann, der seinen Gefühlen hilflos ausgeliefert ist. So ließ er sich etwa von den Propheten zur Verzückung hinreißen und lag einen Tag lang nackt auf dem Erdboden des Prophetenhauses zu Rama (1 Sam 10,10ff. und 1 Sam 19,23f.). Wie erwähnt, veranlasste ihn die Furcht vor seinen Landsleuten, der Weisung des Propheten zuwiderzuhandeln. Außerdem machte ihm Schwermut zu schaffen, und auch ein Hang zum Jähzorn schränkte seine Souveränität als König ein. In demselben Maß, wie er den Hirtenjungen David geliebt und bewundert hatte, begann er ihn zu hassen und zu fürchten. Seinem Sohn Jonathan machte er Vorhaltungen, er sei „zuchtvergessen", weil er mit ganzer Seele an David hing (1 Sam 18,1 und 20,30). Die Ohnmacht und Ambivalenz, die Saul in seinem Verhalten zeigte, waren letzlich durch seine Zweifel an der eigenen Erwählung bedingt; es fehlten ihm die innere Festigkeit und der Glaubensmut, und damit auch die Ausstrahlung eines Mannes, dem andere vertrauen konnten.

Sein Konterpart stand Saul an Tapferkeit in keiner Weise nach, wie sein Sieg über den Riesen Goliath (vgl. Bild 6) und das Lied der Frauen Israels bezeugen (1 Sam 18,7): „Saul hat Tausend erschlagen, David Zehntausend!" Mit seinem Mannesmut verband der ehemalige Hirtenjunge indes eine Fülle weiterer Tugenden und Talente. Zu den hervorstechendsten Eigenschaften des als „blonden Jünglings mit schönen Augen und ansehnlicher Gestalt" (1 Sam 16,12) Beschriebenen gehörten Wortgewandtheit, Scharfsinn und eine Keckheit, die seine älteren Brüder als Wichtigtuerei empfanden (1 Sam 17,28 ff.), die aber zusammen mit seiner genuinen Bescheidenheit den Königssohn sofort für ihn einnahmen (1 Sam 18,3 f.).

Als Jonathan beispielsweise bei einem Mahl, dem David fernblieb, seines Vaters Gesinnung gegen David prüfte (1 Sam 20,5 ff.), so war das natürlich Davids schlaue Idee. Wie bereits erwähnt, trat David mutig und klug den Gegenbeweis zu Sauls Anschuldigung an, er trachte seinem König nach dem Leben (vgl. 1 Sam 22,13 mit 1 Sam 24 und 26). Auf der Flucht vor Saul kam er nach Gath zum Philisterkönig Achisch. Weil er um sein Leben bangte, stellte er sich wahnsinnig (1 Sam 21,12–15 nach der Vulgata, moderne Bibel 13–16): Er kritzelte auf die Torflügel und ließ Geifer in seinen Bart rinnen, woraufhin Achisch seine Diener schalt: „Ihr seht doch, der Mann ist verrückt. Warum bringt ihr ihn zu mir, habe ich etwa nicht genug Verrückte?" Ähnlich hatte Odysseus in einer weniger bedrohlichen Situation gehandelt, als er sich vor der Teilnahme am Feldzug gegen Troia, ursprünglich seine Idee, drücken wollte, aber von Palamedes gezwungen wurde, seine Verstellung aufzugeben.[142]

Wie einleitend berichtet, war David während der anderthalb Jahre in Ziklag gerissen genug, zwischen den Philistern und den Judäern zu lavieren; er gewann die Gunst seiner Landsleute im Süden, obgleich König Achisch ihn für einen Feind Israels und seinen getreuen Verbündeten hielt (1 Sam 27). In der Begegnung mit Abigajil handelte David flexibel und ließ Gnade vor Recht ergehen, wenngleich er sich Rache vorgenommen hatte. Denn Nabal, der begüterte Ehemann Abigajils, hatte bei der Schafschur die Leute Davids mit leeren Händen weggeschickt, obwohl sie seine Hirten beschützt und sich dafür ein Schutzgeld verdient hatten. Anstatt sich zu rächen, nahm David Abigajils Geschenke an und pries ihre Klugheit, die ihn vor einer Blutschuld bewahrt habe (1 Sam 25,32 f.). Wenig später starb

---

[142] ODYSSEUS spannte einen Ochsen und ein Pferd vor seinen Pflug und säte Salz in die Furchen. PALAMEDES legte das Kleinkind Telemach in die Ackerfurche vor den Pflug und zwang so dessen Vater, seine Verstellung aufzugeben. Um sich für diese Entlarvung zu rächen, vergrub Odysseus später (angeblich von König Priamos stammendes) Gold in Palamedes' Zelt. Der unschuldige Palamedes wurde als Hochverräter gesteinigt.

Nabal an der Versteinerung seines Herzens, und Abigajil wurde Davids dritte Ehefrau.[143]

Im Hinblick auf seine Verstandesschärfe kann es der biblische David mit dem listenreichen Bewohner Ithakas fraglos aufnehmen. Wer freilich der langen Liste seiner moralisch wenig rühmlichen, aber raffinierten Taten in Homers *Ilias* sowie Ovids Kritik in seinen *Metamorphosen* (Buch 13) gedenkt, für den tritt David als zugleich mutiger und skrupulöser Mann charakterlich in Gegensatz zu Odysseus.

Für Davids gleichzeitige Unerschrockenheit und Skrupulosität ist die Episode mit Ahimelech in der Stadt Nob aufschlussreich: Auf seiner Flucht vor Saul benötigte David Proviant und eine Waffe. So täuschte er in Nob eine geheime Mission für den König vor und nahm vom Priester Ahimelech die heiligen Brote und das im Tempel als Trophäe aufbewahrte Schwert Goliaths an sich, da der Priester weder über eine andere Waffe noch über gewöhnliches Brot verfügte. Davids Vorgehensweise war kühn und beinahe ein Sakrileg, aber nicht skrupellos. Denn David nahm Rücksicht auf Ahimelech und sagte ihm nichts von seiner Flucht im Wissen darum, dass Saul ihn sonst der Konspiration bezichtigen würde. Saul scherte sich allerdings keinen Deut um den Unterschied, ob einer wissentlich oder unwissentlich gegen königliche Interessen verstieß, und ließ alle fünfundachtzig Priester der Stadt Nob hinrichten. Als ein letzter Überlebender zu David flüchtete, empfand David Schuldgefühle. Im Tempel von Nob hatte er beim Anblick des Edomiters Doëg nämlich bereits geahnt, dass dieser Oberhirte Sauls den hilfsbereiten Ahimelech verraten werde (1 Sam 22,22). Obwohl sich David das eigene Verhalten nicht vorzuwerfen brauchte, empfand er Skrupel, weil er überhaupt in Nob Unterstützung geholt und seine Vorahnung wegen Doëg nicht näher bedacht hatte.

Schon damals, als der junge David seine Brüder in Sauls Heerlager besuchte und sich zu ihrem Missfallen wiederholt und genau nach Goliaths Worten und Sauls Prämie erkundigt hatte, fiel die Gewissen-

---

[143] Nach Michal in 1 Sam 18,27 und Ahinoam in 1 Sam 25,43f., aber vor Salomos Mutter Bathseba in 2 Sam 11.

haftigkeit auf, mit der er zwischen Meinung und Wissen unterschied (1 Sam 17,23–30). Dagegen fällte König Saul seine Entscheidungen gewöhnlich aus dem Bauch heraus und verließ sich auf Hörensagen: In typischer Tyrannenwillkür gab er seine mit David verlobte Tochter Merab einem anderen (1 Sam 18,19). Statt sich mit David persönlich auseinanderzusetzen, ließ er den zukünftigen Schwiegersohn ausspionieren (1 Sam 18,22 ff.). Jonathans vernünftige Fürsprache für David kam gegen seines Vaters Impulse nur kurzfristig an (1 Sam 19). David fragte Saul, weshalb er das Gerede der Leute beachte (1 Sam 24,10).

Ausgeprägt waren bei David auch sein Gottvertrauen und seine Gottesfurcht. Ersteres war vielleicht ein Erbe aus der Zeit, in der er als Jugendlicher ganz allein die Herden seines Vaters hütete, während seine älteren Brüder in Sauls Heer dienten. Als er, wie berichtet, das ausgeraubte Ziklag erreichte, drohten ihn die Angehörigen der Verschleppten zu steinigen. Da heißt es (1 Sam 30,6): „Aber David fühlte, dass der Herr, sein Gott, ihm Kraft gab." Es musste David als Führer eine natürliche Autorität verleihen, wenn er in Situationen akuter Gefährdung Geistesgegenwart und ein unerschütterliches Vertrauen zu sich selbst und seinem Gott ausstrahlte. Zu Saul sprach der Jüngling David einst (1 Sam 17,36):

> Den Löwen wie den Bären erschlug dein Knecht; und diesem unbeschnittenen Philister [sc. dem Riesen Goliath] soll es ebenso ergehen, weil er die Schlachtreihen des lebendigen Gottes höhnte.

Zwei Mal bot sich David die Gelegenheit, seinen Verfolger Saul zu töten, er aber erklärte (1 Sam 24,7.11b und 1 Sam 26,9 ff.):

> Da sei Gott vor, dass ich Hand an den Gesalbten des Herrn legen sollte!

Dieselbe Ehr- und Gottesfurcht zeigte er auch in der Szene mit Abigajil (1 Sam 25,32 ff.):

> Gelobt sei der Herr, der Gott Israels, der dich mir heute entgegensandte! […] Aber so wahr der Herr lebt, der Gott Israels, der mich davon abhielt, dir ein Leid zu tun […].

Im Alten Testament treten die Gottesfurcht und das Gottvertrauen im Verbund miteinander auf, es handelt sich sowohl um eine moralische als auch um eine religiöse Qualifikation. Dieser Umstand erklärt auch Davids – uns heute befremdlich anmutende – Strenge gegen den Todesboten, dem nach 2 Sam 1,14 die Gottesfurcht oder heilige Scheu vor dem Gesalbten Gottes fehlte, was Abaelard als Hybris gegen die eigene Seele deutet.[144]

Nicht nur in seiner Skrupulosität und Religiosität, sondern auch in seiner musischen Begabung äußerte sich Davids Innerlichkeit. In der mittelalterlichen Tradition galt er als der Verfasser des Psalters, der nach der Regel Benedikts in den Klöstern unterschiedlichster Ausrichtung wenigstens jede Woche einmal in seinem vollen Umfang durchgenommen wurde. In diesen ursprünglich gesungenen hundertfünfzig Gebeten klingt die ganze Skala menschlicher Grundstimmungen an. Deren Mehrzahl ist auch in der modernen Bibel mit dem Namen Davids überschrieben, vgl. Ps 3–9; 11–41; 51–65 etc. Das im Mittelalter vorherrschende Bild des betenden David, der in Begleitung eines Saiteninstruments, einer Leier oder Harfe, sein Herz vor Gott ausschüttet, findet einen biblischen Rückhalt: Nach dem Überlieferungsstrang in 1 Sam 16,14–23 wurde der jugendliche David nämlich als feinsinniger Musiker von den Herden seines Vaters weg an Sauls Hof geholt, um den von Schwermut befallenen König mit seinem Zitherspiel aufzuheitern.

B.

Fraglos konnte Abaelard in dem intellektuell und musisch hoch begabten David eigene Talente wiedererkennen. Aber fallen nicht noch spezifischere Eigenschaften und Lebensumstände auf, welche Abaelard zur Identifikation mit dieser biblischen Idealgestalt einluden?

Zunächst geht es um zwei charakterliche Parallelen, nämlich um die für David bereits aufgewiesene Gewissenhaftigkeit und das

---

[144] Vgl. S. 134, V. 97–100: Der Bote sei „gefühllos" (*durissimus*) und „habe Hochmut gegen die eigene Seele gesprochen" (*in suam animam locutus superbiam*).

Streben beider nach persönlicher Autonomie. Abaelards Skrupulosität tritt in der Autobiographie und im Briefwechsel zutage, sie ist aber auch an seiner neuen theologischen Methode und an seiner Ethik ablesbar.

Um mit dem Biographischen zu beginnen: Seinen Disput mit den Mitmönchen in Saint-Denis über den eigenen Klosterpatron (S. 18 f.) leitet er in der *Historia Calamitatum* mit der Feststellung ein:

> In St. Denis waren fast alle von früher her meine Feinde; bei ihrem schändlichen Leben und zügellosen Tun konnten sie mich nur mit schwerem Misstrauen als einen unerträglichen Mahner betrachten.[145]

Wie aus einem Brief Bernhards von Clairvaux hervorgeht, in welchem er Abt Suger zu seinen grundlegenden Reformen in Saint-Denis beglückwünscht, aber vor allem die ehemaligen Zustände im Kloster unter Abt Adam geißelt[146], verdienten die Regelwidrigkeiten in Saint-Denis durchaus Abaelards moralische Entrüstung.

In *Brief 2* attestiert ihm Heloisa, die Ereignisse der Vergangenheit in der *Historia Calamitatum* nicht nur anrührend, sondern auch mit Sorgfalt und detailgetreu und somit skrupulös geschildert zu haben.[147]

Ferner findet sich ein interessanter Hinweis im Kontext des von Heloisa angeführten Analogieschlusses der Philosophin Aspasia, den Cicero nach Aeschines überliefert. Durch Aspasias Argumentation sieht sich Heloisa in *Brief 2* veranlasst, ihre Überzeugung zu gestehen, wonach sie in Abaelard „den besten Mann" liebe. Die Suche nach Kriterien dafür, was sie an Abaelard mehr als an anderen liebte, ist im Licht dessen, dass Heloisa stets festhielt, nichts an und von ihm zu suchen außer ihm selbst (S. 38), natürlich einigermaßen paradox. Gleichwohl bleibt sie uns eine einschlägige Erklärung nicht schuldig: Sie erinnert an Abaelards die Frauen hinreißende Dichter- und

---

[145] Zitiert ed. BROST S. 45, vgl. ed. MONFRIN S. 89 Z. 936–940, ed. KRAUTZ S. 35 und ed. RADICE S. 85.

[146] *Epist. 78*, in: *S. Bernardi Opera* VII, ed. J. LECLERCQ und H. ROCHAIS, Rom 1974, S. 201–210, besonders S. 203 f.: Bernhard gab dem Kloster Saint-Denis unter Abt Adam den Titel einer „Synagoge des Teufels".

[147] Ed. MUCKLE S. 68: *quanto diligentius singula expresserunt*, vgl. ed. BROST S. 76, ed. KRAUTZ S. 61 und ed. RADICE S. 110.

Sängergabe und bekundet ihre Gewissheit: „Ich wüsste auch wirklich keinen Schmuck des Geistes wie des Leibes, in dem Deine Jugend nicht prangte."[148]

Eine noch profundere Erklärung für Heloisas Liebe zu Abaelard findet sich zwischen den Zeilen der *Historia Calamitatum*, wenn Abaelard die Reaktion der beiden Liebenden schildert, nachdem ihre Affäre aufflog: In diesem Augenblick habe jeder nur schwer unter dem Unglück des anderen gelitten und dieses beklagt. Von Heloisa heißt es da: „Welch brennende Qualen durchlitt sie ob meiner Gewissensnöte!"[149] Ich glaube, dass im Grunde diese – der Ehr- und Gottesfurcht Davids verwandte – moralische Leidensfähigkeit (*verecundia*) für Heloisa die kostbarste Eigenschaft ihres Freundes war! Dieses Takt- und Zartgefühl war auch die Grundlage seiner dichterischen Einfühlungsgabe; ohne diesen Feinsinn wäre Abaelard nie der Liebling der Frauen geworden.

In den Kontext von Abaelards Gewissenhaftigkeit gehört auch sein neuer Zugang zur Theologie. Den Vorwürfen gegen seine spezifischen Lehrmeinungen lag ein prinzipielles Unverständnis seiner neuen wissenschaftlichen Methode zugrunde, das in zwei Fragen des Walter von Mortagne einen unpolemischen Ausdruck fand (vgl. S. 121):

---

[148] *Brief 2*, zitiert ed. BROST S. 83, vgl. ed. MUCKLE S. 71 f., ed. KRAUTZ S. 66 und ed. RADICE S. 115. Es gibt kein Porträt Abaelards von ikonographischischem Wert, sondern nur die bekannte Abbildung beider aus dem *Roman de la Rose*. Abaelards Widersacher GOSWIN VON ANCHIN hinterließ eine Beschreibung Abaelards: *Erat enim albus quidem et decorus aspectu, sed exilis corpulentiae et staturae non sublimis*. Danach muss er von blasser Hautfarbe, ansehnlich, schlank und von mittlerer Körpergröße gewesen sein. Eine Zeichnung aus dem 17. Jahrhundert stellt einen hageren, bärtigen und nicht sehr gesund aussehenden Mann mit feinen Gesichtszügen dar, die eher an einen Dichter als an einen Philosophen gemahnen. Vgl. in dem auf S. 14 in *Anm. 5* angeführten Sammelband von 2003 das Frontispiz, S. 26, 271 und 401.

[149] *H. C.*, ed. MONFRIN S. 74 Z. 382 f., übersetzt U.N.: *quantos meroris ipsa de verecundia mea sustinuit estus!* Alle bisherigen Übersetzungen verwischen den Sinn von *verecundia*, indem sie diese mit der ‚Unehre vor anderen' identifizieren und die tiefergehenden Selbstansprüche Abaelards übersehen, vgl. ed. BROST S. 22 f., ed. KRAUTZ S. 17 und ed. RADICE S. 68 f.

– Kein Rechtgläubiger habe die Absicht, in Glaubensfragen statt der Wahrheit bloß seine eigene Meinung zu verkünden. Erhebe die *Theologia* nicht just diesen Anspruch?

– Die Studenten Abaelards gingen in ihren Ruhmesreden so weit zu behaupten, dass ihr Meister die Mysterien der Trinität vollumfänglich zu erläutern verstehe. Walter möchte wissen, ob Abaelard tatsächlich glaubt, in der Erkenntnis Gottes bereits zur Vollendung gelangt zu sein.

Abaelards theologische Vorgehensweise erschien den herrschenden Theologen aus zwei Gründen fragwürdig, die scheinbar in Widerspruch zueinander stehen. Denn man verdächtigte ihn zugleich einer skeptischen (glaubensarmen) Unsicherheit und einer selbstherrlichen Kühnheit (im Denken).

Dem Vorwurf eines übertriebenen Selbstvertrauens muss gerechtigkeitshalber entgegengehalten werden, dass Abaelard nirgendwo in seiner Theologie beansprucht, die Gottesschau in diesem Leben vorwegzunehmen. Nicht nur in dem Glauben, den er lebte, sondern auch im Analogiedenken[150], vermittels dessen er über Gott philosophiert und bezogen auf das Geschöpfliche Gleichnisse für das göttliche Geheimnis darlegt, reflektiert er den unendlichen Abstand, der ihn von seinem Schöpfer trennte.

Auf der anderen Seite stand seine unbestrittene Brillanz als Lehrer und Disputator, mit der er schwierige dogmatische Aussagen aufklärte. Gegen Irrlehrer, wie z. B. gegen Roscelin in seiner ersten Theologie, bedurfte er nicht wie die Traditionalisten der Machtsprüche. Streitbar focht er mit dem Rüstzeug der Logik und konnte es auf eine intellektuell redliche Widerlegung ankommen lassen. Hier wurzelten sein berechtigter Stolz und das Vertrauen in seine Methode. An einen Verächter der Dialektik schrieb er in *Brief 13*:

---

[150] In dem in *Anm.* 5 angeführten Sammelband von 2003, S. 23 Anm. 42 verglich ich Abaelards analogische Methode mit Kants symbolischer Erkenntnis. Vgl. auch meinen Beitrag „Philosophischer Scharfsinn in der theologischen Kritik", ebenda S. 235–265, besonders S. 239–243.

Auch die Kirchenlehrer ermahnen uns, dasjenige, was wir nicht verstehen, nicht allein im Gebet von Gott zu erbitten, sondern es vielmehr durch Disputieren zu erforschen.[151]

Solange die Theologie sich damit begnügte, ihre Probleme durch Herbeischaffung zugehöriger Texte aus Bibel, Kirchenvätern und Konzilsbeschlüssen zu lösen, brauchte kein Glaubender daran zu zweifeln, dass die Wahrheit als solche zur Darstellung gelangte. Sobald sich die Theologen jedoch der Aufgabe annahmen, in persönlicher Verantwortung und freier Initiative die nicht selten dunklen, obsolet erscheinenden und manchmal direkt widersprüchlichen Formulierungen der Tradition aufzuhellen, bricht der Graben zwischen Auslegung und Wahrheit auf. Nicht länger ist es „die Wahrheit selbst", die dargelegt wird, sondern ihre Aneignung durch einzelne Theologen einer bestimmten Schulrichtung.

Im Fazit war es die Gewissenhaftigkeit seines klaren hermeneutischen Bewusstseins und die Einsicht in dessen Grenzen, nicht persönliche Unsicherheit oder Kleinmut im Glauben, was Abaelard zur vorsichtigeren Formulierung seines theologischen Wahrheitsanspruches veranlasste. Nicht anders als David, der sich, wie berichtet, wiederholt und genau nach den Worten von Goliath und Saul erkundigte, weil er gewissenhaft zwischen Hörensagen und Wissen unterschied, erging es Abaelard, dem ehemaligen Logiker, in seinem Ringen mit den überlieferten Lehrmeinungen christlicher Theologie. Die Probleme des Glaubens trieben ihn existentiell um, aber er war nicht bereit, dafür seinen Intellekt zu opfern; vielmehr versuchte er, den Glaubenswahrheiten mit vernünftigen Begründungen und menschlichen Analogien beizukommen. Neu war an Abaelards Theologie vor allem das bisher unerreichte Methodenbewusstsein. Darüber hinaus war seine letzte Theologie, die *Theologia Scholarium*, bereits als eine ‚Summe des Glaubens bzw. christlicher Bildung' (*aliqua sacrae eruditionis summa*)[152] kon-

---

[151] Vgl. PETER ABAELARD: *Letters IX–XIV*, ed. E. R. SMITS, Dissertation Groningen 1983, S. 274 Z. 84–87, übersetzt U.N.
[152] „Sozusagen eine Summe christlicher Bildung". Zu ihrem Inhalt schreibt Abaelard: *Tria sunt, ut arbitror, in quibus humanae salutis summa consistit,*

zipiert, wie sie dann die Scholastiker des 13. Jahrhunderts entwickeln sollten.

In seiner Ethik mit dem Titel: „Erkenne dich selbst" rückte er die formale Gewissenhaftigkeit des Handelnden ins Zentrum, wenn er die Intention und die Zustimmung, die einer verantworteten Handlung vorausgehen, zum Kriterium moralischen Verhaltens machte (S. 26).

Die zweite charakterliche Parallele zwischen David und Abaelard ist ihr Streben nach persönlicher Autonomie; im Hinblick auf den Willen, sich eigene Regeln vorzugeben und sich selber über das rechte Handeln zu vergewissern, erscheint dieses Autonomiestreben wie eine weitere Facette ihrer Gewissenhaftigkeit. Sie zeitigte namentlich im Lebensentwurf Abaelards weitreichende, ja epochale Folgen.

In der Geschichte seiner Verschwägerung mit Saul kann Davids Streben nach persönlicher Unabhängigkeit nicht übersehen werden: Eigentlich hätte David die Hand der Königstochter bereits mit seinem Sieg über Goliath zugestanden (1 Sam 17,25). Doch Saul bot ihm die Ehe mit seiner ältesten Tochter Merab erst als Belohnung für zukünftige kriegerische Großtaten an und verfolgte dabei den Hintergedanken, dass sein Rivale um das Königtum im Kampf gegen die Philister umkäme (1 Sam 18,17.21.25). David wich bescheiden vor dieser Ehe zurück, so dass ein anderer Merab bekam. Erst als David merkte, dass die jüngere Tochter Sauls, Michal, ihn aufrichtig liebte, erbrachte er den doppelten ‚Brautpreis' und legte Saul die Vorhäute von zweihundert erschlagenen Philistern zu Füssen. Saul musste David jetzt als Schwiegersohn akzeptieren, aber er fürchtete sich unterdessen noch mehr vor ihm. Deshalb schließt ihre Verschwägerungsgeschichte mit der paradoxen Feststellung (1 Sam 18,29): „Und so wurde Saul für alle Zeit der Feind Davids."

---

fides videlicet, charitas et sacramentum: „Dreierlei ist es, worin im Kern, wie ich meine, das menschliche Heil gründet: Glauben, Liebe und Sakrament", vgl. TSch I,1, ed. ELIGIUS BUYTAERT und CONSTANT MEWS, in: CCCM XIII, Turnhout 1987, S. 318, übersetzt U.N. Vgl. den in *Anm.* 5 angeführten Sammelband von 2003, S. 244f. und 404: Faksimile der ‚Urfassung' des Prologs.

Wie der biblische David war Abaelard von Jugend an ein ‚Mehrleister'. Am Anfang gewann der lernbegierige und rasch auffassende Jüngling die Zuneigung und Anerkennung seiner Lehrer, aber bald fühlten sie sich durch den Dämon seiner bohrenden Fragen in die Enge getrieben und kritisiert; das war bei seinen Jugendlehrern in Logik und Literatur (Rhetorik), Roscelin von Compiègne und Wilhelm von Champeaux, nicht anders als beim Altmeister der Theologie, Anselm von Laon.

David befreite sich aus der Abhängigkeit seines Königs und künftigen Schwiegervaters, indem er in eigener Regie die doppelte Leistung erbrachte. In seiner eigenen Domäne der Gelehrsamkeit taugte Abaelard ebenfalls nicht dazu, sich um die Gunst von jemandem zu bewerben beziehungsweise einer Lehrautorität zu ‚hofieren'; das wäre ihm als Verrat am Geist der Wissenschaft erschienen. Als er inne wurde, dass seine Lehrer mit ihrem Wissen einen Macht- und Herrschaftsanspruch verbanden, indem Wilhelm ihm seine oppositionellen Thesen in der Universalienfrage übel nahm und Anselm ihm die Abhaltung eigener exegetischer Vorlesungen untersagte, wandte er sich enttäuscht von ihnen ab. Sie waren außerstande, dem Nichtwissen sokratisch standzuhalten und sich von diesem zu neuen Fragestellungen anspornen zu lassen. Abaelard handelte nicht aus Arroganz oder persönlichem Ressentiment, wenn er die durch sie vorgegebenen Horizonte und „Heeresstraßen" (Kant) verließ. Persönlich hatte er gar keine andere Option, weil ihn die Strittigkeit der Sache vorwärts trieb.

Anders als Abaelards Expertentum auf dem Gebiet der Logik nahm sein Streben nach persönlicher Unabhängigkeit eine geradezu epochale Bedeutung an, weil es die Geburt des modernen Intellektuellen einleitete: In dem Streit über den Klosterpatron von Saint-Denis (S. 18 f.) suchte Abaelard eine sachlich überzeugende und unparteiliche Lösung zwischen den konfligierenden Berichten Bedas und Hilduins und zeigte wenig Verständnis für das Geschrei seiner nationalistisch und royalistisch gesinnten Mitmönche, die noch ganz den Denkmustern einer feudal strukturierten Gesellschaft verhaftet waren. Als selbständig Denkender brachte Abaelard ein besonders scharfes Auge für die Widersprüchlichkeit des Überlieferten, die

Zufälligkeit von Meinungen und das Schwanken von Interessenskoalitionen mit. Diese Scharfsicht verband sich bei ihm mit der Unerschrockenheit von einem, der aus seinem persönlichen Nachdenken einen Beruf gemacht hatte, mit der bisher noch unbekannten ‚Freiheit des Intellektuellen'.

Allerdings bedurfte ein freischaffender Intellektueller im zwölften Jahrhundert auch eines gewissen institutionellen Rückhalts. So hatte etwa der königliche Seneschall Stephan von Garlande schützend seine Hand über Abaelards Aufstieg in Paris gehalten. Aber seine Macht reichte nicht bis nach Laon, als Anselm dort Abaelards exegetische Vorlesungen verbot. Ferner war es dem Einfluss Gottfrieds, des Bischofs von Chartres, zu verdanken, wenn Abaelard nach seiner Verurteilung in Soissons nur für kurze Zeit im Kloster von Saint-Médard eingekerkert war, wo ihm sein ehemaliger Widersacher Goswin als Prior zusetzte.[153]

Stephan von Garlande half Abaelard auch später, als er sich wegen des Zwists über den Klosterpatron von Saint-Denis bei Nacht und Nebel einer neuen Verurteilung entzog und sein Abt mit der Exkommunikation drohte, falls er nicht in sein angestammtes Kloster zurückkehrte (zum Gelübde eines Benediktiners gehört die *stabilitas loci*, die Ortsgebundenheit). Abt Adam verhielt sich unnachgiebig, starb aber kurz darauf. Stephan von Garlande intervenierte zu Gunsten Abaelards bei Adams Nachfolger Suger. In Gegenwart des Königs und seiner Räte wurde feierlich ein Vertrag aufgesetzt, wonach Abaelard sich zwar in eine Einsiedelei, aber, um Saint-Denis nicht zu desavouieren, in kein anderes Kloster begeben durfte.[154] In dem bereits zitierten Brief an Abt Suger[155] intrigierte Bernhard von Clairvaux gegen den königlichen Seneschall Stephan von Garlande und wünschte den Beschützer Abaelards ausdrücklich aus dem Zentrum der Macht entfernt.

---

[153] Vgl. zu GOSWIN VON ANCHIN den auf S. 18 in *Anm. 14* angeführten Artikel von WERNER ROBL.
[154] *H.C.*, ed. MONFRIN S. 91 f. Z. 996–1037, ed. BROST S. 47 f., ed. KRAUTZ S. 37 f. und ed. RADICE S. 87 f.
[155] Vgl. S. 143 die *Anm. 146*.

Als sich Abaelard schließlich in eine einsame Gegend zurückzog, schenkte ihm ein gewisser Graf Theobald nahe bei Quincey ein Stück Land (S. 19), wo er mit Genehmigung des zuständigen Bischofs den Grundstein für sein ursprünglich der heiligen Trinität geweihtes Bethaus legen konnte, aus dem sich seine ‚Privatakademie' und später das Frauenkloster Paraklet entwickelte.

Offensichtlich besaß Abaelard auch das Talent, mächtige und begüterte Persönlichkeiten für seine Sache einzuspannen. Wie die Forschung nachwies, war er über die damaligen Machtverhältnisse und die zirkulierenden Ketzergerüchte hervorragend informiert. Da man zu seiner Zeit Übertretungen nicht zimperlich ahndete, vgl. S. 18 die *Anm. 14*, sollte es nicht verwundern, wenn er seismographisch auf seine Umwelt reagierte. Anders als sein Vater, der Ritter Berengar – vgl. S. 14: „beeinträchtigt durch sein Alter und verbraucht im Dienst für seine Herren" – konnte sich Abaelard weitgehend aus feudalen Abhängigkeitsverhältnissen lösen und sich in seinem Beruf als Gelehrter eine Emanzipationsgrundlage verschaffen. Die institutionelle Ungebundenheit dieser neuen Rolle hatte aber gleichfalls ihren Preis: Seine Misserfolge warfen ihn auf sich selbst und seine intellektuelle Mission zurück, während sich Bernhard von Clairvaux mitsamt seinem gigantischen Sendungsbewusstsein in der ‚heiligen Mutter Kirche' geborgen fühlen konnte. Auch die großen Intellektuellen und Ordensleute des 13. Jahrhunderts wie Thomas von Aquin und Bonaventura hatten noch teil an einer fest gefügten Gruppenidentität; verglichen mit ihnen wirkt Abaelard wie ein auf sich selbst gestellter moderner Intellektueller.

C.

David und Abaelard glichen sich darin, dass sie asymmetrischen und ihre persönliche Entfaltung einschränkenden Beziehungen auswichen. Umgekehrt machte sie dieser Feinsinn für das Geschenk wahrer Freundschaft empfänglich.

‚Freundschaft' begreife ich als das Ideal einer Beziehung, die bei Wahrung von Gleichheit und Freiheit eine aufrichtige und offenherzige Beziehung anstrebt. Sie ist eine Form fürsorglicher Liebe, die geeignet ist, die Schranken von Geschlecht, Berufszugehörigkeit und gesellschaftlicher Stellung zu überwinden. Gewöhnlich verwirklicht sie sich zwischen zwei getrennt gelebten Leben. Der hohe Wert echter Freundschaft, die das Selbst des anderen mitbegründet, macht ihren Verlust zu einer bitteren Erfahrung: Anders als eine Liebesbeziehung lässt sich eine Freundschaft nicht durch eine andere ersetzen, und niemand wird einen Freund, eher wohl einen Geliebten um eines anderen willen aufgeben. Dazu passt Ernst Blochs prophetisches Wort, wonach Freundschaft das wichtigste Stück einer auf Dauer angelegten Liebe sei und mehr Ehen am Mangel an Freundschaft statt am Mangel an Liebe zerbrechen.[156]

Folgende Eigenschaften gehören für mich zum Wesen von Freundschaft: ihre Freiwilligkeit; das Interesse an der Freiheit in der Beziehung; das verglichen mit einer Liebesbeziehung vermehrte Einbringen der Individualität der Partner; die unverbrüchliche (seelische) Treue und überhaupt ihr ausgeprägt seelischer Charakter. Der letzte Punkt ist erklärungsbedürftig: Eine Liebesbeziehung stellt das gemeinschaftlich bewältigte Leben in den Mittelpunkt und mag über eine längere Zeit harmonisch sein, wenn die Partner sich um des Gemeinsamen willen glücklich ergänzen. Freundschaft hat ihren Ort nicht in einer derartigen existentiellen Übereinkunft. Sie geht primär von der Dualität aus und macht von daher Ansprüche auf Auseinandersetzung und ‚Seelenarbeit' geltend; Freunde loten gegenseitig ihre Grenzen aus und vertiefen in der wechselseitigen Spiegelung auch ihre Selbsterkenntnis. Vielleicht werden wir vornehmlich durch die Beziehung zu den Geschwistern, unseren potentiell langlebigsten Beziehungen, auf Freundschaften vorbereitet. Ganz im Sinne von Ernst Bloch meine ich, dass jede tragfähige Ehe nicht darum herumkommt, Elemente von Freundschaft zu entwickeln.

Nach diesen Vorbemerkungen komme ich zur Beziehung zwischen David und Jonathan. In der Bibel heißt es von ihrer Freundschaft, dass einer den anderen „wie seine Seele bzw. wie sein eigenes Leben

---

[156] ERNST BLOCH: *Das Prinzip Hoffnung*, Frankfurt 1959, Gesamtausgabe Bd. 5 (Teil 5, Kap. 47), S. 1130.

liebte". Jonathans Seele sei derjenigen Davids eng verbunden gewesen (1 Sam 18,1). In 2 Sam 1,26 klagte er:

> Weh ist mir um dich, mein Bruder Jonathan,
> Vortrefflicher und der Liebe wert,
> einer Liebe über der zu Frauen;
> [wie eine Mutter ihren einzigen Sohn liebt,
> so liebe ich dich ohne Ende.]

Die letzten beiden Verse finden sich nur in der lateinischen Bibel, der Vulgata. Sie sind wohl ein erläuternder Zusatz ihres Übersetzers Hieronymus, der neben der Geschwisterlichkeit in der Anrede die Fürsorglichkeit dieser Art von Liebe hervorhebt. Er setzt sie in eine Analogie zur besonderen Liebe einer Mutter für ihren einzigen Sohn. Dies befreit sie von der Anrüchigkeit, die in Sauls Kritik an seinem Sohn als einem ‚Zuchtvergessenen' mitschwang. Hieronymus dürfte dabei an den ‚Lieblingsjünger', den jungen Johannes, gedacht haben, den Jesus vor seinem Sterben ausdrücklich seiner Mutter Maria anvertraute (vgl. Joh 19,26f.); durch Jesu Geste bekamen beide aneinander Ersatz für die Liebe von und zu ihm.

Aus Davids Leben ist bekannt, dass er vier Mal heiratete (Michal, Ahinoam, Abigajil und Bathseba) und seine Frauen mit Respekt behandelte. Die unrühmliche Geschichte mit Bathseba (2 Sam 11), deren Mann Urija David gezielt an der Front umkommen ließ, nachdem er sich aus der Distanz in die badende Bathseba verliebt hatte, zeigt, dass die Liebe zum anderen Geschlecht den vorbildlichen König David um alle Gottesfurcht bringen und sich geradezu dämonisch auswirken konnte. In seinem Gedicht für Astralabius deutete Abaelard eine wesensverwandte Empfindung an, wenn es vom Einfluss ‚der Frau' auf den Mann warnt, die flinker und stärker als jeder Raubvogel männliche Seelen an sich reiße (S. 109).

Nach der zitierten biblischen Klage gab David der Freundesliebe den Vorzug vor seiner Liebe zu den Frauen. In seiner Beziehung zu Jonathan gab es bei aller Treue mehr Freiheit und bei aller Freiheit zugleich die unbedingte Treue, nämlich die Treue bis in den Tod. Sie war von ähnlicher Art wie die Beziehung zwischen den beiden Pythagoräern Phintias und Damon; letzterer bürgte mit seinem

Leben, bis sein zum Tode verurteilter Freund Phintias von seiner Verpflichtung zurückkehrte. Um Haaresbreite wäre statt ihm sein Freund und Bürge hingerichtet worden. Aber zuletzt ließ der Tyrann Dionysios, beeindruckt von ihrer Freundestreue, beide am Leben. Nach einer Version der Geschichte bat er sogar darum, in ihren Freundschaftsbund aufgenommen zu werden. Friedrich Schiller legte die bei Cicero, Hieronymus und in den *Gesta Romanorum* überlieferte Geschichte des klassischen Freundschaftsbeweises seiner Ballade *Die Bürgschaft* zugrunde.[157]

Auch Jonathan riskierte sein Leben für David: Er trat für den von Saul gejagten Freund ein, verhalf ihm mehrmals zur Flucht (1 Sam 19f.) und suchte ihn in Horescha im Steppenland Sif auf, um ihn in seiner göttlichen Berufung als kommenden König über Israel zu stärken (1 Sam 23,16ff.); das kam einem Hochverrat gegenüber seinem unberechenbaren Vater Saul gleich.

Für die wesenhaft zu einer Freundschaft gehörende Freiwilligkeit und Freiheit scheint es mir bezeichnend, wie David und Jonathan wiederholt ihren Bund erneuerten (1 Sam 18,3; 20,16f.; 23,18). David hielt Jonathan den auch für die Nachkommen geltenden Eid, wenn er später Jonathans invaliden Sohn Merib-Baal in seinen Haushalt aufnahm und ihm nebst vielen Bediensteten auch die Güter seines Großvaters Saul zurückgab (2 Sam 9).

Was die Bibel lapidar ausdrückte, einer habe den anderen wie seine Seele bzw. das eigene Leben geliebt, führte Abaelard in seiner Elegie in sieben ergreifenden Strophen aus: Abaelards David klagt, dass er seines Lebens nicht mehr froh werde und lieber mit Jonathan gefallen wäre: Den Freund zu überleben, bedeute, beständig zu sterben, wie denn eine halbe Seele nicht zum Leben reiche. Ach wären sie doch auch im Tod verbunden worden!

Nach Übereinkunft der Editoren und Interpreten fasste Abaelard seine *Planctus* entweder zeitgleich zum Briefwechsel mit Heloisa (1132–1135) oder wenig später ab, vgl. S. 199. In ihrem ersten Brief (*Brief 2*) beschwerte sich Heloisa bitter über ihre jahrelange Ver-

---

[157] Vgl. ELISABETH FRENZEL: *Motive der Weltliteratur*, Stuttgart 1976, S. 196–201.

nachlässigung seit ihrem Klostereintritt um 1117. Weder durch persönlichen Rat noch durch Briefe habe er ihr seither beigestanden und habe ihr auch jeden Anteil an seinem Leben vorenthalten. Angesichts des von Abaelard in der *Historia Calamitatum* geschilderten Bedrohungsszenarios schreibt sie von ihrer beklemmenden Angst, dass er bald umkomme.

Davids Klage ließe sich demnach aus der Perspektive Heloisas deuten, die mehrfach klagt, mit ihrem Freund das eigene Selbst verloren zu haben. Indem sie Abaelard Leib und Seele opferte, sei sie in eine unerträgliche Lage geraten: Dem Augenschein nach zwar eine vorbildliche Nonne und Äbtissin, verzehre sie sich innerlich vor Sehnsucht nach ihrem Freund und könne bei Gott keinen Frieden finden. Vielmehr müsse sie Gott immerzu dafür anklagen, was er ihrem Liebsten angetan habe. Auch mit sich selbst lebe sie im Hader und müsse sich wegen ihrer frommen Fassade eine ‚Heuchlerin' schelten. Tatsächlich klagt sie wie David: „Eine halbe Seele ist zum Leben nicht genug!"

Umgekehrt hätte Abaelard, als er nach Empfang von Heloisas zweitem Brief ihren seelischen Aufruhr zu begreifen und sein Idealbild der Äbtissin des Paraklet endlich zu verabschieden begann, wie David Grund zur Selbstanklage gehabt. So wie David es versäumte bzw. daran gehindert wurde, seinem Freund Jonathan auf den Höhen Gilboas zur Seite zu stehen, so hatte es Abaelard unterlassen, Heloisa in ihrer Drangsal beizustehen, als sie – nach Isidors Freundschaftsdefinition in *Anm. 59* auf S. 42 – um ihres Seelenheils willen eines einfühlsamen Freundes bedurft hätte. Dort ging es um den Tod des Freundes, hier um den ‚geistlichen Tod' der Freundin.

Zum Thema Freundschaft fällt bei Abaelard erstens auf, dass seine Autobiographie zwar als ein Trostschreiben an einen Freund stilisiert ist, wir aber wenig Konkretes und nicht einmal den Namen dieses Adressaten erfahren. Er wird ein „aus theologischen Gesprächen sehr vertrauter Gefährte" genannt und leidet für seinen Dienst als Kleriker um Christi willen; er scheint Zeuge von Abaelards scholastischer „Belagerung von Paris" sowie seiner heftigen Debatten mit Wilhelm von Champeaux gewesen zu sein, kennt aber Abaelards spätere Lehrerfolge an der Domschule von Notre-Dame nur vom Hörensagen.[158] Der befreundete Prior der Klause bei Troyes, in der Abaelard zuerst unterkam[159], bleibt ebenso namen- und gestaltlos wie der befreundete Kleriker, mit dem er sich in der Anfangszeit seines eigenen Bethauses verborgen hielt.[160] Das Schweigen über seine Freunde ist unbestreitbar; es könnte damit zusammenhängen, dass der bei den Mächtigen verfemte Abaelard seine Freunde vor Verunglimpfung und Ärgerem schützen wollte.

Zweitens hebt der Aufbau der *Historia Calamitatum* mit ihren sieben Unglücksfällen die beiden auf Heloisa bezogenen Leiden hervor, indem sie je von einer langen Rede eingerahmt sind: Vor Kalamität 2, das ist die Kastration, steht nämlich Heloisas gelehrter Vortrag gegen eine Eheschließung. Und nach Kalamität 7, das sind neue Verleumdungen wegen Abaelards Dienst für die Nonnen von Paraklet, stehen seine Ausführungen über die Kooperation von Männern und Frauen um des Gottesreiches willen. Der literarischen Akzentuierung entspricht die biographische Relevanz: Die Kastration bedingte Abaelards Klostereintritt um 1117 und wurde somit entscheidend für den Gesamtentwurf seines Lebens, während die Betreuung der Nonnen von Paraklet nach 1129 die Wende und – in der Nachfolge des Hieronymus – den „großen Trost" für den Abt des verkommenen Klosters Saint-Gildas de Rhuys einleitete.

Im Fazit gedachte Abaelard, aus welchen Gründen auch immer, nie wirklich seiner Freunde, tat jedoch in seiner Autobiographie, durch die Prägung eines persönlichen Wappens, mit dem er seine Briefe versiegelte, und mit einer Grabinschrift alles, um die Bedeutung Heloisas für sein Leben und seine bleibende Verbundenheit mit ihr hervorzukehren (S. 43 f.). Unter der Hypothese, dass Freundschaft

---

[158] *H.C.*, ed. MONFRIN S. 63 Z. 1–7; S. 67 Z. 144–148; S. 70 Z. 245–251 und S. 107 f. Z. 1560–1590; ed. BROST S. 9, 13 f., 17 und 69 ff.; ed. KRAUTZ S. 5, 9, 13 und 56 f. sowie ed. RADICE S. 57, 60 ff., 65 und 104 f.

[159] *H.C.*, ed. MONFRIN S. 91 Z. 992–995: [...] *Trecensium monachorum, quorum prior antea mihi familiaris extiterat et valde dilexerat;qui valde in adventu meo gavisus, cum omni diligentia me procurabat.* Vgl. ed. BROST S. 47, ed. KRAUTZ S. 37 und ed. RADICE S. 87.

[160] *H.C.*, ed. MONFRIN S. 92 Z. 1042: *ubi cum quodam clerico nostro latitans*, vgl. ed. BROST S. 49, ed. KRAUTZ S. 39 und ed. RADICE S. 88.

für ihn einen ähnlich hohen Stellenwert wie für David besessen habe, ließe sie sich auf niemand anderen als auf Heloisa beziehen.

In seinem Gedicht für seinen Sohn Astralabius bekennt er:

> Der wahre Freund übertrifft alle Gaben Gottes,
> er ist allem Reichtum vorzuziehen.

Es gebe wohl viele Brüder [einschließlich der Klosterbrüder], aber unter ihnen nur selten einen Freund. Die Natur erschaffe die Brüder, die Gnade aber gewähre den Freund, wobei er die Gnade mit der Freiheit, die Natur mit einer Art Zwang konnotiert.[161]

Ein Indiz dafür, dass nach mehrfachem Rollenwechsel Heloisa nicht nur in seiner dichterischen Imagination zu ‚seinem Jonathan' wurde, findet sich zu Ende von *Brief 5*: So wie er ihr vor Zeiten als Herr gegolten habe, sei er jetzt ihr Knecht, allerdings wolle er ihr mehr in geistiger Liebe zugetan, als in Furcht und Zittern untertan sein.[162] Es ist diese mehr von Heloisa als von Abaelard antizipierte geistige Liebe, welche erst etliche Jahre nach dem Briefwechsel von Heloisa und Abaelard durch Aelreds Buch „Von der geistlichen Freundschaft" das zwölfte Jahrhundert zum goldenen Zeitalter der Freundschaft machen sollte.[163]

---

[161] Vgl. B. HAURÉAU: *Le poème adressé par Abélard à son fils Astralabe*, in: Notices et extraits de la Bibliothèque nationale, vol. 34/2, Paris 1895, S. 153–187, Zitat S. 160, übers. U.N.

[162] Ed. MUCKLE S. 93: *Et nunc* [...] *me habes servum quem olim agnoscebas dominum, magis tibi tamen amore nunc spirituali coniunctum quam timore subiectum*; ed. BROST S. 143, ed. KRAUTZ S. 113 und ed. RADICE S. 154.

[163] Vgl. BRIAN PATRICK MCGUIRE: *Friendship and Community*. The Monastic Experience 350–1250, Cistercian Series no. 95, Kalamazoo 1988, S. 231 ff. (Beziehung von Abaelard und Heloisa nicht erwähnt).

Nachwort

Die ältere Literatur erforschte Abaelards *Planctus* vornehmlich in metrischer und in musikologischer Hinsicht. Dergestalt wurden Abaelards Totenklagen für Fachleute in die Entwicklung mittelalterlicher Dichtung eingeordnet und als Vorstufe des *lai* charakterisiert; das ist eine erst im 13. und 14. Jahrhundert in Frankreich aufgekommene Art von Poesie, deren Vortrag gewöhnlich von einem Saiteninstrument begleitet war. Im Zusammenhang mit der Notation (das sind die in der vatikanischen Handschrift über den Wörtern überlieferten Notenzeichen, die sog. Neumen) ging man dabei gründlich auf ihre Sprachformen, ihre Strophen-, Vers- und Taktstruktur ein.

Nach dem neuesten Forschungsstand gelten die *Planctus* als Abaelards „most elaborate artistic productions".[164] Die vorliegende Edition interessiert sich ausschließlich für ihren dichterischen Gehalt, nicht ihre metrische Technik. Sie sucht dem Lobpreis Abaelards durch Heloisa auf die Spur zu kommen:

> Zwei Gaben waren Dir vor anderen verliehen, um aller Frauen Herzen im Augenblick zu gewinnen. Ein Dichter warst Du und ein Sänger, wie es noch keinem Weisen dieser Welt geschenkt war. [...] Wort und Ton zugleich schmeichelten sich ein, sie wurden viel gesungen und hielten Deinen Namen überall lebendig. [...] Der Zauber Deiner Lieder war es vor allem, der die Frauen nach Dir seufzen ließ [...].[165]

Dieses Buch soll Abaelards Poesie fühlbar machen, das Verständnis ihres Gehalts fördern und zeigen, welche Fülle an ethischen Überlegungen biblische Gestalten und Texte anstoßen. Wenn es mir gelingt, die aus dem 19. Jahrhundert stammenden Vorurteile gegen Abaelards

---

[164] Vgl. WINTHROP WETHERBEE: *Literary works*, in: The Cambridge Companion to Abelard, ed. JEFFREY E. BROWER and KEVIN GUILFOY, Cambridge 2004, S. 60.

[165] Zitiert *Brief 2*, ed. BROST S. 82f., vgl. ed. MUCKLE S. 71f., ed. KRAUTZ S. 66 und ed. RADICE S. 115. Zur Musik Abaelards vgl. S. 10 die *Anm. 1*.

Verskunst zu widerlegen, habe ich mein Ziel erreicht. Charles de Rémusat äußerte zu dem Gedicht, das Abaelard für seinen Sohn Astralabius verfasste, noch die pauschale Einschätzung, dass ihm zwar nicht die Eleganz, aber die Poesie fehle, so wie fast allen lateinischen Versen des Mittelalters[166]; ähnlich klang es beim Editor der *Planctus*, Wilhelm Meyer, vgl. S. 198.

Angesichts von Themen wie ‚Gender', ‚Ehrenmord' und ‚Selbstmordattentat' wird wohl niemand die Brisanz von Abaelards Dichtungen bestreiten. Was uns heute brennend aktuell scheint, musste Abaelards Mitmönche und vielleicht auch andere seiner Zeitgenossen aufwühlen. Der Inhalt der *Planctus* ist den Büchern Genesis, Richter und Samuel entnommen (vgl. S. 208) und somit allesamt Texten der Heiligen Schrift, die Benedikt zur abendlichen Lesung für nicht ‚klosterfrei' erachtete. In Kapitel 42 seiner Regel[167] rät er nämlich ausdrücklich von der Lesung des Heptateuch (das sind die ersten sieben Bücher der Bibel, sie reichen von Genesis bis Richter) und der Königsbücher[168] ab, vermutlich weil er befürchtete, das darin geschilderte pralle Menschenleben voller ‚sex and crime' könnte die Phantasie seiner Mönche in eine wenig wünschbare Richtung lenken.

Die biblischen Stoffe der sechs Klagelieder werfen auch ein interessantes Licht auf die Erforschung Abaelards. So ist nicht nur in Dinas Klage (I), sondern auch in den beiden berühmtesten *Planctus*, der Klage Israels über Jephtas Tochter (III) und der Klage Davids über Saul und Jonathan (VI), Abaelards Beziehung zu Heloisa das unterschwellige Thema. Zudem lässt sich anhand des biblischen Berichts über diese vielschichtige Person David als neue Identifikationsgestalt für Abaelard entdecken (in der Autobiographie identifizierte sich Abaelard mit dem Kirchenvater Hieronymus).

---

[166] Vgl. CHARLES DE RÉMUSAT: *Abélard*, Paris 1845, Bd. 1, S. 269 Anm. 2.
[167] Vgl. *Die Benediktsregel. Eine Anleitung zu christlichem Leben*, ed. GEORG HOLZHERR, Zürich 1980, S. 190 Z. 4.
[168] Die *Planctus* V und VI zugrunde liegenden Samuelbücher heißen in der VULGATA das erste und zweite Königsbuch (*I-II Regum*); die VULGATA zählt vier Königsbücher.

Meine Anliegen zu Abaelards Poesie und zu seinen biblischen Motiven schließe ich in Beantwortung zweier Fragen ab, eine mehr zur literarischen Gattung, die andere zum Inhalt:

I. Was fällt an Abaelards ‚Klagen' auf, wenn wir sie aus einer biblisch-klösterlichen Perspektive betrachten?
II. Haben Abaelards Klagelieder in mehreren *Planctus* vorkommende thematische Schwerpunkte?

I. Zur Besonderheit von Abaelards Klageliedern

Klagelieder sind heute keine verbreitete Ausdrucks- und Kunstform. Nach dem unglücklichen Ausgang von Abaelards Beziehung zu Heloisa, der definitiven Trennung der vormals in geheim gehaltener Ehe Verbundenen und der Kastration Abaelards, wurde er Benediktiner. Die auch für Klöster anderer Richtungen gültige Regel des heiligen Benedikt verlangt von den Mönchen und Nonnen, sich wöchentlich mit dem ganzen Psalter auseinanderzusetzen. Lob und Klage sind die Grundformen der 150 im Psalter versammelten Gebetslieder. Entweder schildern die Betenden vor Gott ihr Elend und bitten ihn, befreiend in ihr Leben einzugreifen und sie aus ihren Nöten zu erretten, vgl. die Psalmen 35, 39, 88 und 141. Oder sie drücken umgekehrt ihren Dank und ihre Zuversicht aus und preisen das Walten ihres getreuen Gottes in Schöpfung und Geschichte, vgl. die Psalmen 30, 81, 92, 103 ff. und 135.

Im Lob und in der Klage äußert sich das breite Spektrum menschlicher Befindlichkeit. Wenn Mönche und Nonnen in der Abgeschiedenheit ihrer asketischen Lebensgemeinschaft täglich in acht Stundengebeten Texte des Psalters rezitieren, durchleben sie geistig das weit gefächerte Arsenal menschenmöglicher Grundstimmungen: Angst, Verwirrtheit und Verzweiflung nicht weniger als Entschlossenheit, Tatendrang und Frohlocken über die Herrlichkeiten der Schöpfung und den von Gott zuteil gewordenen Beistand.

Beim Vergleich der Klagelieder Abaelards mit dem Grundcharakter der Psalmen, die ihm als Benediktiner vertraut sein mussten, lassen sich überraschende Beobachtungen machen: In ihrer reinsten Form begegnet uns die Klage im Lied des Erzvaters Jakob (II), dies ist das lyrischste der sechs *Planctus*. Die Klage über Jephtas Tochter ist hingegen ihrer ganzen Anlage nach so dramatisch, dass sie mehr an das vierte Buch von Vergils *Aeneis* erinnert als an biblische Texte. Die anderen vier *Planctus* sind bei allen dramatisierten Gefühlen primär reflektierend und von ethischen Überlegungen geprägt: Dina (I) denkt über gerechtes und kluges Handeln nach und spricht ein solches den handelnden Männern ab. Der Tor Samson (IV) warnt vor der Gefahr durch ‚die Frau‘, welche die berühmtesten biblischen Helden ins Verderben stürzte. Davids erste Klage (V) reflektiert Abners Vorzüge und verurteilt die Heimtücke des eigenen Parteigängers, während seine zweite Klage (VI) über das Wunder und die Pflichten wahrer Freundschaft nachsinnt.

Das implizite Nachdenken über die Tugenden der Gerechtigkeit, Klugheit, Weisheit, Freundschaft, Gottesfurcht, Tüchtigkeit und Wahrhaftigkeit verleiht Abaelards Klageliedern einen ausgeprägt philosophischen Charakter, gemahnt aber auch an weisheitliche Bücher des Alten Testamentes wie Sprüche, Prediger, Weisheit, Jesus Sirach und Hiob. Zwar enthalten auch die Psalmen weisheitliches Gedankengut, z. B. meditiert Ps 37 über das scheinbare Glück der Gottlosen, doch lassen sich die Psalmen in der Regel einer der beiden Grundformen betender Rede vor Gott, dem Lob oder der Klage, zuordnen.

Bei Abaelards Klageliedern ist hingegen eine eindeutige Zuordnung schwierig, weil sie trotz ihres Titels *Planctus* (vielleicht mit Ausnahme von IV: Samson) mehr Bewunderung und Lobpreis als Klage ausdrücken, was sogar auf Jakobs gefühlsbetonte Klage (II) zutrifft, die seine beiden Söhne Joseph und Benjamin verherrlicht. *Planctus I* ist ein Monument für die junge Frau Dina, die als einzige den ethischen Durchblick, aber keine Macht zum Handeln hat. *Planctus III* bewundert das stoisch bewusstseinsklare Handeln einer anderen jungen Frau; die Bibel nennt diese Heldenjungfrau lediglich nach dem Namen ihres törichten Vaters, doch ein Dichter verleiht ihr hier plastisch Gestalt. *Planctus V* und *VI* preisen schließlich aus Davids Mund die Tüchtigkeit und die Lauterkeit eines vormaligen Feindes sowie eine einmalige Freundschaft.

Während sich die Psalmenbeter in der Regel Gott zuwenden, wie er sich in den Gaben seiner Schöpfung kundtut oder durch seinen Beistand in geschichtsmächtigem Handeln offenbart, gedenken Abaelards biblische Gestalten Gottes ausschließlich als einer ferngerückten und wenig personhaften Instanz. So drückt Jakob zu Ende seiner Klage (S. 65) die Hoffnung aus, in einem Nachleben vielleicht mit den Seinen vereinigt zu werden. Am Anfang des *Planctus* über Samson (S. 97) ist vom „Abgrund des göttlichen Gerichts" die Rede. Somit rückt das in Abaelards Dichtung aufscheinende Gottesbild in die Nähe der stoischen Vorsehung, einer das Geschehen lenkenden positiven Kraft, oder aber der unerbittlichen Fortuna (vgl. S. 87) – sie wurde in Antike und Mittelalter symbolisch dargestellt als ein Rad, dessen mechanische Rotation den ohne Einflussmöglichkeit darauf festgezurrten Erdenbürger bald nach oben bringt, bald aber wieder kopfüber hinabstürzen lässt – statt den gütigen persönlichen Gott zu verkörpern, auf den die Psalmenbeter vertrauten.

Die Tatsache, dass Abaelard Klagelieder abfasste, ist zwar weder aus biblischer noch aus mittelalterlich-klösterlicher Perspektive spektakulär, da die Klage als eine Grundform betender Rede dem Benediktiner gewordenen Abaelard aus der wöchentlichen Lesung des ganzen Psalters vertraut war. Wenn jedoch in den *Planctus* nur zwei Mal in einer Anrede eines eher unzugänglichen Gottes gedacht wird, ist das ebenso auffällig, wie wenn fünf von sechs Totenklagen eigentlich den Charakter einer Lobrede annehmen. Für Letzteres gibt es allerdings Vorbilder in der klassischen Antike: Z.B. stilisiert Thukydides in seiner „Geschichte des Peloponnesischen Krieges" (Buch II, 35 ff.) die von Perikles 431 v. Chr. gehaltene Rede auf die Gefallenen als grandiose Lobrede auf Gesinnung und Lebensart der freiheitsliebenden Athener und ihre kulturell blühende Polis; mit einer solchen Rede müsste es Perikles gelungen sein, den Stolz und den Mut seiner trauernden Mitbürger zu heben.

Sowohl der Lobcharakter als auch eine gewisse Gottferne hängen meines Erachtens mit der betont reflektierten Art von Abaelards Klagen zusammen: Statt dem Gefühl der Trauer über einen schmerzlichen Verlust rein lyrisch Ausdruck zu verleihen, wird dieser Verlust in seiner Bedeutsamkeit erläutert, die Trauer begründet und die oder

der Zugrundegegangene in der einen oder anderen Hinsicht gepriesen. Diese Reflexion schließt Gefühle nicht aus, sie ‚anverwandelt' und dramatisiert diese vielmehr. Durch die künstlerische Bewältigung werden sie für die Psyche des Dichters erträglich, wie uns Abaelards David in seinen Anfangsversen von *Planctus VI* erklärt (S. 127). Gott ist in diesem Kontext ferngerückt, weil sich Abaelards biblische Personen mit ihren rein menschlichen Ressourcen statt als Gläubige äußern. Winthrop Wetherbee beschreibt dieselbe Beobachtung, wenn er zum Ergebnis kommt: „And they are equally remarkable thematically, in their consistent focus on the purely human nature of the emotion they dramatize".[169]

Offenbar befolgte Abaelard als Dichter dieselben Grundsätze, zu denen er sich als spekulativer Theologe bekannte. Sein Ringen um eine ‚Philosophie Gottes' in der ersten Fassung seines Hauptwerkes, der *Theologia Summi boni*, beschreibt er mit den Worten:

> Ich befaßte mich damals zuerst damit, die Grundlagen unseres christlichen Glaubens durch Analogien aus dem Gebiet der menschlichen Vernunft zu erläutern, und verfaßte eine theologische Abhandlung [...] für meine Studenten. Diese begehrten eine verständliche philosophische Beweisführung und wollten Begreifbares hören, nicht bloße Worte. Die vielen Worte, bei denen man sich nichts denken könne, seien überflüssig, man könne erst etwas glauben, wenn man es zuvor begriffen; es sei eine Lächerlichkeit, anderen etwas vorzupredigen, was Lehrer und Schüler verstandesmäßig nicht fassen könnten. Von solchen Leuten sage der Herr: ‚Sie sind blinde Blindenleiter.' [Lk 6,39/Mt 15,14][170]

Entsprechend rügt Bernhard von Clairvaux im Vorfeld des Konzils von Sens, Abaelard habe geschrieben:

> Was nützt es, von der christlichen Lehre zu sprechen, wenn sich dasjenige, was wir beibringen wollen, nicht so erläutern lässt, dass es verstanden wird?[171]

---

[169] Vgl. S. 60 des in *Anm.* **164** angeführten Artikels.
[170] Zitiert *H. C.*, ed. BROST S. 35, vgl. ed. MONFRIN S. 83 Z. 693 f.: [*scholares*] *qui humanas et philosophicas rationes requirebant*; ed. KRAUTZ S. 27 f. und ed. RADICE S. 78.
[171] *Epist.* 190, in: *S. Bernardi Opera* VIII, Ed. J. LECLERCQ, Rom 1977, S. 18 Z. 16 f. Der zitierte Satz steht in *Theologia Scholarium* I, 27, ed. ELIGIUS

Trotz des Vorherrschens reflektierender vor gefühlsbetonter Rede frappiert, wie packend, unverwechselbar und je individuell im Ton sich die sechs *Planctus* präsentieren. Poetisch perfekt scheint mir an ihnen ihre klassische, unsentimentale Fülle; ihre Geschlossenheit und Gedrungenheit als einzelne Kunstwerke; ihre Variation in Rhythmus und Verslänge und nicht zuletzt die Prägnanz ihres Ausdrucks. Diese Vollkommenheiten legen den Rückschluss nahe, dass uns Abaelard in seinen *Planctus* Proben einer langen Dichterpraxis überlieferte. Tatsächlich bestätigt die Autobiographie von einer mindestens fünfzehn Jahre zurückliegenden Zeit[172], dass Abaelards Liebeslieder (*carmina amatoria*) vielenorts und über eine lange Zeit von Liebenden gesungen worden seien; dabei ist besonders an die Goliarden, die damaligen Wanderstudenten, zu denken. Betty Radice, die englische Übersetzerin des Briefwechsels, bemerkt dazu, vor Abaelard habe es im Norden Frankreichs noch keine Liebeslyrik gegeben. Seine Dichterpraxis war also nicht nur lang, sie musste auch ohne Vorbilder auskommen, so innovativ, wie sie de facto war!

II. Thematische Schwerpunkte

Verlassen wir nun die literarische Gattung und das Biographische und fragen philosophisch: Lassen sich die menschlichen und ethischen Fragen, die den Verfasser dieser reflektierten Lyrik umtrieben, auf einige gemeinsame Nenner bringen?

Nachstehend gehe ich auf vier Schwerpunkte ein:
1. das kluge oder rationale Verhalten;
2. die göttliche Erwählung bzw. Gottweihe;
3. die Gender-Problematik und schließlich
4. der Verrat und die menschliche Bosheit.

BUYTAERT und CONSTANT MEWS, in: CCCM XIII, Turnhout 1987, S. 329 Z. 310f., übers. U.N.

[172] H.C., ed. MONFRIN S. 73 Z. 355–359, ed. BROST S. 22, ed. KRAUTZ S. 16 und ed. RADICE S. 68.

1.

Abaelard fasst mehrfach (in *Planctus I, III, IV* und *V*) ex negativo *das rationale bzw. kluge Verhalten* ins Auge. Wir fragen, was dieses jeweils behindert und welche Wertschätzung der *Klugheit* (lat. *prudentia* oder *discretio*) in seinen Werken zuteil wird.

Dina machte neben Sichems Zuneigung seinen jugendlichen Leichtsinn und Urteilsmangel als mildernden Umstand geltend und war überzeugt, dass Urteilskräftige (*discreti*) Sichems Vergehen anders eingeschätzt haben würden als ihre Brüder. Trotz der Sühneleistung der Hewiter nahmen Simeon und Levi in rasendem Zorn Rache und vernichteten in blindem Affekt eine ganze Stadt.

Jephta gab sein törichtes Gelübde ebenfalls im Affekt ab, als mit der Kampfeslust der ‚Geist des Herrn' über ihn kam. Die Erfüllung dieses Gelübdes jedoch, dass er nämlich nach einer zweimonatigen Trauerzeit seine einzige Tochter Gott als Opfer darbrachte, war nicht nur töricht, sie war in Abaelards Augen ein Zeichen von Tollheit und Verstandesmangel (*a-mentia*). Denn die Ängste, die ihm seine Tochter einredete, dass er nämlich mit dem Herrn auch sein Volk verlieren werde, sofern er seine Kindesliebe der religiösen Pflicht vorziehe, waren wenig stichhaltig. Namentlich das in der Argumentation der Tochter implizierte Bild eines unbeugsam fordernden und Leistung aufrechnenden und daher unliebenswürdigen Gottes hätte einer vernünftigen Kritik nicht standgehalten. Denn wie Abaelard in seinem *Dialogus* aufweist, kreisen auch die Hauptgebote der Juden und des Alten Testamentes um die Liebe zu Gott und zu den Mitmenschen, vgl. Dtn 6,4f. und Lev 19,18.[173]

Anders als das brutale Morden von Dinas Brüdern und das törichte Gelübde Jephtas kam dessen Erfüllung, auch wenn Angst im Spiel gewesen sein mochte, nicht durch eine vom Affekt getrübte Urteilskraft zustande. Vielmehr übernahm der Vater die Meinung seiner Tochter und unterließ es, aus welchen psychologischen Grün-

---

[173] *Dialogus inter Philosophum, Iudaeum et Christianum*, ed. RUDOLF THOMAS, Stuttgart – Bad Cannstatt 1970, S. 70 ff. Z. 798–836; ABAILARD: *Gespräch eines Philosophen, eines Juden und eines Christen*, ed. HANS-WOLFGANG KRAUTZ, Frankfurt a.M. und Leipzig 1995, S. 66 ff.

den auch immer, seinen eigenen Verstand einzusetzen, wozu ihn sein Gewissen und mithin moralische Gründe verpflichtet hätten.

Bei Samson treffen wir auf einen weiteren Grund für unkluges Verhalten. Nach der biblischen Darstellung verbarg Delila ihre Absicht nicht. Denn sie rief schon bei den falschen Erklärungen, die Samson zu seiner geheimnisvollen Kraft gegeben hatte, umgehend die feindlichen Philister herbei, damit sie sich des unheimlichen Mannes bemächtigten. Insofern hat Samsons Vertrauensseligkeit Delila gegenüber ihren Grund in seiner Unfähigkeit zu lernen und mithin in seiner Dummheit. Der Mann hatte sich bereits anlässlich seines Hochzeitsrätsels, das ohne Kenntnis seines vollkommen individuellen Erlebnisses nicht gelöst werden konnte (S. 93), kaum als Ausbund von Intelligenz hervorgetan.

Es ist der Dummheit eigen, dass sie sich nicht über sich selbst verständigen kann. Was lag also näher, als dass Samson aufgrund seiner unersprießlichen Erfahrungen in „der Frau" seinen Feind ausmachte? Der Umstand, dass die Menschen des zwölften Jahrhunderts mit dem Text der Bibel vertraut waren, taucht Samsons Frauenhass allerdings in ein ironisches Licht: Denn warnten nicht die *Sprüche* mit denselben Worten vor der „Frau Torheit" als einer mächtigen Verführerin? Für Bibelkundige spricht daher in Samsons Klage ein Narr unbewusst die Wahrheit über sich selber aus; modern ausgedrückt, handelt es sich bei Samsons Frauenhass um einen klassischen ‚Spiegelvorwurf'.

Die bisherigen Exempel unklugen Verhaltens gründeten in unterschiedlichen Defiziten wie in einer durch Affekte getrübten Urteilskraft (Brüder Dinas, Jephta), im Aussetzen des eigenen Verstandes (Jephta) und schließlich in schierer Dummheit (Samson). Bei Abner, dem in Leistung und Charakter hervorragenden Feldherrn, führte tragischerweise die persönliche Stärke zum Untergang. Davids Feldherr und Neffe Joab hatte von Abners Versöhnung mit David erfahren. Als er hierauf Abner nach Hebron zurückrief, nahm dieser an, dass ihm Joab mit derselben freundschaftlichen Offenheit und Arglosigkeit begegnen werde wie er ihm. Deshalb trat er unbewaffnet ins Tor und verwirkte durch diese Kraft zu vertrauen oder (je nach Warte) diesen Mangel an Vorsicht (*prudentia*) sein Leben.

Mit der Frage nach dem rationalen bzw. klugen Verhalten ist ein erster Schwerpunkt von Abaelards Klageliedern abgehandelt. Zum Thema Klugheit sei auch an meine Beobachtung in den Briefen erinnert, wonach der Korrespondenz des berühmten Paars als Subtext ein patristischer Diskurs über die ‚Mutter der Tugenden' zugrunde liegt (S. 44 f.). Gegen Heloisas Position des *absoluten Gehorsams* (*oboedientia*) führt Abaelard überall dort, wo er direkt auf sie eingeht, ihre *Klugheit* (*prudentia*) ins Feld. Die beiden Liebenden vertreten also zweierlei Ethos und haben dafür je einen patristischen Gewährsmann, den sie zur Sache jedoch nie direkt anführen.

Heloisa beansprucht Abaelard gegenüber, dass sie stets, als Geliebte, angesichts seines Heiratswunsches und beim Klostereintritt, seinem Willen entsprochen habe, und dass es ihr oberstes Ziel gewesen sei, keinen Anstoß bei ihm zu erregen. Sie habe von ihm Dankbarkeit, Erkenntlichkeit, Wohlwollen und Freundschaft verdient (wobei sie ihre Erwartungen verklausulierend in dem einen Begriff der *gratia* zusammenfasst, um ihm auch jetzt noch alle Freiheit zu lassen), da sie sich immer bescheiden um seinetwillen zurücknahm.

Mit seiner (von Heloisa anderweitig zitierten) Schrift „Vom ehelichen Gut" griff Augustinus in die Kontroverse um die asksesefeindlichen Thesen des römischen Mönchs Jovinian ein, nachdem Hieronymus sein überaus polemisches Votum in seiner Schrift „Gegen Jovinian" abgegeben hatte.[174] Zwar war es dabei Augustinus Ziel, eine ausgewogenere christliche Anschauung zum Thema Begehrlichkeit und Ehe vorzutragen, aber trotz aller Argumente *pro* eheliches Gut empfahl er zuletzt ein enthaltsames und ganz den göttlichen Dingen geweihtes Leben. Denn, so seine Begründung, der Gehorsam sei die Wurzeltugend schlechthin, die „Mutter aller Tugenden" (vgl. S. 44 die *Anm. 62*).

Abaelard kam im Gegenzug wiederholt auf die Klugheit von Heloisa und anderen zurück[175], z. B. als er ihr Idealbild als Nonne,

---

[174] In ihrer ‚Abmahnung' von einer Ehe, vgl. S. 33 f., zitierte Heloisa ausgiebig aus: *Adversus Jovinianum*, vgl. *H.C.*, ed. MONFRIN S. 75–79, ed. BROST S. 24–30, ed. KRAUTZ S. 18–23 und ed. RADICE S. 70–74.

[175] Vgl. zu diesem Leitmotiv *Brief 3 und 5*, ed. MUCKLE S. 73: *sed tuae, de qua semper plurimum confido, prudentiae imputandum est*; S. 75: *tuam minime latet*

Priorin und Äbtissin zeichnete oder sein jahrelanges, für sie so unerträgliches Schweigen begründete: Er sei überzeugt gewesen, dass sie ob ihrer Klugheit weder seines Rates noch seines persönlichen Beistandes bedurfte. Nicht aus Nachlässigkeit oder Gleichgültigkeit habe er sich zurückgezogen – die Tatsache bestreite er nicht, aber ihre Begründung –, sondern wegen seiner hohen Meinung von ihr.

Zunächst wirkt Abaelards Berufung auf Heloisas Klugheit wie eine galante *captatio benevolentiae* oder wie eine wohlfeile Ausrede. Vermutlich hätte ihm die kluge Heloisa aber mit derselben Entrüstung und Pünktlichkeit, mit der sie in ihrem zweiten Brief (*Brief 4*) seinen Mangel an Verständnis einklagte, auch seine Berufung auf ihre Klugheit vorgehalten, falls sie diese als eine leere rhetorische Floskel oder Ausrede empfunden hätte. Die im seelsorgerlichen Kontext der Korrespondenz merkwürdig platzierte Berufung auf Klugheit verdient wohl schon deshalb Beachtung, weil Abaelard in *Brief 8* (Klosterregel) wie in seiner Ethik *Scito te ipsum* und in seinem interreligiösen *Dialogus* die Klugheit als die „Mutter aller Tugenden" bezeichnete.

Anstatt lediglich ihre Klugheit zu loben, hätte Abaelard ihr mit Gewinn eine Geschichte aus Cassians „Unterredungen" in Erinnerung rufen können. Cassians Humor und Liberalität, aber auch der Umstand, dass ihr Abaelard mit diesem Hinweis sein Verständnis für ihre prekäre Seelenlage signalisiert hätte, hätten Heloisa womöglich getröstet. Der Mönch Johannes Cassianus, ein Zeitgenosse von Augustinus und Hieronymus, beschrieb in seinen „Unterredungen" mehr oder weniger fiktiv die Lehren der ägyptischen Wüstenmönche, die er auf der Suche nach spirituellen Idealen mit seinem Freund Germanus aufgesucht hatte. Im Kapitel 42 seiner *Regel* empfahl Benedikt seinen Mönchen zur erbaulichen Abendlektüre an erster Stelle Cassians *Collationes*.

---

prudentiam; S. 88: *si rationem vis doloris admittat*; S. 90: *tuae vero prudentiae talentum quantas quotidie Domino refert usuras*; S. 91: *si saperent, cavere sibi per hoc possent*; S. 92: *eras et fortior continentia.* Ed. BROST S. 89, 93, 129, 136f. und 141; ed. KRAUTZ S. 70, 73, 101, 107ff. und 112; ed. RADICE S. 119, 122, 145, 150f. und 154.

Im Kapitel 13 von Cassians „Zweiter Unterredung"[176] berichtet Abt Moyses von einem hochstrebenden Jüngling, den seine eigenen unzüchtigen Gedanken zutiefst verstörten. Er befand sich in einer ähnlichen Lage wie Heloisa zu der Zeit, als sie Abaelard in ihrem zweiten Brief die Schwachheit ihres jammerschweren Herzens beichtete: Das Verlangen nach vergangenen Liebesfreuden halte sie in den Klauen und behindere sowohl die unabgelenkte Zwiesprache mit Gott als auch eine Versöhnung mit ihrem Schicksal, da dieses Verlangen sie zu einer echten Reue unfähig mache.[177]

Cassians Jüngling vertraute sich einem bekannten Greis an, der ihn mit bittersten Worten schalt, dass er den Namen eines Mönchs gar nicht verdiene, wenn ihn derlei Laster und Gier kitzelten. Tief verwundet und in tödliche Verzweiflung gestürzt, begegnete der Jüngling hierauf dem bewährten Wüstenvater Apollo, der seine Niedergeschlagenheit sofort bemerkte und erfuhr, dass der Jüngling, unfähig, den Stachel seines Fleisches zu zügeln, das Klosterleben aufgeben wollte. Meister Apollo besänftigte ihn und erzählte ihm von ähnlichen eigenen Qualen. Dem bekannten Greis erteilte er jedoch eine von Cassian mit lebhafter Phantasie beschriebene Lektion, weil er sich derart gefühllos und unklug verhalten hatte!

Mit diesem Abschnitt aus den *Collationes* griff ich bereits auf Abaelards wahrscheinliche Quelle vor, die ihn veranlasst haben mag, die Klugheit (*prudentia*) oder Unterscheidungsgabe (*discretio*) für das Fundament aller Tugenden zu halten. Indem ich diese Quelle zum unüberschätzbaren Nutzen der Klugheit für das geistliche Leben im Allgemeinen anführe, bekommt Abaelards wiederholter Hinweis auf Heloisas Klugheit auch für moderne Leser das nötige Gewicht.

---

[176] Vgl. Jean Cassien: *Conférences* (*Collationes*) II. 13, ed. E. PICHERY, in: Sources chrétiennes Bd. 42, Paris 1955, S. 124–130.

[177] Vgl. *Brief 4*, ed. MUCKLE S. 80 f., ed. BROST S. 108 f., ed. KRAUTZ S. 85 ff. und ed. RADICE S. 132 f. Der Editor J. T. MUCKLE erwartete, dass Abaelard Heloisa wegen „some of her impassioned and carnal outbursts" gescholten hätte, falls sie wirklich von ihr stammen würden; gewisse Passagen hielt er für einer allerseits verehrten Äbtissin unwürdig. Das veranlasste ihn zur Hypothese, dass ein unbekannter, genial begabter Redaktor Heloisas *Briefe 2* und *4* umgeschrieben habe und die grellen Passagen einfügte, vgl. Mediaeval Studies 15, 1953, S. 59 und 66 f.

Im Kapitel 2 von Cassians „Zweiter Unterredung"[178] berichtet Abt Moyses von einem Gespräch mit Meister Antonius: In einem größeren Kreis habe man eine ganze Nacht lang nach derjenigen Tugend oder Übung gesucht, welche sich eigne, die Mönche am nachhaltigsten vor den Fallstricken des Teufels zu bewahren. Dabei wurden Fasten und Nachtwachen vorgeschlagen, weil sie einen wachen und gereinigten Geist verschafften. Ferner religiöse Hingabe und die Verachtung alles Weltlichen, da der Geist so ungehinderter zu Gott gelange. Oder auch ein Leben in der Abgeschiedenheit, was ein vertraulicheres Anflehen Gottes erlaube. Schließlich empfahlen einige noch die Werke der Liebe und Barmherzigkeit, weil Jesus doch denen, die sie ausüben, das Himmelreich versprochen habe.

Meister Antonius urteilte, dass alles Vorgebrachte wohl nützlich und nötig sei, aber keinesfalls die Krone der gesuchten Haupttugend verdiene. Die wirkliche Ursache der Täuschung derer, die stürzten und im guten Leben nicht ausharrten, sei vielmehr ihr *Mangel an Klugheit*. Deshalb forscht die ganze „Zweite Unterredung" in 26 Kapiteln dem göttlichen Geschenk der Unterscheidungsgabe oder Klugheit nach.

2.

In *Planctus II, IV* und *VI* ist vom Schicksal *Gottgeweihter oder von Gott erwählter Männer* wie Joseph, Samson, Saul und David die Rede; es war die ihnen auferlegte Rolle, an der sich Neid, Misstrauen, Hass und Verfolgung ihrer Mitmenschen entzündeten.

In ihren Segenssprüchen bezeichneten Jakob (Gen 49,26) und Moses (Dtn 33,16) Joseph als „den Geweihten unter seinen Brüdern". Bei Abaelard nennt Jakob ihn „des Volkes Zier und den Glanz meiner Söhne", und hebt, nach Gen 28,10ff. selber ein begnadeter Träumer, die numenale Begabung seines introvertierten Sohnes hervor. Jakob bevorzugte Joseph, den Erstgeborenen Rahels, was den Neid seiner Halbbrüder weckte, denen seine Träume überheblich vorkamen. Weil

---

[178] Vgl. Jean Cassien: *Conférences* (*Collationes*) II. 2, ed. E. PICHERY, in: Sources chrétiennes Bd. 42, Paris 1955, S. 112–114.

er die Brüder mit der Erzählung seiner Träume gegen sich aufbrachte, verkauften sie ihn schließlich an eine Karawane, und er kam nach Ägypten. Wie andere Gottgeweihte, z. B. der Richter Samson und der Prophet Samuel, war Joseph das Kind einer lange kinderlos gebliebenen Frau.

Aus dem Nasiräergelübde in Num 6,1–21 wissen wir, was das Alte Testament unter einem Gottgeweihten (hebr. *nasir*) versteht: Ein Nasiräer verpflichtete sich, sein Haupthaar zum Zeichen seiner Weihe frei wachsen zu lassen. Er verzichtete auf ein angenehmes Leben und auf den Genuss aller Erzeugnisse des Rebstocks und insbesondere auf Alkohol. Auch vom Kontakt mit Toten hatte er sich unbedingt fernzuhalten. Ein Kind konnte wie Samson und Samuel von seiner Mutter auf Lebenszeit Gott geweiht werden, aber dafür musste seine Mutter bereits vor seiner Geburt die Vorschriften des Nasiräats einhalten, vgl. Ri 13,7.14. Ein Erwachsener konnte aber auch ein Nasiräergelübde auf Zeit abgeben, wie sich Paulus nach Apg 18,18 weihte und nach Apg 21,23–26 diese Weihe beendete, die gewöhnlich dreißig Tage dauerte.

Gemäß Ri 13,5 und 16,17 stellte Abaelard in der zweiten Strophe von *Planctus IV*, vgl. S. 97, Samson als „berühmten Nasiräer" vor. Seine Krafttaten waren so unheimlich wie seine außergewöhnliche Körperkraft. Weil Delila Samsons Geheimnis, den Zusammenhang zwischen seinen Locken und seiner Kraft, an die Philister verraten hatte, gelang es seinen Feinden, den bisher Unversehrbaren zu unterwerfen und den Geweihten Gottes zu erniedrigen.

Saul und David werden nicht Nasiräer, sondern „Erwählte Gottes" genannt. Obwohl der Prophet Samuel (selbst ein Nasiräer) dem Volk dringend von der Einführung des Königtums abgeraten hatte, beharrte Israel auf seinem Wunsch. Nun wies Gott Samuel an, den hoch gewachsenen Saul zum König zu salben. Als Saul aus Furcht vor seinen Landsleuten jedoch Gott und dem Propheten seinen Gehorsam aufkündigte (1 Sam 13 und 15), salbte Samuel auf göttliches Geheiß den Hirtenjungen David zum zukünftigen König über Israel (1 Sam 16). Auf die Persönlichkeitsunterschiede zwischen Saul und David bin ich bereits eingegangen, vgl. S. 136–141.

Im Blick auf diese vier Charaktere wird menschliches Urteil kaum gemeinsame Anlagen und Fähigkeiten entdecken. Die Bibel hält die Wege Gottes für so verborgen, wie seine Erwählung für undurchschaubar. Als siegreiche Feldherrn und Krieger standen Samson und Saul in ihrer Mentalität dem Richter Jephta nahe, während David soldatische Tapferkeit mit der Intelligenz, der Innerlichkeit und dem Großmut des edlen Joseph verband.

Was indessen diese vier unterschiedlichen Gestalten teilten, war eine bestimmte, sie über andere Menschen heraushebende Rolle, die mit einem Übermaß an Leiden einherging. Diese Rolle blieb den Mitmenschen nicht verborgen und polarisierte. Das wird bei den beiden begabteren deutlicher: Joseph war zwar der Liebling seines Vaters und der Glanz seines Volkes, aber seinen Brüdern bis zum Mordgelüst verhasst. David, bei Gott und den Menschen überaus beliebt, erntete ohne eigenes Zutun den Groll und die Verfolgung des um Davids Überlegenheit wissenden Saul.

Wie der Tor Samson und der Durchschnittsmensch Saul zeigen, wäre es verkehrt, Gottgeweihte oder von Gott Erwählte als herausragende und vorbildliche Persönlichkeiten zu beschreiben. Stattdessen handelt es sich um geheimnisumwitterte, sich eventuell überraschend wandelnde Personen mit einer sie stark beanspruchenden Mission. Sie zahlen für die Rolle, die ihnen zufiel, einen hohen Preis an Leiden: So wurde der arglose Joseph in die Fremde verschachert, wo er allerlei Proben bestehen musste; Samson blendete man und degradierte ihn zum Arbeitstier; Saul büßte mit zunehmender Schwermut und mit Jähzorn, sobald ihm seine Rolle als König über den Kopf wuchs, während die gesegnete Führernatur David all seiner Tugenden und Talente zum Trotz Verfolgung von außen und Abfall in den eigenen Reihen hinnehmen musste.

Eher als bestimmte Eigenschaften und Begabungen ist es die von einem Individuum bekleidete Rolle, welche Misstrauen, Missgunst und sogar Verfolgung hervorruft. Angesichts seiner leidvollen Vita muss sich auch Abaelard öfters gefragt haben, warum er den geballten Hass der damaligen Lehrstuhlinhaber und kirchlichen Hierarchen auf sich zog; an seinem respektablen Projekt einer ‚Philosophie Gottes' konnte es nicht liegen, zumal er in die Fußstapfen von Origenes und

Boethius getreten war. Weshalb bemühte sich keiner jener teilweise glänzenden Geister um mehr Verständnis für seine neuartige Position?

Ob er die Herausforderung seiner Kommilitonen in Laon mit Vorlesungen über den Propheten Ezechiel quittierte und damit die einen so begeisterte, wie bei den anderen Neid weckte; oder ob er in Soissons seinem Konkurrenten Alberich lustvoll eins auswischte und ihm die Widersprüchlichkeit seiner traditionalistischen Position in Anwesenheit von dessen Schülern vor Augen führte; oder ob er mit seinen Mitmönchen in Saint-Denis über eine sachliche Lösung zur Herkunft des eigenen Klosterpatrons debattierte[179]: In jedem dieser Streitfälle polarisierte und provozierte die Selbstgewissheit, mit der Abaelard als Aufklärer auftrat, die gedankliche Strenge, mit der er Fragen stellte, und endlich die Kreativität und das Ergötzen, mit denen er seine für die damaligen Zeiten feudaler Abhängigkeit unerhörte Rolle ausfüllte: die Rolle des auf sich selbst gestellten, autonomen Intellektuellen.

Seit Sokrates haben sich nur wenige mit einer so markanten, ihre ganze Person einbringenden Identität der philosophischen Probleme angenommen. Aber noch kleiner ist die Schar derer, die es dem Urbild gleichtaten und so wie Abaelard herausforderten. Auch insofern ist es nicht abwegig, wenn sich Abaelard ein Stück weit mit den Erwählten und namentlich dem im Geist verwandten David identifiziert haben würde, vgl. S. 142–148.

3.

Die *Gender-Problematik*, um die es in diesem Abschnitt geht, könnte jemand für ein wenig relevantes Modethema halten. Deswegen beginne ich mit einer thematischen Sensibilisierung (A), bevor die Gender-Diskussion auf Abaelard bezogen wird, und zwar sowohl

---

[179] Zu diesen verschiedenen Streitfällen vgl. *H. C.*, ed. MONFRIN S. 68 f., 84 f. und 89 f.; ed. BROST S. 15 f., 37 f. und 45 f.; ed. KRAUTZ S. 10 f., 29 f. und 35 ff.; ed. RADICE S. 63 f., 80 und 85 f.

in kritischer Absicht (B) als auch im Hinblick auf seine außergewöhnliche feministische Aufgeschlossenheit, die er sowohl in seinen Klosterbriefen als auch in *Planctus I* und *III* an den Tag legte (C). Zuletzt werden die *Planctus* nochmals auf Abaelards besondere Beziehungsgeschichte mit Heloisa bezogen (D).

A.

Die Korrespondenz des berühmten Paars wird in der deutschen Übersetzung seit jeher überschrieben mit: „Abaelard: Der Briefwechsel mit Heloisa". Da Heloisa den Briefwechsel angestoßen hat, wäre sachlich der folgende Titel angemessener: „Abaelards Leidensgeschichte und Heloisas Briefwechsel mit ihm". Und wenn Abaelard im Rückblick seiner klugen Heloisa prophetischen Geist attestiert, wird beim deutschen Übersetzer Eberhard Brost daraus eine „intuitive Beurteilung der Lage"; schließlich geht es um eine Frau![180]

Gravierender wird es in jenem berüchtigten Passus, in welchem Heloisa erklärt, der Name „Freundin" oder „Freudenmädchen" habe für sie stets süßer geklungen als der heiligere und verbindliche Name „Gattin" respektive noch drastischer: Sie ziehe es vor, Abaelards Dirne (*meretrix*) statt seine Kaiserin (*imperatrix*) zu sein. Wie sie erläutert, suchte sie weder ihren Willen noch ihre Lust, sondern wollte Abaelards Wünsche erfüllen, und je mehr sie sich ‚niedrig machte', umso mehr *gratia* (umfasst Dankbarkeit, Erkenntlichkeit, Wohlwollen und Freundschaft, vgl. S. 166) hoffte sie zu finden bei ihm; nie habe sie seinen Ruhmesglanz und seine Selbstverwirklichung beeinträchtigen und möglichst keine Ansprüche an ihn stellen wollen. Dergestalt fasst sie ihre Liebe zusammen, die ‚selbstlos' war bis zu dem Äußersten, dass sie nichts an und von ihm suchte außer ihm selbst und seiner Freundschaft.

Bei ihrer Beschreibung verwendet Heloisa ein dialektisches Begriffspaar aus dem Neuen Testament, wenn sie ihrer eigenen ‚Erniedrigung' und Abaelards ‚Erhöhung und Ruhm' gedenkt. Denn

---

[180] Vgl. *H. C.*, ed. MONFRIN S. 79 Z. 557 f., ed. BROST S. 30, ed. KRAUTZ S. 23 und ed. RADICE S. 74.

so wie sich der Mensch gewordene Gottessohn in seinem Leiden bis zum Tod am Kreuz erniedrigte, so bedeutet das Kreuz zugleich für diejenigen, die an Jesu Auferstehung glauben, einen Triumph über den Tod und die Herrlichkeit des Auferstandenen.

Heloisa waren Demut und Bescheidenheit (*humilitas* von *humiliare* niedrig machen, erniedrigen) so wichtig, dass sich in ihren *Institutiones nostrae* eines von drei Gelübden auf die *humilitas* bezieht. Der erste Satz ihrer Klosterregel lautet: *Institutiones nostre sumunt exordium a doctrina christi predicantis et tenentis paupertatem, humilitatem et obedientiam.* „Unsere Klosterregel geht aus von der Lehre Christi. Er predigte und lebte Armut, Bescheidenheit und Gehorsam vor."[181] Deshalb hält Heloisa dem spirituellen Ehrgeiz Abaelards entgegen, dass sie zufrieden sei, wenn ihr Gott dereinst irgendeinen Winkel im Himmel zuweisen werde.[182] Prononcierter könnte sie ihre persönliche *humilitas* gar nicht ausdrücken, aber dies hielt Abaelard nicht davon ab, ihr weiterhin die „Siegeskrone" der Märtyrer in Aussicht zu stellen.[183]

Was wurde in Brosts Übersetzung aus der angeführten berüchtigten Textstelle?[184] Im Kontext von „Schlafbuhle" und „Dirne" ist hier superlativisch die Rede von der „tiefsten Erniedrigung" (*humiliare*). Heloisas Ziel sei nur Abaelards „volle Befriedigung" (*gratia*) gewesen. Gewöhnlich heißt es von sinnlichen Bedürfnissen, dass man sie befriedige. Die Übersetzung des Passus evoziert Sexuelles und lässt an Abaelards Heftigkeit und sein Geständnis denken, wonach er Heloisa manchmal gegen ihren Willen gefügig gemacht und sogar mit Gewalt zum Geschlechtsverkehr gezwungen hatte. Heloisa drückt dagegen mit ihrer, dem Neuen Testament entnommenen Terminologie eigent-

---

[181] Ed. CHRYSOGONUS WADDELL (vgl. S. 32 die *Anm. 41*), S. 9 (Faksimile: Plate I S. 5), übersetzt U.N.

[182] *Non quaero coronam victoriae* [...] *Quocumque me angulo coeli Deus collocet, satis mihi faciet.* Zitiert *Brief 4*, ed. MUCKLE S. 82, vgl. ed. BROST S. 113, ed. KRAUTZ S. 89 und ed. RADICE S. 135f.

[183] *Brief 5*, ed. MUCKLE S. 93, ed. BROST S. 142, ed. KRAUTZ S. 112 und ed. RADICE S. 154.

[184] *Brief 2*, ed. MUCKLE S. 71, ed. BROST S. 81, ed. KRAUTZ S. 64f. und ed. RADICE S. 113f.

lich nur *ihre* Art aus, sich Abaelard gegenüber immer bescheiden zurückgenommen und möglichst keine Ansprüche an ihn gestellt zu haben. Brosts brillante literarische Übersetzung lädt hier den ganzen Passus erotisch auf und taucht ihn in ein dem lateinischen Originaltext fremdes Licht.

Im letztgenannten Beispiel wird der Frau nicht einmal die Definitionsmacht zugestanden, sich selbst ein typisch weibliches Verhalten zuzusprechen. Heloisa war eine überragende Stilistin[185] und nach des Hilarius Zeugnis auch eine Dichterin; sie wusste, was und wie sie etwas formulierte. Ihre Selbstzuschreibung wird hier – wie ich annehme, ohne Vorsatz des Übersetzers und von seiner Leserschaft unbemerkt – umgedeutet. Zur Sensibilisierung in der Genderfrage mögen diese drei, dem Kontext entnommenen Beispiele ausreichen!

B.

Wie angekündigt, gehe ich zuerst auf Textstellen ein, in denen sich Abaelard traditionellen Rollenmustern verhaftet bis Frauen abwertend äußert.

In *Planctus IV* führt Samson, der Mann, der von Delila verraten wurde, scharf Anklage gegen ‚die Frau' als die große Verführerin seit Adam und Eva. Viele Helden Israels hätten wegen Frauen ihre Rechtschaffenheit und ihre übrigen Vorzüge eingebüßt. Der vorbildliche König David wurde ruchlos, nachdem er die badende Bathseba erblickt und begehrt hatte; er veranlasste, dass ihr Mann Urija an

---

[185] PETER DRONKE kam unter Verwendung von TORE JANSON: *Prose Rhythm in Medieval Latin*, Studia Latina Stockholmiensia XX, 1975, zu aufschlussreichen Ergebnissen über Heloisas individuell ausgeprägtem Schreibstil: Sie verwende häufig Reime, Assonanzen, Homoioteleuta und Parallelkonstruktionen und bevorzuge ferner den ungebräuchlichen (verlangsamenden) Sprachrhythmus des *cursus tardus*; insgesamt handle es sich um eine bewusst gewählte ‚Kunstprosa'. Vgl. PETER DRONKE: „Heloise's Problemata and Letters: Some Questions of Form and Content", in: *Petrus Abaelardus*, ed. R. THOMAS, Trier 1980, S. 53–73.

vorderster Front umkam, und nahm sie zur Frau. Durch fremdländische Frauen, ihren Prunk und ihre Götter, verlor Salomo seine sprichwörtliche Weisheit und betete schließlich Götzenbilder an; das Gebet seines Vaters David, Salomo möge ein ungeteiltes Herz haben, blieb unerfüllt. Deshalb warnt Abaelards Samson die Verständigen davor, sich vom weiblichen Charme berücken zu lassen. Doch in der Interpretation zeigte sich (S. 107f.), dass der Topos von der gefährlichen Frau aus dem Munde dieses Toren nicht für bare Münze zu nehmen ist: Die Hasstirade des Richters Samson entpuppte sich zuletzt als ein ironisches Kabinettstück, so eindringlich die Klage seine Leiden auch schildert.

Beim Eingehen auf Samsons Misogynie konnte überraschend angeknüpft werden an eine Entschuldigung, die Abaelard gegenüber Fulbert vorgebracht hatte, als er sich um eine Versöhnung mit Heloisas Onkel bemühte. Von Mann zu Mann wies er da auf den herabziehenden Einfluss der Frau hin, wie er an den größten Helden der Geschichte seit dem Sündenfall zu beobachten sei.

Im *Carmen ad Astralabium* warnt Abaelard seinen Sohn in ähnlichem Sinne vor ‚der Frau': Flinker als der fähigste Raubvogel sei sie bei der Erbeutung männlicher Seelen oder Leben.[186] So wenig wie diese Warnung zeugen einige Weisungen in Abaelards Klosterregel von einem entspannten Geschlechterverhältnis.

Mit Rigorosität unterbindet Abaelard nämlich in *Brief 8* jeden persönlichen Kontakt zwischen den Nonnen und der im avisierten Doppelkloster[187] Paraklet mit ihnen lose verbundenen Mönchsgemeinschaft bzw. deren einzelnen Mitgliedern. Bei den häufigen Zusammenkünften zwischen dem Abt und der Äbtissin habe stets eine bewährte dritte Person anwesend zu sein. Die gewöhnlichen Mönche müssten ohnehin durch ein spezielles, vor der Äbtissin abzuleistendes Gelübde von den Nonnen ferngehalten werden. Ein Mönch, der die Einfriedung (*septa*) der Nonnen unbefugt betrete, solle aus dem Kloster gejagt werden. Umgekehrt dürften die Nonnen

---

[186] Vgl. S. 109 und *Anm. 120*.
[187] Vgl. den Exkurs zum Doppelkloster in *Brief 8*, ed. MCLAUGHLIN S. 258ff., ed. BROST S. 282–288, ed. KRAUTZ S. 229–234 und ed. RADICE S. 209–214.

diesen intimeren Teil des Klosters niemals aus eigenem Antrieb verlassen.[188]

Höchste Vorsicht geboten sei gleichfalls bei den heiligen Handlungen: Der Priester gesetzteren Alters, der einer sterbenden Nonne die letzte Ölung spende, müsse durch einen Bettschirm vor den versammelten Schwestern verborgen gehalten werden. Unzulässig wäre es, wenn die Nonnen den Mönch, der die Messe abhält, mit seinem Gehilfen beim Kommen und Gehen beobachten könnten. Anlässlich der Kommunion, welche die Nonnen mindestens drei Mal im Jahr (nach vorhergehender Beichte drei Tage zuvor) im Anschluss an die Messe erhalten, solle der Gehilfe die Kirche vorher verlassen, „um die Gelegenheit zur Versuchung aufzuheben".[189] Ob man hier von einer an Paranoia grenzenden Angst Abaelards sprechen müsste?

Ferner steht für Abaelard in der Klosterregel außer Frage, dass die Frauen der Männergemeinschaft untergeordnet sind.[190] Bereits in der *Historia Calamitatum*[191] stimmt er 1 Kor 11,3–16 zu, wonach der Mann das Haupt der Frau zu sein habe, und regt sich auf, weil in zeitgenössischen Klöstern „die natürliche Ordnung der Geschlechter" verkehrt werde. Vielleicht hat Abaelard hier die Zustände in dem vom radikalen Reformer Robert von Arbrissel gegründeten Doppelkloster von Fontevrault im Blick: Nach dem Tod von Heloisas Mutter Hersendis leistete deren Nachfolgerin und Verwandte Petronilla von Chemillé als Leiterin des Doppelkonvents dem Sittenverfall, der Korruption und dem Aufruhr Vorschub; sie umgab sich z. B. mit zwei männlichen Dienern.[192]

---

[188] Vgl. *Brief 8*, ed. MCLAUGHLIN S. 259f., ed. BROST S. 286ff., ed. KRAUTZ S. 232ff. und ed. RADICE S. 212f.
[189] Vgl. *Brief 8*, ed. MCLAUGHLIN S. 261 und 267, ed. BROST S. 291 und 304f., ed. KRAUTZ S. 237 und 249f., ed. RADICE S. 216 und 226.
[190] Vgl. *Brief 8*, ed. MCLAUGHLIN S. 259: *monasteria feminarum virorum ita semper esse subjecta volumus*. Ed. BROST S. 285, ed. KRAUTZ S. 232 und ed. RADICE S. 212.
[191] *H. C.*, ed. MONFRIN S. 105 Z. 1464–1476, ed. BROST S. 66, ed. KRAUTZ S. 53 und ed. RADICE S. 101.
[192] Vgl. den auf S. 14 in *Anm.* 5 angeführten Sammelband von 2003, S. 85 Anm. 231.

Abaelards diesbezügliche Rüge: „darüber wundere ich mich gewaltig" (*unde non mediocriter miror*) parierte Heloisa zu Beginn von *Brief 4* trocken ironisch, wenn sie seine ‚galante' Grußformel in *Brief 3*, in der sie ihm vorangestellt wurde, als Verstoß gegen den von ihm bekräftigten *ordo naturalis* rügt und schreibt:

> Ich wundere mich, Einziggeliebter, dass du die Stirn hattest, mich dir, die Frau dem Mann, [...] voranzustellen. (*Miror, unice meus, quod* [...] *me tibi praeponere praesumpsisti, feminam videlicet viro* [...])[193]

Im Kontext seines finster sinnenfeindlichen Rückblicks auf die Liebesbeziehung mit Heloisa wertet er, es verwundert nicht, auch das ‚natürliche Dasein' von Frauen ab, wenn er schreibt:

> Es wäre doch ein betrüblicher, ein fluchwürdiger Verlust, wenn Du der Fleischeslust hingegeben mit Schmerzen wenige Kinder für die Welt gebären solltest, während Du jetzt mit Jauchzen eine vielfache Zahl für den Himmel gebierst. *In der Welt wärest Du nur eine Frau*, jetzt stehst Du sogar über den Männern und hast Evas Fluch in Marias Segen[194] gewandelt. Diese heiligen Hände, die jetzt sogar die Bücher der Schrift aufschlagen dürfen, sie müssten in der Welt die niedrigsten Geschäfte einer Ehefrau verrichten.[195]

Wird solchen Aussagen der erwähnte Kontext beigefügt, in welchem Abaelard die eigene Sündhaftigkeit brandmarkt und den Zwang schildert, den seine Sexualität auf ihn ausübte (vgl. S. 53 die *Anm. 70*), so ist der Weg nicht mehr allzu weit bis zu Tertullian, jenem Inbegriff eines misogynen Kirchenvaters, der im Schoß einer Frau die ‚Pforte zur Hölle' sah. Offensichtlich kam auch Abaelard nicht als Feminist auf die Welt, sondern entwickelte sich unter dem Einfluss seiner hoch begabten Freundin zu einem ausgesprochenen Frauenfreund.

---

[193] *Brief 4*, ed. MUCKLE S. 77, übersetzt U.N. Vgl. ed. BROST S. 101, ed. KRAUTZ S. 79 und ed. RADICE S. 127.

[194] Gemeint ist die Schwester der emsig tätigen Martha, jene Maria, die nach Jesu Lob den „besseren Teil" erwählte (Lk 10,38–42), weil sie sich ihrem Rabbi zu Füßen setzte und ihm lauschte. In ihrer kontemplativen Art ist sie das Vorbild der Ordensfrauen, die den Hauptteil ihres Tages dem Gebet und der Bibellektüre widmen.

[195] Zitiert *Brief 5*, ed. BROST S. 136, Hervorhebung U.N. Vgl. ed. MUCKLE S. 90: *Nec esses plus quam femina nunc etiam viros transcendis* [...]; ed. KRAUTZ S. 107 und ed. RADICE S. 150.

C.

Zunächst sei eine moderne Autorin zitiert, die zwar der Ansicht ist, die in mehrfacher Weise unterdrückte Heloisa habe in ihren Briefen häufiger das eigene Geschlecht angeschwärzt, aber über Abaelard und seine Ausführungen in *Brief 7* urteilt: „No one went further in the ritual praise of women than Abelard" und „[…] most of this long epistle is devoted to proving that in the Bible and throughout Christian history, women emerge as equal or superior to men".[196]

Wenn wir heutzutage an Propheten, Gottgeweihte und Erwählte denken, kommen uns nur Männer in den Sinn. Auf S. 170 führte ich das Nasiräergelübde deshalb in aller Selbstverständlichkeit als Verpflichtungen für einen männlichen Nasiräer an. Num 6,1 ff. lautet in der modernen Einheitsübersetzung der Jerusalemer Bibel:

> Der Herr sprach zu Mose: Rede zu den Israeliten und sag ihnen: Wenn *ein Mann oder eine Frau* etwas Besonderes tun will und das Nasiräergelübde ablegt, so dass *er* ein dem Herrn geweihter Nasiräer ist, dann soll *er* […].

Es überrascht, dass Hieronymus in seiner lateinischen Bibel (Vulgata) geschlechtsneutraler formuliert, wenn er nach der Erwähnung von Mann und Frau (*vir sive mulier*) mit einem Plural des Verbums fortfährt statt mit einem Singular masculini generis!

Von der Sprache jetzt zur Sache: In *Brief 7* weist Abaelard Heloisa darauf hin, inwiefern im Alten Testament die Frauen, wenn es um den besonderen Dienst für Gott ging, nie hinter den Männern zurückgestanden seien: Er erinnert sie an das Lied von der Befreiung, das Aarons Schwester Mirjam in Ex 15,20 f. zur Pauke sang, nachdem die Verfolger, die ägyptische Streitmacht, mit Wagen, Ross und Reitern im Meer versunken, das Volk Israel aber unversehrt geblieben war. An dieser Stelle bleibe der Prophet Mose unerwähnt, aber Mirjam heiße „Prophetin", weil sie in prophetischer Geisterfüllung

---

[196] Vgl. BARBARA NEWMAN: „Flaws in the Golden Bowl: Gender and Spiritual Formation in the Twelfth Century", in: Traditio 45, 1990, S. 111–146, Zitate S. 121 und 112.

die anderen Frauen zu einem harmonischen Lobpreis Gottes angeleitet habe.

Wenn Abaelard notiert: „So sangen sie offenkundig in Harmonie und Eintracht" (*quam ordinate sive concorditer psallerent demonstratur*), wirkt die Formulierung wie eine Replik auf 1 Kor 14,33f., wonach den Frauen für die gottesdienstliche Versammlung ‚Schweigen' auferlegt wird. Denn zur Zeit von Paulus fürchtete man sich vor ekstatischen Auftritten seitens der Frauen. Das Schweigegebot folgt nämlich unmittelbar auf die Feststellung, Gott sei kein Gott der Unordnung, sondern des Friedens (in der Vulgata in demselben Abschnitt). Für Abaelard sind dagegen Mirjam, ihr tanzendes Frauengefolge und der temperamentvolle Lobpreis Gottes ein Symbol für die sich mit Jubel in Gott versenkende Seele!

Er erinnert an die Lob- und Danklieder anderer energischer und gottesfürchtiger Frauen wie Deboras (Ri 4f.), Hannas (1 Sam 2,1–10) und der Witwe Judith (Jdt 16,1–17). Die Prophetin und Richterin Debora sprach Recht über Israel zu der Zeit, als es von Jabin, dem König Kanaans, unterdrückt wurde. Jabins Heerführer Sisera verfügte über neunhundert Streitwagen. Debora wies Barak an, mit zehntausend Mann auf den Berg Tabor zu ziehen. Als dieser zauderte, begleitete sie ihn und versprach ihm Jahwes Hilfe: „Der Ruhm bei dem Unternehmen wird nicht dir zuteil. Denn der Herr wird Sisera der Hand einer Frau ausliefern." Danach rieb Israels Miliz die Streitmacht von Sisera auf. Dieser floh zu Fuß und fand im Zelt des Keniters Heber den Tod. Dessen Frau Jaël empfing ihn zunächst zwar gastfreundlich und versteckte ihn unter einem Teppich, rammte dem eingeschlafenen Heerführer dann aber eigenhändig einen Zeltpflock durch die Schläfe. König Jabin verlor in der Folge seine Herrschaft, und Israel hatte dank zweier beherzter Frauen vierzig Jahre lang Ruhe. Übrigens ließ sich der in Ri 4f. berichtete Sieg über die Kanaaniter historisch erhärten und auf die Mitte des zwölften vorchristlichen Jahrhunderts datieren.

Ferner heiße es von den Töchtern Aarons ausdrücklich, dass sie dem Heiligtum zugeordnet gewesen seien und wie ihre Brüder am Erbe Levis teilgehabt hätten. Daraus folgert Abaelard: Zum Priesterstand Israels gehörten auch fromme Frauen, und es habe neben den

Leviten auch Levitinnen gegeben. Er führt das Nasiräat an, dessen Gelübde Männern und Frauen in gleicher Weise offen stand. Auch die betagte Prophetin Hanna sei eine Nasiräerin gewesen, so wie der Evangelist die Fülle ihrer Hoheit pries, vgl. Lk 3,36f.:

> Damals lebte auch eine Prophetin namens Hanna, eine Tochter Penuëls, aus dem Stamm Ascher. Sie war schon hochbetagt. Als junges Mädchen hatte sie geheiratet und sieben Jahre mit ihrem Mann gelebt; nun war sie eine Witwe von vierundachtzig Jahren. Sie hielt sich ständig im Tempel auf und diente Gott Tag und Nacht mit Fasten und Beten.

Mit konkreten Hinweisen solcher Art[197] beantwortet Abaelard in *Brief 7* Heloisas Anfrage nach der Herkunft und dem Vorbild des weiblichen Ordensstandes, vgl. S. 40.

Nicht anders als Benedikt seine Mönchsgemeinschaft beschreibt Abaelard in *Brief 8* das Nonnenkloster Paraklet als *castra Domini*, als ein „Heerlager für den Herrn": Die Ordensfrauen seien gewissermaßen mit der Heiligen Schrift gewappnete ‚Soldatinnen' im Kampf gegen den Teufel, der danach trachte, in den Klöstern die Begierde nach dem Gerede der Menschen und den Gerüchten der Welt einzuflößen.[198] Weil die Heilige Schrift die ‚Rüstung' seiner Benediktinerinnen war, lag Abaelard viel daran, dass sie keine blökenden Schafe würden, sondern verstünden, was sie lasen und beteten; *Brief 9* über das Studium der Heiligen Schrift und die exegetischen *Problemata Heloissae* schließen so unmittelbar an Abaelards Klosterregel an.

Was das Neue Testament betrifft, preist Abaelard in *Brief 7* besonders die treue Liebe der Frauen aus Jesu Umfeld. Sie harrten unter seinem Kreuz aus und wachten an seinem Grab, vgl. S. 88 f. Er schreibt über sie:

> Wie diese Stellen [aus den Evangelien] insgesamt uns zeigen, *stehen diese frommen Frauen als weibliche Apostel über den männlichen*: Die Frauen wurden vom Herrn selbst oder von seinen Engeln zu den Aposteln

---

[197] Zum ganzen Kontext vgl. *Brief 7*, ed. MUCKLE S. 261f., ed. BROST S. 198ff., ed. KRAUTZ S. 156ff. (RADICE fasste diesen Brief nur kurz zusammen).
[198] Vgl. *Brief 8*, ed. MCLAUGHLIN S. 250 und 287; ed. BROST S. 264 und 352f.; ed. KRAUTZ S. 213 und 291 sowie ed. RADICE S. 196f. und 260.

geschickt; [...] durch der Frauen Mund sollten die Apostel zuerst erfahren, was sie selber hernach der ganzen Welt zu predigen hätten.[199]

Wie in seiner Klosterregel unterstreicht er den existentiellen Einsatz dieser vorbildlichen Frauen, die bis zuletzt treu zu ihrem Rabbi hielten und so, unerschüttert in ihrem Glauben, ihrer Liebe und ihrer Hoffnung, erste Augenzeugen nicht nur seines schweren Schicksals, sondern auch seiner Auferstehung wurden. Die Jünger hingegen, statt mit Jesus zu wachen, schliefen im Garten Gethsemane ein, machten sich später aus dem Staub oder verleugneten ihren Rabbi wie der Apostelfürst Petrus.

Geistliche Frauen als eminent Handelnde: Wie umstürzend neu diese Sichtweise war, wird aus dem Vergleich mit dem um 1110 geborenen Zisterzienser Abt Aelred von Rievaulx deutlich, dem als Freund des schottischen Königssohnes eine höhere Bildung zuteil wurde. Aelred schreibt an eine Schwester Eremitin, dass Gott ihre Reinheit bewahrt, die seinige aber preisgegeben habe. Er verehrt ihr Sein und ihren Status. Das Fleisch einer Jungfrau vergleicht er mit einem irdenen Gefäß, in dem Gold aufbewahrt wird. Wenn das Gefäß zerbreche, sei das Gold unwiederbringlich verschüttet.[200]

Frauen nahm man lange Zeit nicht als Wesen wahr, die individuell und kollektiv im Kloster um ihre geistliche Vollkommenheit rangen. Nonnen galten *per se* aufgrund ihrer Keuschheit als heilig; diese Heiligkeit war ein ‚bewahrtes Attribut' und wurde gewissermaßen verdinglicht. Wie innovativ nimmt es sich vor diesem Hintergrund aus, wenn Abaelard unter dem Eindruck des Ringens seiner einziggeliebten „Schwester in Christo" das Frauenkloster Paraklet als *castra Domini* bezeichnet!

---

[199] Zitiert aus *Brief 7*, ed. BROST S. 192, Hervorhebung U.N. Ed. KRAUTZ S. 151; bei RADICE fehlt der Text. Vgl. ed. MUCKLE S. 258: *Ex quibus colligimus has sanctas mulieres quasi apostolas super apostolos esse constitutas* [...] *ut per eas apostoli primum addiscerent quod toti mundo postmodum praedicarent.*

[200] Aelred von Rievaulx: *De institutione inclusarum* (= *De vita eremitica ad sororem reclusam*) Kap. 32 und 14, in: *Opera omnia*, ed. A. HOSTE und C.H. TALBOT, CCCM 1, Turnhout 1971, S. 674 und S. 650 Z. 475f. Den Hinweis auf Aelred verdanke ich dem in *Anm. 196* angeführten Essay von BARBARA NEWMAN.

Fassen wir nun zusammen, wie philogyn Abaelard in *Planctus I* und *III* über die Rolle von Frauen nachdenkt: Die junge Dina ist das vom Handeln der Männer ausgeschlossene Opfer, aber sie hat als einzige Klarheit über die Verantwortlichkeit des Geschehens und ist den handelnden Männern überlegen. Trotzdem nimmt die vollkommen unschuldige Dina in typisch weiblicher Weise einen Teil der Schuld auf sich, wenn sie sich – ähnlich wie es Heloisa in *Brief 2* tat (S. 58 die *Anm. 74*) – als „durch sich selbst Verratene" beweint. Ihre Schwester im Geist, Jephtas Tochter, bringt noch aktiver ein ‚Selbstopfer', wenn sie tatkräftig das unheimliche Geschehen vorantreibt und sich reinen Herzens selber opfert. Beiden Frauen, die vom Handeln ausgeschlossene Dina wie die einsam handelnde Tochter Jephtas, fehlt im Grunde die Teilhabe an der Welt der Männer. Hätten sich ihre Brüder mit Dina und Jephta mit seiner Tochter auseinandergesetzt, sähe die Wirklichkeit dieser Frauen anders aus.

Abaelards Einfühlung in die Seelenlage dieser beiden Frauen weckt unsere Anteilnahme, was die physische und strukturelle Gewalt betrifft, der sie nicht entkommen. Aber wir teilen auch seine Verehrung und Bewunderung für den persönlichen Heroismus, die Kraft zur Versöhnung und die fast übermenschliche Liebesfähigkeit beider Frauen: Dina steht für die Kraft, die verhindern könnte, dass sich die Aggression und Gewalt zwischen zwei Parteien weiter aufschaukelt und zum ‚Selbstläufer' wird. Weil sie ihrem Vergewaltiger Sichem vergibt, kann sie klar und souverän den ‚Ehrenmord' ihrer Brüder verurteilen. Innerhalb des Alten Testaments blieb die Angelegenheit nämlich kontrovers: Jakob verflucht den heftigen Zorn und rohen Grimm seiner Söhne Simeon und Levi (Gen 49,5 ff.), aber Judith billigt es, dass die Hewiter von Mörderhand fielen, ja sie ist überzeugt, dass Gott selbst ihrem Stammvater Simeon das Schwert in die Hand drückte (Jdt 9,2 ff.).

Die ihren törichten Vater Jephta liebende Tochter muss sich in erster Linie mit ihrem eigenen Schicksal versöhnen. Die Heldenjungfrau behält bis zuletzt die Regie über das Geschehen und stirbt mit der Entschlossenheit und der Würde eines römischen Philosophen; sie gleicht Cicero, als er sich aus seiner Sänfte lehnte und den tödlichen Streich von Antonius' Häschern empfing; nicht weniger stilvoll starben die beiden von Nero in den Selbstmord Getriebenen, der Philosoph und Pädagoge Seneca und Neros ‚Geschmacksrichter' Petronius. Zum Thema Gender ist das *Planctus III* am ergiebigsten: Zu Beginn der vierten Strophe steht ein Doppelvers, der die Männer an dieser Heldin misst, statt wie üblich vom Mann als dem Normalfall Mensch auszugehen. Obwohl diese Verse keinerlei sprachliche Hürden enthalten, blieben sie in ihrer feministischen Kühnheit bisher unverstanden, vgl. S. 84.

Im Weiteren erinnert die Tochter ihren Vater Jephta an den Opfergang von Abraham und Isaak (vgl. Bild 4). Mit einem guten feministischen Selbstwertgefühl verbindet sie die Gewissheit, dass Gott sie nicht wie den Knaben Isaak verschmähen werde; das erfüllt sie mit Stolz, und es ehre auch Jephta als Vater einer Tochter. Sie beschwört ihren Vater, sich jetzt auch im Mut (*animus*) als Mann zu bewähren. Denn wenn eine Jungfrau in ihrer konstitutiven Schwachheit nicht zittere, das Unvermeidliche zu erleiden, habe die Rechte eines tapferen Mannes dessen Vollstreckung auszuhalten. Sie erreicht ihr Ziel, indem sie das Stereotyp vom ‚schwachen Weib' anführt, doch spricht der ganze Kontext dagegen, die Tochter Jephtas deshalb der Anschwärzung des eigenen Geschlechts zu zeihen.

Aus dem Briefwechsel ist bekannt, wie unbeholfen Abaelard auf Heloisas Freundschaftswunsch reagierte und ihr in seiner seelsorgerlichen Distanz eine persönliche Antwort schuldig blieb, vgl. S. 43 f. Deshalb könnte angesichts des referierten spektakulären Frauenlobs der Klosterbriefe der Verdacht aufkommen, dieses sei abgehoben und Abaelards Feminismus bleibe ‚rosa Theorie'. Klingt das alles nicht ein wenig – wie die von Abaelard ins Feld geführte Brautmystik – nach einer generellen Überhöhung der Leistung frommer Frauen?

Den Verdacht der Unverbindlichkeit einer solchen Generalisierung auszuräumen, ist, wie ich meine, dem Kunstwerk über Jephtas Tochter gelungen. Gefühlvoll und mit spürbarer Anteilnahme stattete der Dichter seine *virago* mit individuellen menschlichen Zügen aus: Biblisch autorisiert ist der Umstand, dass sie ihren Vater um eine Frist von zwei Monaten bittet, um in den Bergen mit ihren Gefährtinnen ihre Jungfrauschaft zu beweinen. Wie sie jedoch nach dem Bad in der Schmückungsszene unter der seelischen Belastung des bevorstehenden Todes voller Ungeduld aufspringt und weitere Schmuckstücke zurückweist mit der Erklärung: „Das reicht für eine Hochzeit, für die Sterbende ist es zu viel!" ist von Abaelard geschaffenes packendes Drama, ebenso wie die Sogwirkung im Ablauf des Geschehens, das in der gespenstischen Tötungsszene gipfelt.

Aus welchen Gründen schenken wir Abaelards Frauenlob in der Klage über Jephtas Tochter mehr Glauben als seinen biblischen Argumentationen? Dichtung vermag nur unter der Vorgabe echter Gefühle zu ergreifen, wofür ein Autor von seinem Innersten preisgeben und sich ein Stück weit in seinem Opus ‚inkarnieren' muss. Im Gegensatz zur distanzierter und polyphon voranschreitenden Prosa (auch wenn es sich wie bei Abaelard um seelsorgerliche Prosa in Briefen handelt) verdichtet ein Autor seine Gefühle, wenn er an Poesie arbeitet. In den Klageliedern erschuf Abaelard unter Teilgabe eigener Gefühle diese Frauen neu, er schrieb nicht nur wie in den Klosterbriefen über sie. Demnach dürfte Abaelard der an den Frauen bewunderten ‚Ganzheitlichkeit' nirgendwo näher gekommen sein denn als Dichter.

Als er in *Brief 7* über das Verhalten von Jesu Jüngern im Kontrast zu den ‚Apostolinnen' nachdachte, bewunderte er an den Frauen um Jesus ihre unbedingte Loyalität, dass sie ihre Gefühle nicht abspalteten, für ihren Rabbi auch bei persönlicher Gefährdung einstanden und mithin auch im psychologischen Sinn ‚integer' handelten. Die Jünger hatten bei Jesu Passion und Tod versagt, unfähig, im Garten Gethsemane für ihn zu wachen, flohen sie auseinander oder verleugneten ihn wie der Apostelfürst Petrus. Seine musische Begabung befähigte Abaelard zu einem tieferen Verständnis für die Andersartigkeit von Frauen. Dieses Verständnis konnte er im Frauenlob seiner Klosterbriefe diskursiv umsetzen, aber erst in den Klageliedern findet es eine für sich ‚einnehmende' Darstellung.

Vollendete Poesie hat vor Prosaliteratur einen weiteren Vorteil: Das in sich ruhende Gedicht oder Lied kann seiner Hörer- und Leserschaft mehr Freiheit einräumen, als es der feinfühligste Brief vermöchte, weil ein solcher seine Adressaten mit Zu- oder Anspruch letztlich irgendwie ‚in die Pflicht nimmt' und potentiell Abwehr erzeugt. Deshalb vermute ich, dass Abaelards ‚feministisches Bekenntnis' in *Planctus I* und *III* die empfindsame Dichterseele Heloisas mehr anrührte als die zahlreichen aus der Tradition geschöpften Argumente in *Brief 7*. Abaelards neutestamentliche Argumente waren ohne Zweifel originell, er betrieb mit ihnen die erste ‚feministische Bibellektüre' (zumindest von Seiten eines Mannes). Aber diese Argumente haben einen schwer wiegenden Nachteil: Im Unterschied zu den rein menschlichen Klagen von Personen aus dem Alten Testament beziehen sie sich allesamt auf ‚heilige Frauen'. Heloisa musste sich in ihrer Bescheidenheit von ihnen ausgeschlossen fühlen. Leichter müsste es ihr gefallen sein, sich mit der nach ihr gemodelten Tochter Jephtas zu identifizieren!

Die Forschung geht davon aus, dass Abaelard die *Planctus* entweder zeitgleich oder kurz nach seinem Briefwechsel mit Heloisa abfasste, vgl. S. 199. Ich hielte es für denkbar, dass er mit ihnen auf das subtile Abgrenzungssignal von Heloisa in *Brief 6* reagierte.

Bevor sie dort nämlich auf Abaelards Offerte einging und ihm ihre beiden religiösen Anliegen – zur Herkunft und zum Vorbild des weiblichen Ordensstandes und zu einer speziell auf Nonnen zugeschnittenen Regel – mit eigenen Überlegungen vortrug, grüßte sie ihn (S. 38): „Dem im wahrsten Sinne des Wortes Ihrigen die in einzigartiger Weise Seine" (*Suo specialiter sua singulariter*). Mit diesem Gruß erinnerte Heloisa Abaelard an seine eigene Formulierung in *Brief 3* (*qui specialiter est tuus*) und distanzierte sich zugleich deutlich von seinem Ansinnen in *Brief 5*, wonach sie als „Braut Christi" im Erlöser jetzt einen würdigeren Freund habe als ihn, der ihre Ergebenheit, ihr Mitleiden und ihre Zerknirschung nicht verdient habe (S. 38).

Heloisa konnte mit Brautmystik und derlei Allegorien nichts anfangen, wie auch ihre streng auf den geschichtlichen und moralischen Sinn bezogenen *Problemata* belegen. In der lapidaren Grußformel von *Brief 6* ließ sie – anders als im Gruß von *Brief 4* – Christus bewusst beiseite und bedeutete Abaelard gleichsam: ‚Auch wenn wir jetzt Deinem Vorschlag gemäß religiöse Fragen erörtern, unsere Beziehung bleibt eine ganz besondere, wie Du ja selber geschrieben hast!'

So viel zur Beziehungssituation des Paares zu dem Zeitpunkt, als der persönliche Briefwechsel in die Klostergründungsdokumente mündete und Abaelard wahrscheinlich seine Klagelieder abfasste.

D.

Die *Planctus* besitzen nicht nur den von der Forschung schon länger konstatierten chronologischen Bezug zum Briefwechsel, sondern sie beziehen sich untergründig auch auf den Inhalt des Briefwechsels, die Beziehungsgeschichte des Paars. Zu Ende des Schwerpunktes *Gender* fasse ich daher zusammen, inwiefern in jedem zweiten *Planctus* Abaelards Beziehungsgeschichte mit Heloisa anklingt.

Die Klage Dinas (I) gemahnt an die erste Beziehungsphase, als Heloisa nacheinander Abaelards Schülerin, Geliebte, schwangere Freundin, Mutter seines Sohnes und endlich seine geheim angetraute Ehefrau wurde. In allen Belangen hatte Abaelard seine Pläne und Wünsche durchgesetzt. Dabei war er ihr gegenüber nicht nur durch Alter, Geschlecht und Bildung, sondern auch durch seine normale Sozialisation im Kreise einer vielköpfigen Familie im Vorteil. Im Gegensatz zu ihm wuchs Heloisa als Waise in einem Frauenkloster auf, wo ihr die Auseinandersetzung mit dem anderen Geschlecht fehlte. Obwohl Heloisa energisch und mit einem beträchtlichen patristischen Argumentarium gegen die geplante Heirat opponierte, richtete sie nicht das Geringste aus; wie Dina besaß sie keinerlei Handlungsmacht.

Die Klage über Jephtas Tochter (III) lässt sich auf den alles entscheidenden Lebensschritt Heloisas beziehen: Anlässlich ihres Klostereintritts schlug ihre Liebe zu Abaelard, wie sie später[201] einräumt, in Wahnsinn um: Bar jeder Berufung für das Klosterleben, ohne Rücksicht auf die Ratschläge ihres Freundeskreises und nur deshalb, weil sie bei Abaelard keinen Anstoß erregen wollte, nahm sie mit der ihr eigenen Entschlossenheit im Kloster Sainte-Marie von Argenteuil ihren Nonnenschleier aus den Händen des Bischofs entgegen.

---

[201] Vgl. S. 90 die *Anm.* 97.

Der ‚Wahnsinn' bestand darin, dass sie aus Liebe handelte, und sich zugleich um all das brachte, was sich ihre Liebe erhoffte: Abaelard und seine Freundschaft. Durch ihre Profess verlor sie nicht nur definitiv ihren Geliebten (ohne Hoffnung, den nach seiner Kastration Mönch Gewordenen je wieder zu gewinnen), sondern auch das eigene Selbst, wie sie mehrfach klagt, und damit auch die Möglichkeit, bei Gott ihren Frieden zu finden, vgl. S. 37. Ihre reine Liebe, die nichts an und von Abaelard begehrte außer ihm selbst und seiner Freundschaft, führte so zu einer mehrfachen Verlusterfahrung. Hinzu kommt, dass Heloisa im Moment ihrer Profess schwer am Misstrauen ihres Geliebten trug. Denn Abaelard hatte ausdrücklich verlangt, dass sie vor ihm ins Kloster eintrete, offenbar weil er seiner jugendfrischen Freundin nicht recht traute. Wie er später gesteht, hätte er es nicht ertragen, wenn sie sich in Liebe einem anderen Mann zugewandt hätte.[202]

In allen Stücken setzte sich Abaelard auch diesmal durch. Heloisa schreibt im Rückblick, dass sie damals auf dem Altar ihrer Liebe zu Abaelard auch noch ihre Seele geopfert habe, was im Blick auf den erläuterten mehrfachen Verlust keineswegs übertrieben ist. Beide begriffen sie Heloisas Klostereintritt als einen von ihr aktiv vollzogenen Schritt der ‚Selbstaufopferung', was Heloisa mit den Worten der Römerin Cornelia aus Lucans *Pharsalia* unterstrich. Wie ich auf S. 90 f. im Hinblick auf Cornelia und Heloisa erläuterte, steckt in Heloisas Zitat aber zugleich eine Abaelard entgangene Selbstbehauptung zweier machtloser Frauen.

Die sieben Strophen, in denen David (VI) seines Freundschaftsbundes mit Jonathan gedenkt, bezeugen schließlich, was Heloisa und Abaelard einander nach allen Stürmen und Rollenwechseln jenseits der Genderfrage bedeutet haben mögen. Ob sie als viel beschäftigte Ordensleute im letzten Lebensjahrzehnt Abaelards, als er seine ‚scholastische Ernte' einbrachte und wiederum unter großem Beifall auf dem Genovefaberg in Paris lehrte, noch Zeit und Gelegenheit für eine symmetrische Freundschaft à la David und Jonathan fanden, muss offen bleiben.

---

[202] Vgl. S. 90 die *Anm. 96*.

Der verglichen mit dem Briefwechsel entspanntere Ton in den *Problemata Heloissae* könnte ein Wink in diese Richtung sein. Vielleicht war es aber auch die Wirkung der für sie (als Teil der Parakletschriften) gedichteten *Planctus*, die Heloisa zu einer versöhnlicheren und persönlich freieren Haltung verhalfen. Auch bei dem vielen, was an dieser komplexen Liaison zweier hochbegabter Individuen für immer Geheimnis bleiben wird, steht für mich außer Frage, dass Abaelard spätestens zu dem Zeitpunkt, als er die Strophen Davids über Jonathan dichtete, Heloisas Freundschaftswunsch erwiderte.

4.

Der philosophisch wohl zentralste Schwerpunkt von Abaelards Klageliedern betrifft *das Problem des Bösen respektive den Verrat* (*Planctus I*, implizit *II*, *IV* und *V*). Fragen, die Abaelard als philosophierenden Theologen in seiner Ethik *Scito te ipsum* umtrieben, stellte er in seinen *Planctus* aus einer allgemein menschlichen Perspektive. Während er in seiner Ethik im Hinblick auf die Beleidigung Gottes nach dem Kriterium schlechter Handlungen fragte und dergestalt einen philosophisch plausiblen Sündenbegriff erarbeitete, gestaltete er die Problematik in den Klagen konsequent unter Verzicht auf theologische Vorgaben.

Nach *Planctus I* handelte der fremde Fürstensohn Sichem zwar gewalttätig, aber wegen seiner Zuneigung und seiner Bereitschaft zur Sühne verzeiht ihm Dina, ja sie geht so weit wie Heloisa (*Anm. 74*) und beklagt sich – in ihrer Wirkung auf den Mann eines fremden Volkes – als „durch sich selbst Verratene"; in typisch weiblicher Weise nimmt sie mehr auf sich, als recht und billig wäre. Für verwerflich hält sie hingegen den Verrat ihrer Brüder: Das Handeln von Simeon und Levi verstieß gegen die getroffene Vereinbarung zur Verschwägerung zwischen Israel und den Hewitern. Simeon und Levi bedienten sich des Mittels der Täuschung oder missbrauchten zumindest den Willen zur Wiedergutmachung, den die Hewiter ihnen entgegenbrachten. Ihr Grimm war derart roh und grausam, dass Jakob ihn nach Gen 49,7 verfluchte. In der Mehrheit traf er vollkommen Unschuldige. Ihr

Motiv, sich für die Schändung ihrer Schwester an einer ganzen Stadt zu rächen –, mögen sie es vor sich auch als ‚Ehrenmord' verbrämt haben – steht in diametralem Gegensatz zu der vom Verfasser an Dina bewunderten Haltung versöhnlicher Liebe. Das Eingehen auf die direkt Betroffene hätte die Brüder von ihrer brutalen Vergeltungstat abhalten können, aber die junge Frau blieb vom Handeln der Männer ausgeschlossen.

Für Leser, die mit Abaelards Dina zu einer klaren Sicht über die Verantwortlichkeit des Geschehens gelangt sind, mag es paradox klingen, dass ausgerechnet die Dina-Geschichte ein misogyner Lieblingstext klösterlicher Instruktion gewesen sein soll, mittels dessen man, ähnlich wie mit der Sündenfallgeschichte in Gen 3, vor dem Laster weiblicher Neugier warnte. De facto hatte die traditionelle Deutung, die ich mit einem Text Bernhards von Clairvaux belegte (S. 56), das Opfer männlichen Mutwillens statt diesen selber zur Verantwortung gezogen.

Dieses ethische Fehlurteil führte zu einer nochmaligen Ausgrenzung Dinas. Das Fehlurteil der traditionellen Deutung entbehrt freilich nicht der psychologischen Plausibilität: Denn neigt menschliche Schwäche nicht seit jeher zu einem Bündnis mit der Macht und mutmaßt nur allzu gerne, dass die Mächtigen doch irgendwie Recht haben müssten? Auch unbeteiligte Dritte haben z. B. Pogrome an den Juden auf das Verhalten des jüdischen Volkes zurückgeführt anstatt auf die stereotype und durchschaubare Verleumdung und das Ressentiment seiner Mörder. Indem zuletzt dem Opfer die Schuld für die ihm beigebrachte Verletzung zugesprochen wird, befreien sich Unbeteiligte von der Pflicht zu einem solidarischen Verhalten; solidarisches Verhalten ist in der Regel kritisch, weil es im Bund mit dem Opfer einen Missstand aufklären und beheben will.

Erst wer den Sachverhalt durchschaut, kann den von Bequemlichkeit, Feigheit und diffusen Ängsten genährten psychologischen Verdrängungsmechanismus bei sich selbst unterbinden; deshalb legte Abaelard in seiner Ethik *Scito te ipsum* so großen Wert auf die Selbsterkenntnis. Die angedeutete ‚Verdrängung' ist allerdings weniger böse als Abaelards biblische Exempel von Verrat, bei denen Menschen einander in voller Absicht Schaden zufügten.

Zur Geschichte von Jakob und seinen Söhnen gehören mehrere Episoden von Täuschung und Betrug, doch Abaelard ging in *Planctus II* nicht näher darauf ein (vgl. S. 60). Beim Sturz Samsons (IV) und bei Abners heimtückischer Ermordung (V) ist hingegen der Verrat wiederum das zentrale Motiv: Delila drängte ihren Liebhaber Samson nicht nur zur Preisgabe seines Geheimnisses, sie rief auch den Philister herbei, der ihn seiner Locken und seiner Kraft beraubte. Davids Heerführer Joab rief Abner ins Tor von Hebron zurück und erdolchte ihn in einer freundschaftlich scheinenden Umarmung; zumindest stellte christliche Kunst Joabs Vergehen in Analogie zum Kuss des Judas so dar, vgl. S. 118.

Im Blick auf die geschilderten Fälle lassen sich die Wesensmerkmale verräterischen Tuns analysieren:

Erstens setzt ein Verrat irgendeine Form von Vertrauensverhältnis voraus: Bei Israel und den Hewitern war es die geplante Verschwägerung; bei Samson und Delila ein Liebesverhältnis; bei Joab und Abner die freundschaftliche Begrüßung vor dem Hintergrund der Aussöhnung zwischen Abner und Joabs Onkel David.

Zweitens besteht ein Verrat im Kern darin, durch Täuschung oder Enttäuschung – entsprechend dem in *Anm. 89* auf S. 85 erörterten Doppelsinn des lateinischen Verbums *decipere*, nämlich entweder einer Irreführung des anderen oder der Enthebung des anderen aus dessen Selbsttäuschung – das aufgebaute Vertrauen zu missbrauchen: Dinas Brüder nutzten das Entgegenkommen der Hewiter und ihre Schwäche nach der verlangten Prozedur der Beschneidung aus oder täuschten sie womöglich schon von Anfang an über das verlangte ‚Bundeszeichen' der Beschneidung, die ihnen in diesem Fall bloß zum Vorwand diente, um den Feind zu schwächen. Delila beschwor Samson bei seiner Liebe und enttäuschte seine Offenherzigkeit. Joab täuschte im Wissen um Abners neues Bündnis mit David dem ehemals feindlichen Feldherrn ein freundschaftliches Einvernehmen vor und enttäuschte diesen in seiner Arglosigkeit.

Drittens geht mit dem Missbrauch von Vertrauen eine Schädigung dessen einher, den man verrät, und zwar ist diese Schädigung entweder der Zweck des Verrats oder zumindest eine bewusst in Kauf genommene Folge: Sowohl Dinas Brüder als auch Joab handelten aus

Rache und strebten die Vernichtung des getäuschten Feindes an. Bei Delila wissen wir nicht, wie genau sie über die Konsequenzen ihres Verhaltens für Samson Bescheid wusste, aber sie ließ sich wie Judas für diesen Auftrag von den Philistern bezahlen.

Viertens ist ein Verrat, der diesen Namen verdient, niemals ein Verhalten, das sich als unbewusste Folge einer Verdrängung bloß einstellt oder jemandem unbemerkt unterliefe. Verräterisches Verhalten ist bewusst und als Fehlverhalten anrechenbar. Seine komplexe Struktur, wonach mit der realen Schädigung immer zugleich etwas im zwischenmenschlichen Bereich versehrt wird, macht es eher unwahrscheinlich, dass ein Verrat das Ergebnis bloßer Fahrlässigkeit ist; bei einem Verrat ist Vorsatz im Spiel. Um zu beurteilen, wie gravierend ein Verrat ist, zählt nebst dem Umfang des herbeigeführten Schadens und der Tiefe des zerbrochenen Vertrauensverhältnisses der Grad der Vorsätzlichkeit, ob das Vertrauensverhältnis beispielsweise bereits in übler Absicht eingeleitet wurde.

So lockte Joab Abner im Wissen darum, dass er ihn dort ermorden würde, ins Tor von Hebron; sein Verhalten war in allen Abschnitten falsch und verräterisch. Dagegen bleibt bei Dinas Brüdern offen, ob sie die Einwilligung der Hewiter zur Beschneidung bereits in hinterhältiger Absicht einholten oder ob der furchtbare Zorn Simeon und Levi erst später zum Morden trieb. Auch bei Delila ist das Quantum des Vorsatzes nicht bekannt, da die Philister sie über die Konsequenzen für Samson angelogen haben könnten. Sie handelte aber insofern verräterisch, als sie mit ihrem Judaslohn wörtlich ‚etwas in Kauf nahm' und ihr die erbitterte Feindschaft zwischen Samson und den Philistern kaum verborgen geblieben war.

Fünftens stellt sich beim Täter gerade deshalb, weil Bewusstheit und Vorsatz zum Wesen des Verrats gehören, automatisch eine Dialektik von Rationalisierungen und Selbstrechtfertigungen ein. Wer im Begriff ist, einen Verrat zu begehen, mag sich etwa einreden, der Schaden lasse sich für den anderen eh nicht abwenden, so dass es auf ihn und sein Verhalten gar nicht mehr ankomme. Wer in dieser Weise für sich oder vor anderen argumentiert, hat übersehen, dass jeder Vertrauensbruch (als Konstituens eines Verrats) bereits für sich eine Verletzung und Beeinträchtigung darstellt, noch unabhängig von dem seitens Dritter feststellbaren ‚Schadensfall'. Denn der Missbrauch von Vertrauen untergräbt gewissermaßen das ‚humane Potential' zwischen den Menschen und ist für Betroffene und andere Personen, die es mit ihnen zu tun bekommen, abträglich. Augenfällig wird das an der prekären Beziehung zwischen Jakob und seinem Oheim Laban, die sich nach Gen 31 auch auf Rahel auswirkte: Rahel schämte sich nicht, die Amulette oder Götterfigürchen (Teraphim) ihres Vaters zu entwenden. Als Laban die heimlich ausgewanderte Schar Jakobs eingeholt hatte, setzte sie sich auf den Sattel, unter dem die Teraphim versteckt waren, und log ihren Vater an.

Das Vorliegen eines bestimmten Grades von Vorsätzlichkeit und das komplexe Ineinander von primär seelischer Verletzung (bzw. Beeinträchtigung des zwischenmenschlichen Potentials) und dem auch von außen konstatierbaren ‚Schadensfall' macht den Verrat nun, wie ich meine, zum Paradebeispiel boshaften Verhaltens. Das Böse und die Bosheit halte ich für Spezifika menschlichen Verhaltens. Gewiss können sich Tiere in Grenzen aggressiv und grausam verhalten, z. B. eine wohlgenährte Katze, die einer niedlichen Maus in brutalem Spiel den Garaus macht. Doch handelt die Katze dabei erstens nicht aus Vorsatz, dem eigentlichen Kriterium bösen Verhaltens, sondern eher aufgrund ihres denaturierten Instinkts; eine wild lebende und hungrige Katze würde die Maus unverzüglich mit einem Genickbiss töten und auffressen. Und zweitens ist eine Katze, die eine Maus zu Tode quält, vorher kein Vertrauensverhältnis mit ihrem Opfer eingegangen, wie der böse Mensch es tut, bevor er gewissermaßen ‚zubeißt'.

Aus Abaelards biblischen Exempeln erfahren wir auch etwas über den Kontext bösen Verhaltens. An Joab wird deutlich, wie Misstrauen und Verrat einander wechselseitig (ohne Priorität des einen vor dem anderen) bedingen: Er, der selber zum Verräter wurde, witterte in Abners neuem Bündnis mit David einen Verrat; es ist der schon an Samsons Frauenhass beobachtete ‚Spiegelvorwurf'. Josephs Träume weckten das Misstrauen seiner Brüder; denn bedeuteten die sich verneigenden Garben nicht, dass sich ihr jüngerer, bereits vom Vater bevorzugter Halbbruder über sie stellen wollte? In der Samson-Geschichte wurde das Misstrauen geradezu zum Schrittmacher des

Bösen: Weil die Philister Samson misstrauten, sandten sie ‚Aufseher' zu seiner Hochzeit, vor denen er sich dann mit seinem Rätsel aufspielte. Das Rätsel war töricht gewählt, weil es nur mittels des Verrats der angetrauten Philisterin gelöst werden konnte; auf den Verrat folgte die unheilvolle Spirale gegenseitiger Bezichtigung und Gewalt zwischen Samson und den Philistern, die in eine Art ‚Privatkrieg' zwischen dem Richter Israels und der Besatzungsmacht ausartete.

Was ist nun über diejenigen zu sagen, die den Exponenten von Misstrauen und Bosheit standhalten oder an ihnen zugrunde gehen? Dina überwindet in ihrem Verzeihen das Misstrauen und die Abneigung, die sie nach menschlichem Ermessen ihrem Vergewaltiger gegenüber haben müsste. Der verkaufte Joseph wird seinen Brüdern verzeihen, aber Abaelards Jakob weiß noch nichts vom märchenhaften Ausgang der ganzen Geschichte. Jonathan liebte David und riskierte damit das Zerwürfnis mit seinem Vater Saul und sogar das eigene Leben. David bedauert, nicht zusammen mit dem geliebten Freund gestorben zu sein, wenn er ihn schon nicht vor dem Tod bewahren konnte. Der tüchtige Feldherr Abner kommt um, weil ihn die eigene Lauterkeit zu unvorsichtig sein ließ.

Voller Verehrung besingen die *Planctus* die Gutartigen. Sie sind nicht alle umgekommen, aber sie gingen alle ohne Ausnahme ein beträchtliches Risiko ein, weshalb ihrem Verhalten in Abaelards Darstellung etwas erhaben Heroisches anhaftet.

Am augenscheinlichsten ist das am *Planctus III*: Wie groß auch Abaelards Huldigung und Empathie für Jephtas Tochter ausfiel, so scharf verurteilte er die Einlösung des Gelübdes durch Jephta. Wenn in *Brief 7* noch von Jephtas „Torheit" (*stultitia*) die Rede war, so bezeichnete er des Vaters Verhalten im Klagelied als Mangel an Verstand oder Wahnsinn (*amentia*); in beiden Fällen ist das eine Charakteristik, die klugem Verhalten und gesunder Vernunft zuwiderläuft. Wollte Abaelard eventuell auch in Hinsicht auf Heloisa selbstkritisch andeuten: Aufopferungsvolle Liebe, wie sie seit Jahrtausenden zur ‚christlichen Ideologie' gehört, verdient zwar Lob und Bewunderung, indes sollten wir sie niemals gebieten? Wäre es nicht vernünftiger, die asymmetrische Situation zu verändern, in der jemand zur Selbstaufopferung genötigt wird? Wie es die bewusstseinsklare Haltung der Tochter Jephtas (aber auch diejenige Cornelias und Heloisas) vor Augen führt, war in Abaelards Sicht der Wahnsinn nicht auf der Seite der aufopferungsbereiten Frauen.

Im Ergebnis scheinen mir von den behandelten thematischen Schwerpunkten der erste und der letzte philosophisch relevanter als die beiden anderen: Das Leiden an der Unvernunft der Welt und am bösen Willen, mit dem die Menschen einander mangels Liebe und Vernunft begegnen. Nebst der Tatsache, dass in jedem zweiten *Planctus* (I, III und VI) unterschwellig Abaelards Beziehungsgeschichte mit Heloisa anklingt, handelt es sich bei den anderen beiden Schwerpunkten, der Rolle Erwählter und der Genderproblematik, um die persönlicheren Gehalte von Abaelards Klageliedern.

Auf alle vier Schwerpunkte bezogen stimme ich dem italienischen Editor Giuseppe Vecchi zu, der in Abaelards *Planctus* – in biblischer Verkleidung und symbolisch ausgedrückt – die *poetische Synthese eines in seiner Summe schmerzreichen Lebens* sieht.[203] Auf der Basis der vorgelegten Interpretation, wonach sich Abaelard betont menschlich in seine biblischen Personen vertiefte und sie unter Verzicht auf eine im herkömmlichen Sinn allegorische Deutung geschichtlich und moralisch deutete, finde ich allerdings Vecchis Titel: *Planctus sacri* ein wenig irreführend und bevorzugte den schlichteren: *Planctus biblici*.

---

[203] Vgl. GIUSEPPE VECCHI: *Pietro Abelardo: I „Planctus"*, Modena 1951, S. 14: „I *Planctus* [...] rappresentano la sintesi poetica di tutta una vita dolorosa, sotto la veste biblica, per allegoria e per simbolo."

Bibliographie

Editionen

Ed.: GREITH, CARL JOHANN: *Spicilegium Vaticanum*. Beiträge zur näheren Kenntnis der vatikanischen Bibliothek für deutsche Poesie des Mittelalters, Frauenfeld 1838, S. 121–131.
Ed.: COUSIN, VICTOR: *Petri Abaelardi Opera*, 2 Bde, Paris 1849 [Nachdruck Olms, Hildesheim 1970], Bd. I, S. 333–339.
Ed.: MIGNE, J. P.: Petri *Abaelardi abbatis Rugensis Opera omnia*, Patrologiae Latinae tomus 178 (= *PL 178*), Turnhout 1855 [Reprint 1988], Sp. 1817C-1824A.
Ed.: MEYER, WILHELM und BRAMBACH, W.: *Petri Abaelardi planctus virginum Israel super filia Ieptae Galaditae*, München 1885. Auch in: Gesammelte Abhandlungen zur mittellateinischen Rhythmik, 3 Bde., Berlin 1905–1936 [Neudruck Olms, Hildesheim 1970] Bd. 1, S. 340–356.
Ed.: MEYER, WILHELM: *Petri Abaelardi Planctus I. II. IV. V. VI.*, in: Festschrift für Konrad Hofmann zum Geburtstag, in: Romanische Forschungen Bd. V., Erlangen 1890, S. 419–435 (S. 426: Erläuterung der im Ms. über den Wörtern überlieferten Neumen); sowie in: Ges. Abhandlungen zur mittellateinischen Rhythmik, 3 Bde., Berlin 1905–1936 [Neudruck Olms, Hildesheim 1970], Bd. 1, S. 357–374.
Ed.: DREVES, GUIDO MARIA: *Hymnographi Latini. Lateinische Hymnendichter des Mittelalters*, in: Analecta Hymnica, ed. CLEMENS BLUME und GUIDO MARA DREVES, Bd. 48, Leipzig 1905 (S. 142–223: A. *Hymnarius Paraclitensis* und S. 223–232: B. *Abaelardi Planctus*).
Ed.: LAURENZI, F.: *Le poesie ritmiche di Pietro Abelardo*, Roma 1911.
Ed.: VECCHI, GIUSEPPE: *Pietro Abelardo: I „Planctus"*. Introduzione, testo critico, trascrizioni musicali, in: Collezione di testi e manuali no. 35, Modena 1951.
Ed.: ZUMTHOR, PAUL: *Pierre Abélard: Lamentations. Histoire de mes malheurs. Correspondance avec Héloïse*, Actes sud, Collection Babel no. 52, Arles 1992, S. 31–91: lat.-franz. Text der *Planctus*.

Zu den Handschriften und Editionen

Nach *A Checklist of the manuscripts containing the writings of Peter Abelard and Heloïse*, ed. JULIA BARROW, CHARLES BURNETT and DAVID LUSCOMBE, in: Revue d'histoire des textes XIV–XV, Jg. 1984–1985, Paris 1986, S. 251 enthält nur das Ms. aus dem Vatikan den Text aller sechs *Planctus*. Zusätzlich ist *Planctus VI* in einem Oxforder und Pariser Ms. überliefert.

In der Meinung, es handle sich bei den sechs *Planctus* um einen Teil der für Heloisa verfassten Liebeslieder, erstellte CARL GREITH 1838 die *editio princeps* auf der Basis des erwähnten vollständigen Ms. Vat. Reg. lat. 288, f. 63v-64v aus dem 13. Jahrhundert. Nach GREITH gehören sie zu den frühesten Liebesliedern des Mittelalters und sind entsprechend mit „Minnelieder" überschrieben: LXXXV: *Petri Abailardi Planctus cum notis musicalibus*. GREITHs Edition wurde 1849 in die Abaelard-Edition von VICTOR COUSIN und 1855 in diejenige von J.P. MIGNE (= PL 178) aufgenommen.

WILHELM MEYER hielt diese Edition für unzureichend (GREITH hatte zwar einem Spezialisten den Auftrag für die Übertragung der Neumen in Noten erteilt, aber dieser Teil fehlte in seiner Edition) und edierte deshalb zusammen mit W. BRAMBACH 1885 das dritte *Planctus* über Jephtas Tochter neu, 1890 gefolgt von der Edition der anderen fünf *Planctus*.

MEYER war vom Dichter Abaelard nicht sonderlich angetan. 1890 schrieb er in der Festschrift für Konrad Hofmann auf S. 419: „Die Darstellung verrät keinen geborenen Dichter, doch einen lebhaft empfindenden, redegewandten und gut disponierenden Denker." Der Hauptwert von Abaelards Dichtungen lag für ihn in den *Formen*: „ […] in den sechs Klagen zeigt sich jene Kühnheit der Erfindung neuer Zeilen, der Zusammenfügung neuer Strophen und des Aufbaus ganzer Gedichte, welche es mit den kühnsten derartigen Schöpfungen der früheren Meister dieser Kunst, der alten Griechen des 7. bis 4. Jahrhunderts vor Christus, aufnimmt." Seiner Meinung nach ließ sich dieser bewunderte Aufbau erst anhand der musikalischen Notation würdigen.

Unter der Überschrift: *Planctus sacri* erstellte GIUSEPPE VECCHI nochmals eine kritische Edition der sechs Totenklagen und ging auch auf Abaelards Metrik und Musik ein. S. 72–76 fügte er unter der Überschrift: *Planctus amatorius* das Stück: *Parce continuis* aus einer Florentiner Handschrift (Aedil. Flor. Eccl. 197, f. 130v, 13. Jahrhundert) bei.

PAUL ZUMTHOR benutzte für seine erste zweisprachige (lateinisch-französische) Ausgabe den Text von VECCHI mit nur geringen Abweichungen; S. 94–103 findet sich auch die „plainte amoureuse" (*Parce continuis*) mit Übersetzung. Darüber hinaus enthält ZUMTHORs Ausgabe S. 107–122 eine *Note musicologique* von GÉRARD LE VOT.

Mein Abdruck des lateinischen Textes folgt ZUMTHOR, behält aber die herkömmliche Reihenfolge der sechs Planctus bei, statt wie ZUMTHOR *Planctus V* und *VI* umzustellen; ferner zog ich auch VECCHIs Ausgabe und PL 178 zu Rate, vgl. S. 47 f.: *Zur Einrichtung des Textes*. Alle Abweichungen vom Text ZUMTHORs und VECCHIs werden in den Fußnoten begründet.

Zur Datierung

WOLFRAM VON DEN STEINEN (1967, S. 123; unter *Literatur* der fünfte Titel) nimmt für die Abfassung der *Planctus* eine Zeit zwischen 1131 und 1135 an, also ein Datum vor Abaelards letzter Pariser Lehrtätigkeit. LAURENZI (1911, S. 113; unter *Editionen* der siebte Titel) datierte sie auf das Jahr 1132. D. VAN DEN EYNDE: *Chronologie des écrits d'Abélard à Héloïse*, in: Antonianum 37, 1962 (S. 337–349), S. 344 und 349 erwähnt zwar die *Planctus* nicht, aber wenn die *Sequentiae* mit den *Planctus* übereinkommen (andernfalls wären die *Sequentiae* verloren gegangen), wären sie ebenfalls in die Jahre 1132–1135 zu datieren. – Wenn dies zutrifft, fasste Abaelard seine *Planctus* fast zeitgleich oder wenig später als seine Briefe an Heloisa ab.

Literatur

Es folgt eine chronologische Liste der Literatur zu Abaelards Klageliedern bzw. zu Abaelard als Dichter, doch ohne die Literatur zu den Hymnen. Weitere in den Fußnoten zitierte Literatur ist dort mit den erforderlichen Angaben versehen.

SPANKE, HANS: *Sequenz und Lai*, in: Studi Medievali, neue Serie 15, 1938, S. 12–68.

VECCHI, GIUSEPPE: *Sequenza e lai. A proposito di un ritmo di Abelardo*, in: Studi Medievali, neue Serie 20, 1943–1950, S. 89–106.

FRANCESCHINI, E.: *Note al testo dei „Planctus" di Abelardo*, in: Aevum 26:3, 1952, S. 274–275 (Rez. von Vecchis Edition).

MACHABEY, ARMAND Sr.: *Les „Planctus" d'Abélard, remarques sur le rythme musical du XIIe siècle*, in: Romania 82, 1961, S. 71–95.

STEINEN, WOLFRAM VON DEN: *Die Planctus Abaelards – Jephtas Tochter*, in: Mittellateinisches Jahrbuch 4, 1967, S. 122–144 (Text nach Meyer, Dreves und Vecchi).

WEINRICH, LORENZ: *„Dolorum solatium" – Text und Musik von Abaelards Planctus*, in: Mittellateinisches Jahrbuch 5, 1968, S. 59–78 (*Planctus VI* anhand von zwei weiteren Handschriften musikwissenschaftlich untersucht).

WEINRICH, LORENZ: *Peter Abelard as a Musician*, in: The Music Quarterly 55, 1969, S. 295–312 und 464–486.

DRONKE, PETER: *Poetic Individuality in the Middle Ages*, Oxford 1970, S. 114–149: *Peter Abelard – Planctus and Satire* (Appendix S. 202–231 von IAN BENT: *Melodies of Peter Abelard and Hildegard;* verwendet für *Planctus VI* das Pariser Ms.: S. 203–209. 231).

ALEXIOU, MARGARET and DRONKE, PETER: *The Lament of Jephta's Daughter: Themes, Traditions, Originality*, in: Studi Medievali, 3. Serie, Jg. 12, 1971, S. 819–863.

HUGLO, MICHEL: *Abélard, poète et musicien*, in: Cahiers de Civilisation Médiévale 22, 1979, S. 349–361.

WORSTBROCK, FRANZ JOSEF: *Ein Planctus auf Abaelard*, in: Mittellateinisches Jahrbuch 16, 1981, S. 166–173 (Planctus eines Anonymus, wohl eines Schülers, über Abaelards Verurteilung mit Anklängen an *Planctus VI*)

YEARLEY, JANTHIA: *The Medieval Latin Planctus as a Genre*, Ph.D. Univ. of York 1983.

CLARK, JOHN R.: *The traditional figure of Dina and Abelard's first Planctus*, in: Proceedings of the PMR (Patristic, Mediaeval and Renaissance) Conference no. 7 of 1982, ed. JOSEPH C. SCHAUBELT and JOSEPH REINO, Villanova, Penn.: Villanova University 1985, S. 117–128.

BERROA, REI: *Lamentaciones de Abelardo y otros poemas*, in: Cuadernos americanos, dimension imaginaria (poesia bimestral), ser. 2: 44: 262 = 5, 1985, S. 199.

WADDELL, CHRYSOGONUS: „*Epithalamica*": *An Easter Sequence by Peter Abelard*, in: Musical Quarterly 72, 1986, S. 239–271.

ERNST, ULRICH: *Ein unbeachtetes „Carmen figuratum" des Petrus Abaelardus*, in: Mittellateinisches Jahrbuch 21, 1986, S. 125–146 (transkribiert und erläutert).

STICCA, SANDRO: *The Planctus Mariae in the Dramatic Tradition of the Middle Ages* (übers. aus dem Italienischen von JOSEPH R. BERRIGAN), University of Georgia Press 1988 (bezieht sich auf die Gattung, ohne Bezug zu Abaelard).

THIBODEAU, LUCILLE CLAIRE: *The Relation of Peter Abelard's „Planctus Dinae" to Biblical Sources and Exegetical Tradition: A Historical and Textual Study*, Dissertation Harvard University 1991.

JOLIVET, JEAN: *Poésie et philosophie au XIIe siècle*, in: Perspectives médiévales 17, 1991, S. 51–70.

LE VOT, GÉRARD: *Que savons-nous sur la musique des Planctus d'Abélard?* Note musicologique in der Edition der *Planctus* von PAUL ZUMTHOR, Arles 1992, S. 107–122.

EAST, W.G.: *This Body of Death: Abelard, Heloïse and religious life*, in: Medieval Theology and the Natural Body, ed. PETER BILLER and A.J. MINNIS (York Studies in Medieval Theology, 1), York: York Medieval Press 1997, S. 43–59.

JACKSON BELL, THOMAS: *The Paraclete Abbey Bridal Tapestry: Socio-Rhetorical Analysis of Peter Abelard's Sequences „Virgines castae"and Epithalamica*, Dissertation Emory University 1999.

WEINRICH, LORENZ: *Abelard, Peter*, in: The New Grove Dictionary of Music and Musicians, 2. Auflage, London 2001.

WULSTAN, DAVID: *Novi modulaminis melos: The Music of Heloise and Abelard*, In: Plainsong and Medieval Music 11, 2002, S. 1–23.

FEROS RUYS, JUANITA: *„Planctus magis quam cantici". The generic significance of Abelard's planctus*, in: Plainsong and Medieval Music 11, 2002, S. 37–44.

*

Ed. STEWART, MARC and WULSTAN, DAVID: *The Poetic and Musical Legacy of Heloise and Abelard: An Anthology of Essays by Various Authors*, Musicological Studies no. 78, Ottawa and Westhumble 2003, pp. xv, 164.

Darin die beiden Artikel:

BUCKLEY, ANN: *Abelard's planctus and Old French lais: melodic style and formal structure*, ebenda 2003, S. 49–59.

WOUTERS, ANNELIES: *‚Abner fidelissime': Abelards version of a biblical lament*, ebenda 2003, S. 60–66 (ders. Artikel unten auf Französisch).

*

Ed. JOLIVET, JEAN et HABRIAS, HENRI: *Pierre Abélard. Colloque international de Nantes*, Presses universitaires de Rennes 2003.

Darin die sechs Artikel:

FEROS RUYS, JUANITA: *„La douceur d'une vie paternelle": la représentation de la famille dans les œuvres poétiques d'Abélard*, S. 205–213.

IVERSEN, GUNILLA: *Pierre Abélard et la poésie liturgique*, S. 233–260.

BELL, NICOLAS: *Les planctus d'Abélard et la tradition tardive du planctus*, S. 261–266.

PETERSEN, NILS HOLGER: *Les planctus d'Abélard et la tradition des drames liturgiques*, S. 267–276.

COLETTE, MARIE-NOËL: *Un ensemble de planctus attribués à Abélard dans un prosaire nivernais (Ms Paris, BNF, nal 3126)*, S. 277–294.

WOUTERS, ANNELIES: *Une larme pour Abner: une lamentation de l'Ancien Testament remaniée par Pierre Abélard*, S. 295–306 (derselbe Artikel, oben auf Englisch angeführt, ist der Originalartikel).

*

WETHERBEE, WINTHROP: *Literary works*, in: *The Cambridge Companion to Abelard*, ed. JEFFREY E. BROWER and KEVIN GUILFOY, Cambridge: Cambridge University Press 2004, pp. xix, 362, S. 45–64, S. 60ff. zu den *Planctus*.

Musik Abaelards

Zu musikologischen Erörterungen der Dichtungen Abaelards vgl. S. 10 die *Anm. 1*. Es folgen hier die musikalischen Interpretationen.

Peter Abélard: *Planctus Jephta, Planctus David* (*Planctus III und VI* sowie *O Quanta Qualia*), Studio der Frühen Musik, Basel, Leitung: THOMAS BINKLEY 1974, urspr. als Schallplatte; ab 2000 als CD EMI Electrola GmbH, Köln, Reflexe. Stationen Europäischer Musik Folge 4, 7243 **8 26492 2 9**.

12th-Century Chant. Abelard: *Hymns and Sequences for Heloise* (*O Quanta Qualia, Planctus VI* und 11 weitere Stücke, darunter *Epithalamica* und *Samson dux fortissime*), Schola Gregoriana of Cambridge, Winchester Cathedral Choristers, Leitung: MARY BERRY, Herald, HAVPCD 168.

Das *Planctus VI* wird bei BINKLEY und BERRY musikalisch sehr verschieden interpretiert.

Bei C. MEWS 1995 (unter *Bibliographien* erster Titel, S. [61] bzw. S. 69) sind vier weitere CDs verzeichnet, die zwar keine zusätzlichen Lieder Abaelards enthalten, aber vielleicht andere musikalische Interpretationen:

Sacred Music of the 12th Century (*O Quanta Qualia* und *Planctus VI*), Augsburg Early Music Ensemble, Christophorus CHR 74584.

Troubadour Songs (*Planctus VI*), P. Hillier, S. Stubbs, L.-L. Kiesel, Hyperion CDA 66094.

Monks, Poets and Scholars (*O Quanta Qualia*), Capella Antiqua, Munich, RCA-SEON RL 30.336AW.

Jouissance, Hildegard and Abelard (*Planctus VI, Epithalamica*), Viriditas, Spectrum Publications, Richmond, Victoria, Australia.

Weitere CD-Titel mit Stücken Abaelards sind im Internet unter: http://www.pierre-abelard.com/discographie.htm abrufbar, unter anderen folgende:

De profundis. Déplorations sacrées de la tradition occidentale. Par l'ensemble VENANCE FORTUNAT, Direction: ANNE MARIE DESCHAMPS (*Planctus Jacob super filios suos*), Solstice, Paris 1986.

Gregorian Chants. Capella Antiqua München, Leitung: KONRAD RUHLAND, Celestial Harmonies (*Mittit ad virginem*), Teldec Classics International GmbH 1966.

Monastic Song. Theatre of voices, Direction: PAUL HILLIER (*O quanta qualia, Virgines caste, Planctus cigne, De profundis, Epithalamica, Dolorum solatium*), Harmonia Mundi, Los Angeles 1998.

Bibliographien

MEWS, CONSTANT: *Peter Abelard*, in: Authors of the Middle Ages, vol. II no. 5, Aldershot (Variorum, Ashgate) 1995, S. [37]–[80] bzw. 45–88: *Sources, Writings, Bibliography and further Reading.*

Ed. NIGGLI, URSULA: *Peter Abaelard: Die Theologia Summi boni*, Philosophische Bibliothek 395, Hamburg (Meiner) 1988, S. CXXIX–CXLIX: *Kommentierte Bibliographie* (3. Aufl. gekürzt, 1997, S. 289–310).

Ed. NIGGLI, URSULA: *Peter Abaelard. Leben – Werk – Wirkung*, Forschungen zur europäischen Geistesgeschichte Bd. 4, Freiburg (Herder) 2003, S. 375–399: *Systematische Abaelard-Bibliographie ab 1988.*

Ed. STEWART, MARC and WULSTAN, DAVID: *The Poetic and Musical Legacy of Heloise and Abelard: An Anthology of Essays by Various Authors*, Ottawa 2003, pp. ix–xi: *Select Bibliography.*

Ed. BROWER, JEFFREY E. and GUILFOY, KEVIN: *The Cambridge Companion to Abelard*, Cambridge University Press 2004, pp. 341–356: *Consolidated Bibliography.*

Zitierte Werke

Die hier angeführten Werke klingen im Text zum Teil nur implizit und ohne genauere Angaben an. Auf die Seitenzahlen folgen jeweils mit n. und einer Ziffer die Fußnoten.

1. Schriften Peter Abaelards
   - apologetische Schriften   10, n. 31
   - Briefe:
     Brief 1 = Autobiographie, vgl. *Historia Calamitatum*
     Brief 2 von Heloisa an Abaelard   36, 38, 40, 42, 90, 110, 143 f., 153 f., 173 f., 187 f., n. 50, n. 74, n. 97, n. 121, n. 147, n. 165, n. 177, n. 184, n. 201
     Brief 3 von Abaelard an Heloisa   37 f., 178, 186, n. 90, n. 175
     Brief 4 von Heloisa an Abaelard   37 ff., 154, 167, 174, 178, 186, n. 74 f., n. 177, n. 182, n. 193
     Brief 5 von Abaelard an Heloisa   37 f., 43, 90, n. 44, n. 50, n. 70, n. 73, n. 96, n. 99, n. 162, n. 175, n. 183, n. 195, n. 202
     Brief 6 von Heloisa in Erläuterung ihrer beiden Anfragen   38 ff., 186, n. 53 f.
     Brief 7 Abaelards Antwort betr. Herkunft und Vorbild des weiblichen Ordensstandes   40, 88 f., 92, 179 ff., 185 f., 194, n. 92–95, n. 197, n. 199
     Brief 8 Abaelards Nonnenspiegel (Klosterregel für die Benediktinerinnen des Paraklet)   40, 167, 176 f., 181, n. 61, n. 63, n. 187–190, n. 198
     Brief 9 Zum Studium der Heiligen Schrift durch die Nonnen   181, n. 28, n. 151
     Brief 10 Über theologische Fragen an Bernhard von Clairvaux   n. 28, n. 151
     Brief 13 Gegen die Verächter der Dialektik   25, 146, n. 151
     Brief 14 über TSB (s. Anm. 205) an den Pariser Bischof Gilbert   17, n. 151
   - Briefwechsel, ganzer in italienischer Übersetzung   n. 39
   - *Carmen ad Astralabium* (Gedicht an Sohn)   30, 35, 109, 152, 156, 158, 176, n. 120, n. 161
   - [*Carmina amatoria*] (Liebeslieder in damaliger Umgangssprache)   9, 32, 157, 163, 198, n. 165, n. 172

- *Collationes*, vgl. *Dialogus*
- *Dialectica* (davon fehlt Vol.I zu den fünf Prädikabilien aus Porphyrs *Isagoge*, das Werk beginnt mit der Kategorienlehre) 13, 17
- *Dialogus* (*Collationes*) 21 f., 27 f., 30, 164, 167, n. 20, n. 33, n. 173
- *Epitaph* (Grabinschrift) 44, n. 49, n. 60, n. 76
- Ethik, vgl. *Scito te ipsum*
- *Expositio in Hexaemeron* (Auslegung des göttlichen Sechstagewerks in der Schöpfungsgeschichte) 25
- [Ezechiel-Kommentar][204] 16
- *Glosse super Porphyrum* (Erläuterung der *Isagoge*, die in die aristotelische Kategorienschrift einführt) 17
- *Historia Calamitatum* (Autobiographie) 9, 13, 24, 29 f., 32, 36, 40, 43, 109, 143 f., 154 f., 158, 162, 177, n. 3 f., n. 7–13, n. 15–19, n. 22, n. 25 ff., n. 42, n. 98, n. 108, n. 128 f., n. 145, n. 149, n. 154, n. 158 ff., n. 170, n. 172, n. 174, n. 179 f., n. 191
- Hymnen 24
- [*Introductiones parvulorum*] 15
- [Literalglossen] (frühe Logikkommentare) 14
- *Logica Ingredientibus* 17
- sog. Parakletschriften 24, 189
- *Planctus* überall; vgl. allgemeine Informationen 9 ff., 157–163, 208 zu den Handschriften und zur Editionsgeschichte 197 ff.
- *XLII Problemata Heloissae* (exegetische Anfragen mit Antworten Abaelards) 25, 181, 189, n. 73
- Römerbrief-Kommentar (*P. A. in epistulam ad Romanos glose*) 25, 30
- *Scito te ipsum* (Ethik betitelt: „Erkenne dich selbst") 26, 30, 147, 167, 189 f.
- Sentenzensammlungen 25
- *Sequentiae* = *Planctus* 199
- *Sermones* (Predigten) 22, 24
- *Sic et Non* 20, 28, 30

---

[204] In eckigen Klammern stehen Werke, die nicht erhalten sind.

- *Theologia* (ein Werk in drei Versionen[205]) 145
  Theologia Summi boni 17f., 20, 30, 162, n. 170
  Theologia christiana 20
  Theologia Scholarium 18, 25, 146f., n. 152

2. **Weitere zitierte Werke**

- AELRED VON RIEVAULX: Über die geistliche Freundschaft (*De amicitia spiritali*) 44, 156
  DERS.: Brief an die Schwester Eremitin (*De institutione inclusarum*) 182, n. 200

- AESCHINES, vgl. CICERO

- ALAIN VON LILLE: *De fide catholica contra haereticos* 28, n. 35

- ARISTOTELES: *Topik* (Organum V, seine erste logische Schrift) n. 89

- [Pseudo-] ATHANASIUS: *Symbolum „Quicumque"* 120, n. 129

- AUGUSTINUS: „Über das eheliche Gut" (*De bono coniugali*) 44f., 166, n. 62

- BENEDIKT VON NURSIA: Die Regel (*Regula monachorum*) 40f., 45, 158, 167, n. 167

- BEDA VENERABILIS: *Expositio super Acta Apostolorum* XVII 18, 148

- BERENGAR VON POITIERS: *Apologeticus* 121f., n. 131

- BERNHARD VON CLAIRVAUX: „Von den Stufen der Demut und des Stolzes" 56, 58, 190, n. 71
  DERS.: *Epist. 77* an Hugo von Saint-Victor 22, 121
  DERS.: *Epist. 78* an Suger, Abt von Saint-Denis 143, 149, n. 146
  DERS.: diverse Briefe gegen Abaelard 120
  DERS.: Traktat gegen Abaelard (*Epist. 190*) 162, n. 171

- BLOCH, ERNST: *Das Prinzip Hoffnung*, Teil V, Kap. 47 151, n. 156

- CASSIANUS, JOHANNES: „Unterredungen" (*Collationes*) III, 4; II, 2 und II, 13 45, 167ff., n. 52, n. 63, n. 176, n. 178

---

[205] Die erste und die letzte Theologie, die *TSB* und die *TSch*, sind zwecks Unterscheidung von den Forschern nach ihrem *Incipit* (dem deshalb groß geschriebenen Werkanfang) benannt, während die nach der Verurteilung in Soissons erstellte, unveröffentlicht gebliebene mittlere Version in der Handschrift die Überschrift „christliche Theologie" (Tchr) aufweist. Auch im interreligiösen *Dialogus* bescheinigt der Philosoph dem als Schiedrichter auftretenden Verfasser neben wissenschaftlicher Kompetenz ausdrücklich seine Christlichkeit.

- [CATO (DIONYSIUS)]: *Disticha* seu *Dicta ad filium suum* 35
- CICERO: *De inventione* I, 31, 52 (zitiert AESCHINES zum Analogieschluss der Philosophin ASPASIA) 143
  DERS.: *Tusculanae disputationes* V, 22, 63 (betr. Freundschaft der beiden Pythagoräer DAMON und PHINTIAS) 153
- CRANACH, LUCAS (1472–1553): Das Gemälde, auf dem Delila den Philister herbeiruft, nachdem Samson auf ihrem Schoß einschlief 94
- GESTA ROMANORUM (mittelalterliche Novellensammlung) 153
- HELOISA: *XLII Problemata Heloissae* (exegetische Anfragen Heloisas) 25, 181, 189, n. 73
  DIES.: *Epist. 167* (Bitte an Peter den Ehrwürdigen nach Abaelards Tod) 35, n. 46
  DIES.: *Institutiones nostrae* (anlässlich der ersten Tochtergründung gibt sie dem Paraklet ein eigenes ‚cachet') 40 f., 45, 174, n. 41, n. 57 f., n. 181
  Vgl. auch unter den Schriften Abaelards ihre *Briefe 2, 4* und 6.
- HIERONYMUS: „Gegen Jovinian" (*Adversus Jovinianum*) 33, 45, 166, n. 174
  DERS.: Brief an Asella 24, n. 26
  DERS.: Übersetzer der *Vulgata*, der lateinischen Bibel 152, 179, 209
- HILDUIN: Leben des Klosterpatrons Dionysius (*Passio S. Dionysii*) 18 f., 148
- HORAZ: *Oden* II, 10 („Goldene Mitte") n. 108
- HOMER: *Ilias* 140
- HUGO VON SAINT-VICTOR: Anfrage betr. Ketzerlehren, nur aus Bernhards *Epist. 77* an Hugo erschließbar 22, 121
- INNOZENZ II: Päpstliche Bulle gegen Abaelard (*Epist. 194*) 18, 27
  DERS.: Päpstliche Beurkundung der Schenkung des Paraklet an die Nonnen 24, n. 24 f.
- ISIDOR VON SEVILLA: *Etymologiae* 42, 154, n. 59
- JEAN DE MEUN: altfranzösische Übersetzung des Briefwechsels n. 38
- JOHANNES VON SALISBURY: *Metalogicon* I.5 und II.10 25, n. 30
- JOVINIANUS: verschollene Schrift eines gegen christliche Askese polemisierenden Mönches, nur aus den Reaktionen von Hieronymus und Augustinus erschließbar 45, 166, n. 174
- KANT: *Kritik der reinen Vernunft* A 293 ff./B 350 ff. n. 89

- LALORE, CHARLES: *Cartulaire de l'abbaye du Paraclet* 24, n. 23, n. 41
- LUCANUS: *Pharsalia* VIII,94–98   90, 188
- PETER DER EHRWÜRDIGE (Petrus Venerabilis): *Epist. 115* (Kondolenzbrief an Heloisa)   29, n. 36
  DERS.: *Epist.168* (Antwortbrief an Heloisa)   35, n. 46
  DERS.: *Die Absolution Peter Abaelards*   35, n. 45
- PLATO: *Laches* (Dialog über die Tapferkeit)   21
- REMBRANDT: Gemälde von 1628/9 „Simsons Haar wird geschnitten"   94
  DERS.: Gemälde von 1635 „Simson bedroht seinen Schwiegervater"   94
- ROSCELIN VON COMPIÈGNE: *Epist. 15* (Schmähbrief an seinen ehemaligen Schüler Abaelard)   43, 119f.
- SCHILLER, FRIEDRICH: *Die Bürgschaft* (Ballade)   153
- SENECA: Briefe an Lucilius (*Ad Lucilium epistulae morales*) IV,40   42
- THUKYDIDES: „Geschichte des Peloponnesischen Krieges" II,35ff.   161
- VERGIL: *Aeneis* IV   86f., 91, 160, n. 91
- WALTER VON MORTAGNE: Anfrage an Abaelard   121, 144f., n. 130
- WILHELM VON SAINT-THIERRY: *Epist. 326*   27
  (nur implizit erwähnt) DERS.: *Disputatio adversus Petrum Abaelardum*   27

3. **Heilige Schrift**

a) Biblische Basis der sechs Klagelieder (Klage im *Nachwort* erwähnt)

   I. Dinas Klage: *Gen 34 und 49,5ff.*   49 (164, 183, 186 f., 189–192, 194)

   II. Jakobs Klage: *Gen 25–50 und 42,36*   60, 66 (169 f., 191, 193)

   III. Israels Klage über Jephtas Tochter: *Ri 11 und Gen 22*   69, 84, 87 f. (164f., 183f., 187, 194)

   IV. Israels Klage über Samson: *Ri 13–16, bes. 16*   93, 106f., 110 (165, 170f., 175f., 191–194)

   V. Davids Klage über Abner: *2 Sam 2f.*   111, 118f., n. 124 (165, 191–194)

   VI. Davids Klage über Saul und Jonathan: *2 Sam 1,17–27, 1 Sam Ende, 2 Sam Anfang, 1 Chr 10*   123f., 136–142, 147, 152f., n. 135–138, n. 141, n. 143 (170f., 188, 194)

b) Zitierte Bibeln

Nebst der von Abaelard verwendeten lateinischen Bibel von HIERONYMUS, (zit. *Biblia Sacra iuxta Vulgatam Clementinam*, Madrid 1977) zitiere ich die *Neue Jerusalemer Bibel*, Freiburg i.B. (Herder) 1985.

c) Weitere angeführte Bibelzitate (Abkürzungen der Jerusalemer Bibel)

Altes Testament:

Gen 2,18   n. 114
Gen 3   190
Gen 32,29   n. 68
Gen 35,10   n. 68
Gen 49,5ff.   183, 189
Gen 49,26   169
Lev 19,18   164
Num 6,1–21   106, 170
Dtn 6,4f.   164
Dtn 15,19f.   n. 137
Dtn 26,2.10   n. 137
Dtn 33,16   169
Ri 4f.   180
Ri 13,5.7.14   170
Ri 16,17   170
1 Sam   118, 123f., 136–141, 147, 152f., 170, 180, n. 106[206]
2 Sam   118, 123, 152, n. 81, n. 143
1 Kön 2,5f.   119, n. 125

Neh 19,36f.   n. 137
Jdt 9,2ff.   183
Jdt 16,1–17   180
Hiob   160
Ps   142, 159f., n. 81
Spr 3,9   n. 137
Spr 9,13.16f.   107, 160, 165
Spr 31,17   n. 81
Weish   160
Sir   160
Sir 45,20   n. 137
Sir 47,8f.   n. 111
Jes 11,2   n. 72
Jes 56,4f.   n. 73
Jer 2,3   n. 137
Jer 30,9   n. 111
Ez   16, 172
Ez 44,30   n. 137
Hab 3,2   n. 90

Neues Testament:

Lk 3,36f.   181
Lk 10,38–42   n. 194
Lk 22,57   88
Joh 14–16   19
Joh 19,26f.   152
Apg 2,30f.   n. 81
Apg 17,34   19
Apg 18,18   170

Apg 21,23–26   170
Röm 5,12.21   n. 110
Röm 6,16–23   n. 110
1 Kor 11,3–16   177
1 Kor 14,33f.   180
Jak 1,15   n. 110
1 Joh 5,16f.   n. 110

---

[206] Die zahlreichen Stellen aus dem ersten Buch Samuel beziehen sich, von wenigen Ausnahmen abgesehen, auf Abaelards Identifikationsgestalt David.

Namensregister

Kursiv hervorgehoben sind die *Editoren, Übersetzer und Interpreten Abaelards*. Nach den Seitenzahlen zu jedem Eintrag sind mit n. und einer Ziffer die Fußnoten vermerkt.

Aaron 179f.
Abigajil 139f., 152, n. 143
Abner 9, 47, 111–122, 160, 165, 191–194
Abraham 51, 73, 84, 88, 184
Achisch 123, 139
Adam, erster Mensch 103, 107, 175, n. 111
Adam, Abt von Saint-Denis 143, 149, n. 146
Aeneas 86f.
Aeschines 143
Ahimelech 140
Ahinoam 152, n. 143
Alain von Lille 28, n. 35
Alberich von Reims 17, 20f., 120, 172, n. 127
Amalekiter 123f., 127, 137
Ammoniter 69, 136
Amor (Eros) 109
Anselm von Canterbury 16f.
Anselm von Laon 15ff., 120, 149
Antonius (Meister) 169
Antonius (Triumvir) 183
Apollo 168
Aristoteles 15, n. 30, n. 89
Asaël 111, 118
Asella 24
Askalon (Ort) 93, 106
Aspasia 143
Astralabius 13, 17, 30, 35, 66, 109, 152, 156, 158, 176, n. 46, n. 47, n. 120, n. 161
Augustinus 26, 44, 166, n. 62

Barak 180
Barrow, Julia 198
Bathseba 107, 152, 175f., n. 111, n. 143
Beda 18, 148
Benedikt 22, 40f., 45, 142, 158f., 167, 181, n. 167
Benjamin 60f., 63f., 66f., 160
Berengar, Vater Abaelards 13f., 31, 66, 150, n. 5
Berengar von Poitiers 121f., n. 131
Bernhard von Clairvaux 16, 18, 22, 27ff., 56, 58f., 120ff., 143, 150, 162, 190, n. 28, n. 34, n. 71, n. 146, n. 171
Berry, Mary 202
Binkley, Thomas 202, n. 88, n. 139
Bloch, Ernst 151, n. 156
Boethius 15, 171f.
Bonaventura 150
Boran, vgl. Saint-Martin-aux Nonnettes
Brost, Eberhard 173ff., n. 3
Burnett, Charles 198

Caesar 90
Cassian, vgl. Johannes Cassianus
Charrier, Charlotte n. 23, n. 48
Cicero 143, 153, 183
Cluny, Abtei von 29, 35
Cornelia 90f., 188, 195
Cousin, Victor 35, 197f., n. 67
Cranach, Lukas 94

Dagobert 13
Dagon 94
Damon 152f.
Dan (Stamm Israels) 93
David 9, 47, 69, 103, 107, 111–162, 165, 169–172, 175, 188, 191, n. 111f.
Debora 180
Delila 93f., 99, 108, 165, 170, 175, 191f., n. 67
De Rémusat, Charles 35, 158, n. 2, n. 47, n. 166
Dido (Elissa) 86f., 91, n. 91
Dina 9, 49–60, 87, 106, 108, 118, 158, 160, 164f., 183, 187, 189–192
Dionysia 13, 33, 35, 66
Dionysius Areopagita 19
Dionysius, Klosterpatron 18f., 143, 148, 172, n. 179
Dionysius, Tyrann von Syrakus 153
Dronke, Peter 200, n. 185

Edomiter 140
Endor (Ort) 138
Esau 60
Eva 56, 107, 175, 178, n. 110
Ezechiel (Prophet) 16, 172

Fontevrault, Doppelkloster von 31, 40, 177, n. 191
Fulbert 32f., 58, 89, 109f., 176

Genovefaberg 15, 25, 121
Germanus 167
Gethsemane 185
Gilbert, Pariser Bischof 17, 204
Gilboa 9, 125, 131, 154
Gilead 69
Goliath 138, 140f., 147
Goswin von Anchin 18, 149, n. 14, n. 153

Gottfried von Chartres 120, 149, n. 108
Greith, Carl Johann 30, 197f.

Habakuk (Prophet) n. 90
Hanna 181
Hauterive, Kloster 35, n. 47
Heber 180
Hebron (Ort) 111, 118, 165, 191f.
Heloisa 9f., 16f., 23ff., 30–46, 66, 89–92, 109f., 143f., 153–156, 166ff., 172–189, 195, n. 11, n. 23, n. 38, n. 40, n. 52f., n. 57f., n. 60, n. 74f., vgl. auch das Begriffsregister
Hemor 49
Hersendis von Champagne 31, 177
Hewiter 49, 183, 189, 191f.
Hieronymus 10, 24, 33, 40, 45, 152f., 155, 158, 166f., 179, n. 108
Hilarius 175
Hilduin 18f., 148
Homer 140
Horaz n. 108
Huglo, Michel 200, n. 1
Hugo von Saint-Victor 22, 121

Innozenz II. 18, 27, n. 24
Isaak 84, 88, 184
Ischbaal 111, 118, 124
Isidor von Sevilla 42, 154, n. 59
Israel, neuer Name Jakobs 50, n. 68
Israel, Nordreich 111, 124, 127
Israel, das Volk 9, 69, 93, 111, 115, 122, 170, 179ff., 194

Jabin 180
Jaël 180
Jahwe 88
Jakob (Israel) 9, 49, 51, 53, 60–67, 118, 160f., 169f., 183, 189, 191, 193

Jean de Meun n. 38
Jeannin, J. 15
Jephta 69, 71–87, 106, 136, 164, 171, 183f., n. 90
Jephtas Tochter 9, 69–92, 106, 118, 158, 160f., 183–188, 194
Jesus 19, 26, 88f., 92, 108, 122, 152, 181f., 185
Joab 111–122, 165, 191ff.
Johannes Cassianus 45, 167ff., n. 52, n. 63, n. 176, n. 178
Johannes, Lieblingsjünger 152
Johannes von Salisbury 25, n. 30
Jonathan 9, 47, 69, 123, 125, 129, 133f., 136, 138f., 141, 151ff., 188, 194
Joseph 60f., 63, 66, 160, 169ff., 193f.
Jovinian 45, 166, n. 174
Juda bzw. Judaea (Stammesgebiet, Südreich) 111, 115, 124, 127
Judäer 124, 139
Judas 108, 118, 191, n. 118
Judith 180, 183
Jupiter 87

Kant 26, 148, n. 89, n. 150
Karl der Große 19
Klosterneuburg n. 126
Krautz, Hans-Wolfgang n. 3, n. 33, n. 173

Laban 60, 193
Lalore, Charles 24, n. 23, n. 41
Laon 15, 172
La Pommeraye 32
Laval 32
Lea 49, 60f.
Le Pallet 13, 29, 33, 35, 66, n. 30
Levi 49, 53, 57, 164, 183, 189–192
Le Vot, Gérard 198, n. 1
Lotulf 17, 120
Lucan 90, 188
Lucilius 42

Luscombe, David 198
Luzia 13, 15, 66

Machabey, Armand Sr. 199, n. 1
Mahanajim (Ort) 111
Maria, Jesu Mutter 152
Maria, Marthas Schwester 178, n. 194
Mars (Ares) 99
Martha n. 194
McLaughlin, T.P. n. 44
Merab 147
Merib-Baal 153
Merkur (Hermes) 87
Mews, Constant 203, n. 20, n. 32
Meyer, Wilhelm 158, 197f.
Michal 37, 147, 152, n. 143
Migne, J.P. (PL 178) 197f., n. 66, n. 84f., n. 105, n. 107
Mirjam 179f.
Monfrin, Jacques n. 3, n. 55
Moses 169, 179
Moyses 168f.
Muckle, J.T. n. 44, n. 177

Nabal 139f.
Nero 184
Newman, Barbara 179, n. 196, n. 200
Niggli, Ursula 203, n. 5, n. 31, n. 33, n. 37, n. 53, n. 57, n. 58
Nikolaus von Verdun n. 126
Nob (Stadt) 140
Noëfort 32
Notre-Dame, Kathedralschule 9, 15f., 32f., 154f.

Odysseus 139f., n. 142
Origenes 17, 171f., n. 73
Ottaviano, Carmelo n. 39
Ovid 140

Palamedes 139, n. 142
Paraklet, vgl. das Begriffsregister

Paulus 44, 170, 177, 180
Penuël 181
Perikles 161
Peter der Ehrwürdige (*Petrus Venerabilis*) 29, 35, 122, n. 36, n. 46
Petronilla von Chemillé 177, n. 192
Petronius 184
Petrus, Apostelfürst 88, 182, 185
Philister 93, 123 f., 127, 138 f., 141, 147, 165, 192, 194
Philisterin 93, 194
Phintias 152 f.
Plato 21
Pompejus 90 f., n. 99
Porcarius 13, 35, 66, n. 47
Porphyr 15, 17
Pythagoräer 152 f.

Quincey (Ort) 19, 150

Radice, Betty 163, n. 3
Rahel 60 f., 63, 65 f., 169 f., 193
Rama (Ort) 138
Rebekka 60
Rembrandt 11, 94, 208
Robert von Arbrissel 31
Robl, Werner 14 f., 31, 66, n. 6, n. 14, n. 40
Roscelin von Compiègne 14, 17, 43, 120, 145, 148
Rudalt oder Raoul 13

Saint-Denis 17 ff., 23, 35, 143, 149, 172, n. 21, n. 146
Saint-Flavit 32
Saint-Gildas de Rhuys 22, 24, 155
Saint-Marcel 29, n. 36
Saint-Martin-aux Nonnettes 32
Saint-Médard 18, 149, n. 14
Saint-Serge-et-Saint-Bach, Abtei von 14, 66
Saint-Victor 15, 22, 121

Sainte-Madeleine-de-Traînel 32, 41
Sainte-Marie in Argenteuil 23, 31, 34, 110, 187
Salomo 103, 107, 176, n. 112, n. 143
Samson 9, 93–110, 136, 160 f., 165, 169 ff., 175 f., 191 f., 194
Samuel 111, 123, 136 ff., 170
Saturnia (Juno) 87
Saul 9, 47, 69, 111, 118, 123 f., 127, 129, 136–141, 146 f., 153, 158, 170 f.
Schiller, Friedrich 153
Seneca 42, 183
Sens, vgl. Begriffsregister: Konzil von Sens
Sichem (Stadt und Männername) 49, 56, 164, 183, 189
Sif (Steppenland) 153
Simeon 49, 53, 57, 60 f., 63, 164, 183, 189–192
Sisera 180
Soissons, vgl. Begriffsregister: Synode von Soissons
Sokrates 21, 172
„Sokrates der Gallier" 21
Stephan von Garlande 149
Stewart, Marc 201, 203, n. 1 f.
Suger 18, 23, 143, 149, n. 21, n. 146

Tertullian 178
Theobald 19, 150
Thierry 120, n. 129
Thomas von Aquin 150
Thomas, Rudolf n. 173
Thukydides 161

Urija 152, 175

Van den Eynde, D. 199, n. 29
Vecchi, Giuseppe 47, 195, 197 f., n. 66, n. 78 f., n. 83 f., n. 86 f.,

213

n. 100ff., n. 105, n. 107, n. 109, n. 113, n. 123, n. 134, n. 203
Venus (Aphrodite) 87
Vergil 86f., 91, 160

Waddell, Chrysogonus 32, 40, 200, n. 41, n. 72, n. 181
Walter von Mortagne 121, 144f., n. 130
Weinrich, Lorenz 199ff., n. 1
Wetherbee, Winthrop 162, n. 164, n. 169

Wilhelm von Champeaux 14ff., 148, 154f., n. 7, n. 158
Wilhelm von Saint-Thierry 27
Wulstan, David 201, 203, n. 1f.

Ziklag (Stadt) 123f., 138f.
Zumthor, Paul 47, 197f., n. 65, n. 69, n. 78f., n. 83f., n. 86ff., n. 100–103, n. 105, n. 107, n. 109, n. 113, n. 116, n. 122f., n. 134, n. 140

Begriffsregister

Wenn ein Name begrifflich differenziert wird, z.B. Abaelard, steht er im Begriffsregister statt im Namensregister, oder auch, wie z.B. Heloisa, in beiden Registern. Nach den Seitenzahlen bezeichnet n. mit einer Ziffer die betreffende Fußnote.

Abaelard(s)
- ~ Absolution 35, n. 45
- ~ Anfeindung 17 ff., 22, 26 f., 29, 120 ff., 149
- ~ Angst 22, 177, n. 61
- ~ Attentat auf 22
- ~ Aufklärer 172, n. 37
- ~ Aussehen 144, n. 148
- ~ Autodidakt 16, 28
- ~ Bildung 13–16
- ~ Charisma als Lehrer 14–17, 19 f., 25, 29, 119, n. 30
- ~ als Dichter 9 f., 143 f., 157 f., 162 f., 185 f., n. 148, n. 164 f., n. 172
- ~ Ehrentitel 21
- ~ Einsiedler und Forscher 22, 28 f., 45, 150, n. 37
- ~ Familienstammbaum n. 2
- ~ Frauenfreund 58, 84 ff., 88–92, 178–185
- ~ Freunde 36, 154 ff.
- ~ Geistesart n. 37
- ~ Geschwister 13, n. 2
- ~ Glaubensbekenntnisse n. 38
- ~ Klosterideal 22, 88 f., n. 57 f.
- ~ Klosterregel 40, 176 f., 181 f., n. 187–190, n. 198, vgl. Zitierte Werke: *Brief 8*
- ~ Krankheit 14 f., 29, 122, n. 6, n. 36
- ~ letzte Lebensjahre 29, n. 36
- ~ Liebe 31–34, 37 f., 43, 155 f., n. 42, n. 96, n. 162
- ~ Reitunfall 24, n. 27
- ~ Rückblick (Liebe) 37 f., 43, n. 50
- ~ Schweigen 18, 29, 36, 154 f., 167, 184
- ~ Seelsorger 23 f., 155
- ~ Siegel (persönliches Wappen) 43, 155
- ~ Streitfälle 15 ff., 20 f., 143, 148, 172, n. 7, n. 19, n. 179
- ~ als Theologe 15–29, 120 ff., 144 f., 162, n. 130 f., n. 150 ff., n. 170 f.
- ~ Trost, großer 24, 155, n. 26
- ~ übersetzte Werke 30
- ~ Unvermögen 43 f.
- ~ Verbundenheit mit Heloisa 43, 155 f., 188 f.
- ~ Wesensart 29, n. 37

abgöttisch 43
Abgrenzungssignal 39, 186
Absicht der Autorin 10, 157 ff.

Allegorese 57, 59, 186, 195, n. 73
Allmacht (Omnipotenz) 18, 120, n. 129
Altersvorsorge 14
Altes Testament 84, 159f., 164, 179ff., 183, 186, 208f., n. 81
amor fati (Schicksalsbejahung) 84
Analogiedenken 145f., 162, n. 150, n. 170
Anklage gegen die Frau 101ff.
Apostelfürst 88, 185
‚Apostolinnen' 88f., 92, 185
Arianismus (Irrlehre des Arius zur Trinität) 18, 120
Askese 19, 33, 45
Athanasianum 120, n. 129
Autobiographie, vgl. Zitierte Werke: *Historia Calamitatum*
Autonomie 26, 39, 41, 45, 90f., 143, 147–150, 172
Autorität(en) 20, 28, 141

Bekehrung n. 52
Benediktiner 17, 149, 159, 161
Benediktinerinnen 23, 181
Bernhard von Clairvaux
 ~ Kreuzzugsprediger 27
 ~ Machtpolitiker 18, 28, 120, 149f., n. 155
 ~ unchristlicher Gegner 121f., n. 131
Beschneidung 51, 57, 191f.
Betreuung der Nonnen 23f., 155
Beziehung zwischen Abaelard und Heloisa 30–46, 57f., 89–92, 109f., 136, 153–156, 158f., 166ff., 173ff., 187ff., 195
Bibelsinn 57, 59, n. 73, vgl. Allegorese
Bibeltext 10, 157, 165, 208f.
Bibliographien 203
biblische Gottesmänner 88
biblische Klage 60, 111, 123, 152, 159ff.

biblische Vorlagen 47, 158, 208
Bildlegende, siehe Bildteil
biographische Anknüpfungspunkte 10, 57f., 66, 89–92, 109f., 119–122, 143f., 148ff., 154ff., 166f., 171–178, 185–189
Blasphemie (Gotteslästerung) n. 110
Blendung 94, 97f.
Blutbad 49, 55, 94, 111, 127, 137f., 140, 147
Bosheit 189–194
Bote 124, 135, 142
Brautmystik 38, 43, 184, 186
Brautpreis 147f.
Briefwechsel 30, 36–46, 92, 153f., 166f., 173ff., 184–189, n. 38f., n. 44, vgl. auch unter Zitierte Werke oder zu den einzelnen Briefen
 ~ Echtheitsfrage n. 55
 ~ Fälschungshypothese n. 177
 ~ Nummerierung der Briefe n. 44
 ~ Überlieferungsgeschichte 40
 ~ Übersetzung 30, n. 3, n. 38f.
 ~ Übersicht 36–41
 ~ Zitierweise n. 3, n. 44

captatio benevolentiae 167
castra Domini (Heerlager für den Herrn) 181f.
‚christliche Ideologie' 194
christliche Kunst 118, 191, n. 126
Christus 38f., 186, vgl. Brautmystik
corpusculum 80, 91

Datierung 21, 24, 26, 153, 186, 199, n. 20, n. 29, n. 32
decipere 72f., 85, 191, n. 80, n. 89

dekonstruktivistische Lesart 10
Dialektik 14, 22, 25, 27, 145 f., n. 89
Dichterpraxis, vgl. Abaelard als Dichter
Dichter- und Sängergabe, vgl. musische Begabung
Dichtung versus Prosa 184 ff.
Disput(ieren) 15 f., 18–21, 145 f., 172, n. 151
Doppelkloster 31, 176 f., n. 61, n. 187
Doppelporträt eines Helden und Schurken 119
Drama 67, 87, 118, 184 f.
Drohungen 93 f., 106, 136, 149
Dualität 151
Dummheit (Torheit) 107 f., 165

Editionen 197
Editionsgeschichte 198
Editionsprinzipien 47 f., 199, n. 66 f.
editio princeps 30, 197 f.
Ehe 33 f., 45, 89, n. 62, n. 174
Ehrenmord 9, 57, 158, 183, 190
Ehrfurcht 113, 141
Eifersucht 90, 137, n. 96
Erkenntnis Gottes 17, 121, 144 ff.
erotische Aufladung 173 ff.
Erstlinge n. 137
Erwählung 129, 169 ff., 195
Ethik 25 f., 58, 118, 147, 160, 166 f., n. 69, vgl. unter Zitierte Werke: *Scito te ipsum*
ethisches Fehlurteil 56, 58 f., 190
Ethos 44 f., 166 f.
Evas Fluch 103 f., 178
existentieller Einsatz 88 f., 181 f.
Exkommunikation 17 f., 26 f., 149

Fanatismus 57
feministische Aufgeschlossenheit 173, 179–186
feministische Bibellektüre 186
feministische Selbstbehauptung 90 f., 188
feministisches Selbstwertgefühl 73 f., 184 ff.
feudale Abhängigkeit 18 f., 150
Fortuna 87, 161
Frauenabwertung 106 f., 109, 165, 175–178, n. 69, n. 119, vgl. misogyn
Frauen Davids 139 f., 152, n. 143
Frauen als Handelnde 87 f., 181 f.
Frauen um Jesus 88 f., 181 f.
Frauen, Leben damaliger 33
Frauen, Lied der 138
Frauenlob 71, 84, 88 f., 179–186
Frauenunterordnung 177 f.
,Frau Torheit' 107 f., 165
Frau, Warnung vor der 101 ff., 107, 109, 152, 160, 165, 175 f., 178, n. 120
Freiheit 42, 149–153, 185
Freundesbeistand 38, 42, 154, 188
Freundesgedenken 154 f.
Freundestreue 133 f., 152 f.
Freundschaft 30, 38, 42, 44, 133 f., 150–156, 166, 173 ff., 188
Freundschaftsbegehren 42 ff., 184, 189, n. 58
Freundschaftsbund 153, 188
Freundschaftsdefinition 42, 154, n. 59
Frieden mit Gott 37, 188
Frieden, vgl. irenisch
Fürsorge 23 f., 155

Ganzheitlichkeit 92, 185
Gebet heiliger Frauen 37
Gedenken 69, 71, 83 f.
Geheimhaltung der Ehe 33, 58, 89, n. 43
Geheimnis 28, 93, 107, 145, 170 f.
Gehorsam 39, 44, 166, 170, 174, n. 62
Gelehrter 150

Gelübde 69, 71, 77, 85, 89f., 106, 110, 164f., 194
Gender 11, 84ff., 109, 158, 172–186, 188, 195
genderbetont 84f.
Genie 16
Gericht Gottes 97, 161
„Gesalbter des Herrn" (*christus, consecratus*) 125, 129f., 141f.
Geschlechterordnung 177f.
geschlechterstereotyp 86, 184, n. 81
geschlechtsneutraler 179
Geschlechtsverkehr 34, 174
Gewalt 49, 57, 93ff., 106, 108f., 174, 183, 189, 194, n. 70
Gewissen 144, 165
Gewissenhaftigkeit, vgl. Skrupulosität
Glaubensforschung 22, 28, 146, vgl. Theologie
Goliarden (Wanderstudenten) 119, 163
Gott 37, 75, 86, 97, 164, 171
Gottesbild 161
Gottesfurcht 125, 141f., 152
Gottesliebe 26, 39, 75, 87, 164
Gottferne 161
Gottgeweihter (hebr. *nasir*) 93f., 97, 106, 169ff., n. 104
gottlos 127
Gottvertrauen 88, 141
Grabinschrift (Epitaph) 44, n. 49, n. 60, n. 76
gratia 42, 166, 173
Griechen 198
Grußformel 38f., 186

Haare 94, 97, 106, 170
Handschriften der *Planctus* 198
Häretiker, vgl. Irrlehrer
heilige Frauen 37, 88f., 178, 181f., 185f.
„heilige Mutter Kirche" 150

Heilige Schrift 158f., 171, 173f., 179–182, 208f.
Heiliger Geist, seine Gaben n. 72
Heldenjungfrau (*virago*) 71, 83f., 91, 184
Heloisa
~ Abgrenzung 39, 186
~ ‚Abmahnung' von einer Ehe 33f., 45, n. 174
~ Äbtissin 23, 32, 45, 154, n. 22f.
~ *adolescentula, puella* (Mädchen) n. 11
~ Anfragen 39f., 186, n. 54
~ Autonomie 39, 41, 45f., 90f., 143, 147–150
~ bedrängt 89, 174
~ Belesenheit (*puella docta*) 16f., 32
~ Bescheidenheit (*humilitas*) 173ff., 186, n. 182
~ ebenbürtige Partnerin 36, 188
~ humanistische Aufgeschlossenheit 39, n. 53
~ sog. Kapitulation n. 52
~ Klostergründerin 32, 40f., n. 41, n. 57f.
~ Klosterideal 41, n. 53, n. 56f.
~ Klosterregel 41, 45, 174, n. 41, n. 57
~ Legende, platte 45
~ Liebesideal 34, 38, 42, 143, 173, 175, 187f.
~ Mutter: Hersendis von Champagne 31, n. 40
~ Prophetie 34, 173
~ Schwangerschaft 33
~ Selbstenthüllung 37, vgl. Zitierte Werke: *Brief 4*
~ Stilistin und Dichterin 175, 186, n. 185

Heptateuch 158
hermeneutische Regel 10
hermeneutischer Zirkel 46
hermeneutisches Bewusstsein 146
Heroismus 9, 71, 84, 88, 91, 183, 194
Hierarchen 119, 171
Hinrichtung 123, 140
Hintergedanken 147
Hochverrat 19, 153
Hochzeit 34, 81, 87, 93, 106, 194
Hochzeitsrätsel 93, 106, 165, 194
Hörensagen, vgl. Meinungen
human 39, 121 f., 167

Idealbild 154, 166 f.
Identifikation 10, 24, 119, 136, 142–150, 158, 186
Identifikationsgestalt 10, 158
Individualität 151
Innigkeit 91
innovativ 27 f., 146 f., 163
Intellektueller 19, 148 f., 172
Intention 26
Interpretation, unparteiliche 46
irenisch (den Religionsfrieden betreffend) 27 f.
Irrlehrer (Ketzer, Häretiker) 17 f., 22, 26 f., 29, 120 ff., 144 ff.
Israel gespalten 111, 124, n. 124

jada (hebr.) 51, 57
Jähzorn 138
Jerusalemer Bibel 124, 179, 209
Jesu Auferstehung 89
Jesu Bevorzugung der Frauen 40, 89, 181 f., n. 95
johanneische Abschiedsreden 19
Judaskuss 118, 191, n. 126
Judaslohn 192
Juden 21, 27 f., 164, 190, n. 33, n. 173
Judenmassaker (Pogrome) 27 f., 190

Jünger 88 f., 92, 182, 185
Jungfrauschaft 69, 84

Kampfeslust („Geist des Herrn") 85, 106, 136, 164
,Kampfspiel' 111
Kanoniker (Chorherr) 15, 33, 35
Kastration 17, 34, 89, 110, 155, 159, 188, n. 27, n. 70
Keniter 124, 180
Kerker 18, 94, 99, 120, n. 14
Ketzer, vgl. Irrlehrer
Ketzergericht 26 f., vgl. Konzil von Sens
Ketzergerüchte 22, 121, 150
Ketzerlehren 17 f., 120
Keuschheit 182, n. 200
Kirchenväter 20, 33, vgl. patristischer Subtext
Klage 159 ff., vgl. Zitierte Werke: *Planctus*
Klostereintritt (*conversio, professio*)
~ des Vaters Berengar 14, 66, n. 5, n. 40
~ der Mutter Luzia 15
~ Heloisas 35, 90 f., 153 f., 187 f.
~ beider 36, 90, 110, 187 f.
Klostergründungsdokumente 40, 187
Klosterideal, vgl. unter Abaelard und Heloisa
Klosterleben 23, 41, 168 f.
Klosterpatron 18 f., 143, 148 f.
Klosterregel 40 f., 158 f., 167, 174, 176 f., 181, n. 41, n. 57 f., n. 167
Klugheit (*prudentia, discretio*) 45, 55, 103, 139, 163–169, n. 63, n. 175
,Klungelei der Macht' 120
Kondolenzbrief 29, n. 36
Königsbücher in der Vulgata 158, n. 168

Konzil in Sens (Juni 1140) 18, 25 ff., 121, 162, n. 31 f.
Kooperation von Männern und Frauen 155, n. 187
Krafttaten 93 f., 170
Kreter 108
Kreuzzüge 27 f.
Kriegsgott (gr. Ares, lat. Mars) 99

lai 157
Lästern der Feinde 127 f.
Latein, klassische Schreibweise 48, n. 66
Lebenshilfe 45
Lebensparallelen 31 f.
Leidenschaft statt echter Liebe 38, 43, 46, n. 50
Leidensfähigkeit, moralische 144
Leier 127, 135 f., 162
Liebe 16 f., 32 f., 36 ff., 43, 46, 49, 53, 57 f., 90 f., 94, 109, 129, 133 f., 143 f., 151 ff., 156, 164, 183, 187 ff., 190 f., 194 f.
Liebende, große 58, 183
Liebesfähigkeit 183
Liebesfreuden 32, 37, 168
Liebesideal, vgl. unter Heloisa
Liebeslieder (*carmina amatoria*) 9, 30, 32, 143 f., 157, 163, 198, n. 165, n. 172
Lieblingsjünger (Johannes) 152
Literatur 199–202
Lobpreis 159–162
loci (gr. *topoi*) der Tradition 20
Logik 14 f., 17, 28, 145 f.
Logikkommentare 13 ff., 17

‚Macho' 106
Mangel an Vorsicht (*prudentia*) 165
Mann 92, 138, 185 f.
Märtyrer 18, 174
‚Mehrleister' 148
Meinungen 21, 121, 140 f., 144 f.

Menschenkenntnis 119
menschenmögliche Grundstimmungen 159
Metrik 157, 198
misogyn 56, 101–105, 107 ff., 165, 175–178, 190, n. 69
Misogynie, gewendet 77, 85 f.
Misstrauen 42, 58, 93, 110, 118 f., 143, 169, 188, 193 f.
Mönche, rohe 22
Monolog, innerer 118
Musik 198, 202 f., n. 1
musische Begabung 127, 135 f., 142 ff., 185 f.
„Mutter der Tugenden", vgl. Gehorsam und Klugheit

Nasiräer, vgl. Gottgeweihter
Nasiräergelübde 170, 179
Nasiräerin 179, 181
Nestorianismus (christologische Irrlehre des Nestorius) 120
‚neuer Hieronymus' 40, 155
Neues Testament 88 f., 173 f., 181 f., 185 f., 209
Neumen 157, 197 f.
nicht ‚klosterfrei' 158
Nonnen des Paraklet 23 f., 32, 40 f., 155, n. 22–25, n. 57
Nonnenspiegel, vgl. Zitierte Werke: *Brief 8* sowie Heloisa: *Institutiones nostrae*
numenal begabt 66, 88

ohne theologische Vorgaben 162, 186, 189
Ölung, letzte 177
omnipotent (allmächtig) 18, 120, n. 129
onager (Wildesel) 22
Opfer 57 f., 69, 71 f., 77, 83 ff., 164, 183 f., 188, 190, 195
Opferwille 89 f., 164, 188, 194 f.
Ordensleute 150

Organtuberkulose, vgl. Tuberkulose

päpstliche Bulle (*Epist.194*) 18, 27
Paraklet
~ Bethaus (Oratorium) 19, 150, 155, n. 160
~ avisiertes Doppelkloster 176, n. 187
~ Eigengründung Abaelards 36, 150
~ Frauenkloster, benediktinisches 23 f., 40 f., 150, 181 f., n. 22 ff., n. 198
~ Gottesacker des 37
~ Lehrstätte (‚Privatakademie') 19 f., 150
~ materielle Grundlage bzw. Notlage 19, 23, n. 16, n. 22 f., n. 57
~ Name 19, 150, n. 72
~ päpstliche Beurkundung 23 f., n. 24 f.
~ Tochterklöster 32, 41, n. 41
Parakletschriften 24, 189
Paternalismus 58
patristischer Subtext 44 f., 166–169, n. 62 f.
Pelagianisms (Irrlehre des Pelagius über Gnade und Freiheit) 120
Personal der *Planctus* 9, 186
Pfründe 35, n. 46
philogyn 183
„Philosoph Gottes" 17, 21, 119 ff., 162, 172
Poesie 10, 157 f., 163, 185 f.
Prestigedenken 58
Propheten 16, 138, 179 f.
prophetischer Geist 34, 173, 180
Psalter (Kollektiv der Psalmen) 142, 159 ff.

psychologische Perspektive 10, 36, 162, 190

Rache 34, 49, 57, 111, 118, 191 f.
rationales Verhalten, vgl. Klugheit
Rationalisierung 43, 192
Reflektiertheit 160 ff.
Reflexion auf ihre Liebe 36–46
Regel, vgl. Klosterregel
Regel, modifiziert für Frauen, vgl. Zitierte Werke: *Brief 8*
Reitunfall 24, n. 27
Religiosität, römische 86 f.
Renaissance des zwölften Jahrhunderts 120
Rücksicht 140

Sabellianismus (Irrlehre des Sabellius zur Trinität) 17 f.
Sammelband, häufig zitierter, vgl. n. 5 auf S. 14; ferner n. 14, n. 31, n. 33, n. 37, n. 40, n. 49, n. 53, n. 60, n. 148, n. 150, n. 152, n. 192
Schlüsselerlebnis 20 f.
Schmückungsszene 79 f., 87, 91, 184 f.
‚scholastische Ernte' 25, 188
scholastische Theologie 119, 146 f.
Schuld(bewusstsein) 37 f., 43, 57 f., 60, 63, 66, 133 f., 154, 178, 183, 189, n. 74
Schweigegebot 180, vgl. Abaelard: Schweigen
Schwermut 137 f., 142
Seele 42, 49, 57, 75, 90, 133, 142, 151, 153, 188, n. 59, n. 97, n. 120, n. 144
Seelenheil 42, 154, n. 59
Seelenmessen 35, n. 46
Selbstanklage 154, vgl. Schuldbewusstsein
Selbstaufopferung 90, 135, 152 ff., 188, 194 f.

Selbsterkenntnis 26, 151, 190
Selbstlosigkeit 166, 173 f.
‚Selbstmordattentat' 9, 95, 101, 158
Selbstverlust 37, 42, 154, 188
Selbstvertrauen 141, 145
Septem Artes Liberales (Trivium und Quadrivium) 13 f., 120
Sexualität 43, 53, 89, 166, 168, 178, n. 70
„Sieg ohne Glück" 123, 135
Sinnentaumel, vgl. Liebesfreuden
Skrupulosität 140–147
sokratisch 21, 148, 172
solidarisches Verhalten 190
Sozialisation 36
Spaltung Israels 111, 118, 124, 127
Spiegelvorwurf 165, 193
Staatsaffäre 18, 148 f.
Sterbevorbereitung 79 f., 88, 177
„Summe christlicher Bildung" 25, 146 f., n. 152
Sünde 59, 178, 182, 189, n. 110
Sündenbegriff 189, n. 110
Sündenfall 107, 109, 189, n. 110
Sündlosigkeit 73, 77, 84
Suprematie geistlicher Frauen 181 f.
Synode in Soissons (April 1121) 17 f., 20 f., 120, 172, n. 108

Talente 138, 142
täuschen, vgl. *decipere*
Täuschung 60, 111, 139, 169, 189, 191 f.
Terminus antequem 24
Teufel 181, n.74
Tiere 193
Tochterklöster, vgl. Paraklet
Todesbote, vgl. Bote
topologisch (gr. *topos*) 107, 176
Torheit 107 f., 165
Totenbeschwörerin 138

Tötungsakt 83, 87, 185
Traditionalist 20 f., 119, 145 f., n. 127
Trauerfrist 69, 77, 88, 184
Träume 60, 63, 66, 169 f., 193
Traumschriftstellerei 22
Treue (Loyalität) 111, 113 f., 119, 151 ff.
Trinität 17 ff., 23 f., 119 ff., 150, n. 129
Tritheismus 17
Troubadour 92, 106, vgl. Liebeslieder
Tuberkulose (Schwindsucht) 15, n. 6, vgl. Abaelard: Krankheit
Tücke 111, 113, 118
Tugenden 138–142, 160, vgl. „Mutter der Tugenden"
Tyrannenwillkür 141

Übersetzung 30, 46, 84, n. 65, n. 69 f., n. 88, n. 103, n. 122, n. 131
Umerziehungsanstalt n. 14
Unerschütterlichkeit (Atharaxie) 88, 183 f.
Ungehorsam 137, 170
Unglücksfälle (*calamitates*) 13, 36, 155, vgl. Zitierte Werke: *Historia Calamitatum*
Unsterblichkeit 107, n. 110
Unterscheidungsgabe, vgl. Klugheit
Unvernunft 164 f., 194
Unverständnis 27, 119 f., 144 f., 174 f., n. 31
Urgewalt Amors (gr. Eros) 109

„Verdacht aller" 38, 43, n. 50
verecundia (moralische Leidensfähigkeit) 144
Vereinigung nach dem Tod 65, n. 60
Verfluchung 183, 189
Verfolgung 22, 119 ff., 169, 171 f.

Verführung 109
Vergeltung 190
Vergewaltigung 49, 51, 57, 59
Verleumdungen 119f., 155
Verlust(erfahrung) 37, 42, 60f., 63f., 66, 133, 152, 154, 188
Vernachlässigung 153f., vgl. Abaelard: Schweigen
vernünftige Begründungen 20f., 145f., 162
Verrat 60, 90, 93f., 107, 111, 113, 118, 189f., 193f.
Verschonung 139
Verschwägerung 147, 191
Versöhnung 29, 33, 122, 183, 190
Versprechen 93, 106, 120
Verstellung 139
Vertrauen 110, 165, 191ff.
Verurteilung 17f., 26f., 29, 122, n. 31f.
Viehfutter 99
Vorbild, vgl. Identifikation
Vorbild weiblichen Ordenslebens 40f., 88f., 179–182
Vorsatz 192
Vorurteile 157f., 198, n. 166
Vulgata (lateinische Bibel) 152, 179, n. 117, n. 132f., n. 168

Wahnsinn 83, 90, 139, 164, 187f., 194
Wahrheitsliebe bzw. Wahrhaftigkeit 88, 115, 119
Weiberknecht (*uxorius*) 33, 87
weiblich demütige Form 91, 175
weibliche Neugier, Laster 56, 190
Weisheit 107, 176, n. 112
Weisheitstradition, biblische 59, 160
Werkgerechtigkeit, jüdische 26
Werktitel 195
Wesensart 29, 136–142, 147, n. 37
,Wettrüsten' 25
Wissenschaft und Macht 120, vgl. ,Klungelei der Macht'
wissenschaftliche Methode 20f., 27, 121, 144ff., n. 31, n. 130, n. 150

Zärtlichkeit 66, 81, 91
Zisterzienser („Weiße Mönche") 41, 182
Zitierweise des Briefwechsels n. 3, n. 44
Zivilcourage 29, 121f.
Zölibat n. 43
Zorn 55, 93, 164, 183, 189, 192
Zuchtbetrug 60

Hermann Steinthal

Was ist Wahrheit?

Die Frage des Pilatus in
49 Spaziergängen aufgerollt

2007, XII, 206 Seiten,
€[D] 24,90/SFr 41,70
ISBN 978-3-89308-395-4

Was ist Wahrheit? Eine schwere Frage, der sich Hermann Steinthal mit der gebotenen Leichtigkeit nähert. In 49 Spaziergängen, in denen er sich so angeregt mit den Lesern unterhält wie einst die großen Philosophen der Antike mit ihren Schülern, durchwandert er das Feld der Wahrheit auf immer neuen Wegen, stets kurzweilig und bei aller Gelehrsamkeit für jeden gut verständlich. Da ein geglücktes Leben nicht anders vorstellbar ist als ein an der Wahrheit orientiertes Leben, kann man die Leser nur dazu einladen, den Autor auf seinem Weg zu begleiten und ihm aufmerksam zuzuhören.

Narr Francke Attempto Verlag GmbH + Co. KG
Postfach 2560 · D-72015 Tübingen · Fax (07071) 9797-11
www.attempto-verlag.de · info@attempto-verlag.de